海关

对外经济贸易大学中央高校基本科研业务费专项资金资助（21JX02）

民国海关图书馆及藏书发展研究

邱小红　黄红华　王煜　著

对外经济贸易大学出版社
中国·北京

图书在版编目（CIP）数据
民国海关图书馆及藏书发展研究 / 邱小红，黄红华，王煜著. -- 北京 : 对外经济贸易大学出版社，2024. 7.
ISBN 978-7-5663-2621-8
Ⅰ. G239.296
中国国家版本馆 CIP 数据核字第 202441Y8N6 号

民国海关图书馆及藏书发展研究

邱小红　黄红华　王　煜　著
责任编辑： 刘传志
助理编辑： 翟孟欣

出版发行：对外经济贸易大学出版社
社　　址：北京市朝阳区惠新东街 10 号
网　　址：www.uibep.com
资源网址：www.uibepresources.com
邮政编码：100029
邮购电话：010－64492338
发行部电话：010－64492342
E-mail：uibep@126.com

成品尺寸：185mm×260mm
印　　张：12.5
字　　数：266 千字
ISBN 978-7-5663-2621-8
印　　刷：北京九州迅驰传媒文化有限公司
版　　次：2024 年 7 月北京第 1 版
印　　次：2024 年 7 月第 1 次印刷
定　　价：62.00 元

前　言

中华民国海关图书馆（以下简称海关图书馆），1931 年成立于上海并向社会公众提供服务，先后历经了 1932 年“一•二八”淞沪抗战、1937 年全面抗战、1938 年“八•一三”上海沦陷等重大历史事件，并于 1949 年被中国人民解放军接管。

中华人民共和国成立之后，1954 年 3 月，经中央人民政府对外贸易部批准，北京对外贸易学院（外经济贸易大学前身）首任图书馆主任景培元协同馆员，于当月 19 日上午抵达上海海关接洽前海关旧档案及海关图书馆全部藏书等事宜。经过数月的查装箱、运输、设备拆卸、手续移交等，景培元一行于 5 月份抵京。抵京后的藏书，除了交存海关总署档案室（前海关旧档为主）和中国科学院图书馆（各省地方志书为主）外，海关图书馆其余馆藏（以海关统计刊物为主）主要留存在对外经济贸易大学。据记载，抵京后的藏书主要包括中文图书 5 万余册，其中地方志约占三分之一；外文图书约 1 万余册，包括合订本期刊在内海关装订旧档 7 000 余册等。这部分历经岁月沧桑、兵燹火灾的珍贵藏书构成了对外经济贸易大学海关文献中心藏书的重要组成部分，现安置于环境优越的库房内，并得到了妥善的保护与管理。

海关图书馆作为近代海关最重要的信息中心，既收藏了与当时中国经济密切相关的书籍，也保存着海关的早期档案，兼具图书馆和档案馆职能，被认为是“沪上不可多得之公开学术机构”。其馆藏保存相对完整，并坚持面向社会公众开展图书借阅、社会服务、科学研究，在当时赢得了广泛的社会赞誉。

作为近代馆藏特色明显、社会价值突出的图书馆，不同的学者就这部分馆藏的历史背景、现状、藏书概况、特色内容等开展过论述。最为具体的是海关图书馆首任馆长阮寿荣分别在《海关图书馆志略》《海关图书馆志略（续）》中对该馆发展简史、藏书内容、使用方法、发展章程等，尤其对海关图书馆藏书总量、藏书特点进行了全面介绍。在图书出版方面，与海关图书馆相关的内容更多地出现在不同年代的图书、词典的部分章节。以读秀中文数据库检索为例，与海关图书馆相关的图书主要是对海关图书馆藏书、建筑、编目方式等介绍，分散于不同时代的图书章节中。在近代的一些出版物中，作为上海公共图书馆及文化事业发展进程的见证者，有关海关图书馆的介绍主要出现在各类与上海相关的通志、文化、图书馆事业等紧密相关的章节中，往往作为专门图书馆、特色图书馆进行介绍。一些与赫德、总税务司署等相关的材料中对海关图书馆也略有提及，资料形式多样、内容庞杂、来源多样。纵观多年，鲜有文献对海关图书馆发展历史及其馆藏内容、历史价值等进行系统、全面的整理与研究。

2021 年，在对外经济贸易大学科研处冷门绝学项目资助下，为了遵循古籍特藏发展"放出来、连起来、活起来"的原则，充分发挥古籍特藏文献创新引领、展示交流功能，图书馆在多年的文献整理、科研研究、实践服务的经验基础上，开展全方面探索性研究。在前期的专家指导、课题研讨、资料分析等基础上，本书坚持重视史料来源的真实性，在客观、公正、正确地选取第一手原始史料的基础上，对史料按照文献史料、实物史料、口述史料等分类开展研究，具体分为以下三个部分，七个章节。

第一部分（第一章～第二章），该部分主要在收集海关图书馆、旧海关文献或史料的基础上，确定研究总体思路与研究内容。根据目前的史料内容，对海关图书馆的设立与发展、馆长史略、运作机制、馆舍变迁等进行详细、全面的考察与研究。

第二部分（第三章～第六章），为了能更清晰、科学、全面展示海关图书馆馆藏结构，本部分以对外经济贸易大学图书馆所藏海关图书馆中外文藏书已编目题录信息作为主要数据来源，同时参考行业内专家对藏书的鉴定意见，按馆藏文献类型、文献主题、出版时间等对海关图书馆藏书特点、特色藏书、藏书来源及去向等进行深入探讨。尤其是对海关图书馆馆藏中的政治与经济类藏书、"中国问题研究"西方出版物、旧海关出版物等藏书，通过图片、文字等多种形式进行描述。在与 CADAL 平台进行对比后，提出海关图书馆及其藏书具有特殊的历史价值及时代价值。

第三部分（第七章），本章节注重论从史出，史论结合，提出海关图书馆及馆藏在近代相关研究的运用与发展中需要注重加强古籍特藏文献原生性保护、建设文献特藏数据库、匹配科学建设发展预期目标等。

由于部分原始档案性文献资料的限制，对于特定历史背景下海关图书馆发展历程、馆藏建设理念等内容的挖掘还需深入、准确理解。此外，我们期待在更多研究材料支撑下，继续对海关图书馆珍贵历史文献进行更为深入、更有价值地研究与挖掘，进而使得其丰富的资源内涵为公众使用，真正"活起来"！

作　者

2024 年 4 月

目　　录

1 绪　　论

1.1 研究缘起

作为近代海关最重要的信息中心，“中华民国海关图书馆”（以下简称海关图书馆）既收藏了与当时中国经济密切相关的书籍，也保存着海关的早期档案[①]，成为兼具图书馆和档案馆职能的机构[②]。作为档案馆而言，海关图书馆保存了中国海关史的全部档案文件，有研究近代中国经济外贸的最好资料[③]。作为图书馆而言，海关图书馆最初建立的目标是建立“适应现在及将来需要……与中国农工商业及财政经济有关的图书馆”[④]。为此，海关图书馆收藏了大量“几乎成为 1930 年代研究中外贸易统计资料的唯一供给者的各类海关公开出版物”，如“贸易报告”（*Trade Return*）、“贸易统计”（*Trade Report*），这些内容“已成为研究我国经济之唯一可靠而系统的资料”[⑤]。此外，为了满足当时民

---

① 有关海关图书馆的档案功能相关的文献记载：税务司海关档案自形成之日起就保存在各个关口的档案室中，秘不示人，但 1933 年出现过一次大型的档案转移活动。1933 年 1 月 5 日总税务司梅乐和签订第 91 号机要通令，规定 1901 年 12 月 31 日前所有海关档案应送交海关图书馆妥为保管。主要包括的档案有：

（1）凡 1901 年以前开港各口岸，即上海、宁波、福州、厦门、广州、芝罘、镇江、汕头、琼州、南京、天津、汉口、九江、宜昌、芜湖、温州、北海、龙州、蒙自、重庆、沙市、苏州、杭州、思茅、三水、梧州、腾冲等口岸税务司应立即将下列档案妥善包裹并加保险寄至上海新闸路 1714 号海关图书馆。（a）1901 年 12 月 31 日以前总税务司署之所有训令、备忘录、信件等原件及有关记录簿；（b）同一日期以前总税务司署致各关咨文抄件；（c）同一时期以前来自中国官员、领事或其他政府官员之文件、信函等以及具有历史意义之来自商界人士及公众之信件；（2）无论在 1901 年以前抑或以后开港之各口岸税务司应将其图书馆藏书目录副本尽速寄至上述地址。以上（1）（a）至（c）文件如系装订成册者，应照原封寄送。根据上述规定，1901 年 12 月 31 日前上海、宁波等口岸及伦敦办事处的相关档案都被转移到当时位于上海的海关图书馆。1949 年这批档案和原总税务司署的档案经过多方辗转，被中国第二历史档案馆接收。1902 年 1 月 1 日后的各关档案仍在各海关档案室保存，1949 年后多由当地档案馆接收。由于本研究主要关注海关图书馆藏书建设，档案资料部分的研究仅作为必要时的补充。

资料来源：海关总署《旧中国海关总税务司署通令选编》编译委员会. 旧中国海关总税务司署通令选编（第三卷，1931—1942 年）[M]. 北京：中国海关出版社，2003：208；李娜娜. 跨学科视野下的税务司海关史料整理——读《中国近代经济史资料丛书：帝国主义与中国海关》[J]. 图书馆论坛，2015（9）：128－132，封三.

② 李娜娜. 民国时期的海关图书馆 [J]. 图书馆论坛，2020（9）：97－105.

③ 来新夏，等. 中国图书事业史 [M]. 上海：上海人民出版社，2009：429.

④ 海关总署《旧中国海关总税务司署通令选编》编译委员会. 旧中国海关总税务司署通令选编（第三卷，1931—1942 年）[M]. 北京：中国海关出版社，2003：68.

⑤ 阮寿荣. 中外贸易书目选：裘序 [J]. 关声，1935（2）：80－87.

众对中国文化的需求，海关图书馆还收藏了大量古籍善本，包括明代版本、清代刻本等。通过特殊性收藏与大众型收藏相结合的方式，海关图书馆实现“介绍西洋学术，宣扬我国文化，进而协助文化建设等事业”的目标①。

自 1931 年成立并向社会公众提供服务之后，海关图书馆历经了 1932 年“一·二八”淞沪抗战、1937 年全面抗战、1938 年“八·一三”上海沦陷等重大历史事件后，馆藏仍旧保存相对完整，并坚持面向社会公众开展图书借阅、社会服务、科学研究，从而赢得了广泛的社会赞誉，直至 1949 年被中国人民解放军接管。1954 年，根据当时对外贸易部的安排，北京对外贸易学院（对外经济贸易大学前身）安排专人赴上海接收海关图书馆藏书及设备。2008 年，对外经济贸易大学启用新馆之时，成立了专门的海关文献资料中心。在校领导及图书馆领导班子多年的重视与指导下，图书馆长期开展这部分馆藏的目录建设、内容整理、宣传利用等工作。图 1－1 简要展示海关图书馆的发展历程主要时间节点。

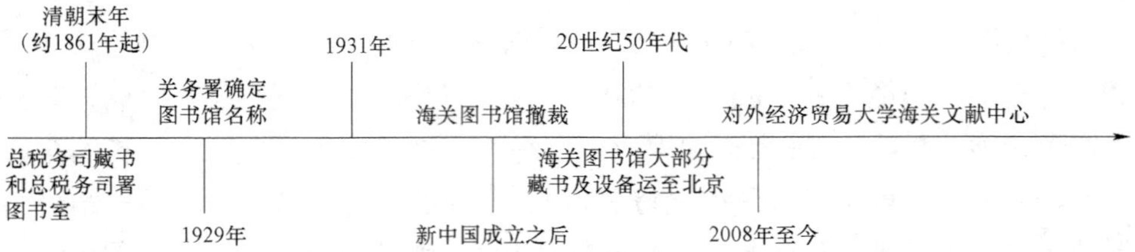

图 1－1　海关图书馆发展主要时间节点

经过多年整理发现，对外经济贸易大学所藏海关图书馆藏书 45 000 余册，这批藏书中主要由海关造册处出版的系列海关册，包括年刊、季报、月报、日报、特集以及清末、民国期间中外版本有关中国经济专业典藏组成。目前，这部分藏书已屡次支持校内外学者开展中国经济史、对外贸易史相关研究，已经成为校内外教师和科研人员开展中国海关史、对外贸易史及相关领域研究极为重要的文献资源②。

文化是国家和民族之魂，也是国家治理之魂。没有社会主义文化繁荣发展，就没有社会主义现代化③。岁序常易，华章日新，对外经济贸易大学作为国际化特色鲜明的大学蜚声海内外，非常重视海关文化的历史传承。对外经济贸易大学图书馆作为该部分文献的主要收藏与保护机构，七十载初心如磐，历代图书馆人薪火传递，接力保护海关图书馆藏书并传承海关文化精神。2016 年，“革命文献与民国时期文献保护计划”被列入《中华人民共和国国民经济和社会发展第十三个五年规划纲要》《国家“十三五”时期文化发展改革规划纲要》和《文化部“十三五”时期文化发展改革规划》④；2022 年，全

① 阮寿荣. 海关图书馆志略［J］. 关声，1947（10）：22.

② 对外经济贸易大学图书馆. 特色资源［EB/OL］.［2021－07－08］. http://lib.uibe.edu.cn/zy/tszy/index.htm.

③ 中华人民共和国中央人民政府. 中共中央办公厅 国务院办公厅印发《“十四五”文化发展规划》［EB/OL］.［2024－04－13］. https://www.gov.cn/zhengce/2022－08/16/content_5705612.htm？eqid=ec92d9110076ba4a0000000 264616e4e.

④ 革命文献与民国时期文献保护网. 革命文献与民国时期文献保护计划“十四五”时期规划纲要［EB/OL］.［2023－01－05］. http://mgwxbh.nlc.cn/bhjh/mgwxbhjh/202110/t20211028_202245.html.

国两会期间，加强文物古籍保护利用被首次写进《政府工作报告》①；同年4月，中共中央办公厅、国务院办公厅印发《关于推进新时代古籍工作的意见》，要求“加强古籍抢救保护、整理研究和出版利用”②；同年8月，中共中央办公厅、国务院办公厅印发的《“十四五”文化发展规划》提出“传承弘扬中华优秀传统文化和革命文化”③。相应地，对外经济贸易大学图书馆制定了《古籍特藏保护办法》《古籍特藏阅览室借阅规则》《2023—2025年古籍特藏数字化发展规划》，在利用古籍特藏，尤其是海关文献上始终遵循“放出来、连起来、活起来”的原则。为了发挥古籍特藏文献创新引领、展示交流功能，进一步推动对外经济贸易大学现代文明与传统文化牵手融合，夯实学校战略目标的文化基础，图书馆希望此项研究，以图片、数字、文字等形式全景展示我校海关文化的代际传承，最终实现传统与现代的交响，中国与世界的融通。

1.2 研究现状

1.2.1 海关图书馆

目前，以“中华民国海关图书馆”“海关图书馆”“海关参考图书馆”“江海关图书馆”“阮寿荣”等为主题在中国知网（*CNKI*）、读秀学术搜索平台、国家图书馆检索目录、上海图书馆检索目录、全国报刊索引数据库等平台进行中文检索；以“Customs Reference Library”“Customs Library”“Yuan Shou-yung”（阮寿荣英文名）等为主题在 *JSTOR*、*ProQuest*、必应、*Google*、*WorldCat* 联机联合目录数据库（*OCLC*）等平台上进行外文检索，结果如下（检索时间为2023年1月29日）：

（1）在期刊出版方面，由于海关图书馆成立于90余年前，其大部分资料都散存于民国时期的期刊，这部分资料主要通过全国报刊索引数据库获取。最为具体的是海关图书馆首任馆长阮寿荣分别在《海关图书馆志略》《海关图书馆志略（续）》中对外介绍该馆发展简史、藏书内容、使用方法、发展章程等，尤其对海关图书馆藏书总量、藏书特点进行了全面的介绍④，是后续研究海关图书馆藏书整体情况的一手资料。在中国知网上检索到与海关图书馆研究直接相关的近代文献主要有4篇，其主要内容如表1－1所示。在这4篇文章中，研究角度涉及海关图书馆成立的历史背景、藏书概况、经费来源等方

① 中华人民共和国中央人民政府. 政府工作报告［EB/OL］.［2023－01－05］. http://www.gov.cn/premier/2022－03/12/content_5678750.htm.

② 中华人民共和国中央人民政府. 中共中央办公厅 国务院办公厅印发《关于推进新时代古籍工作的意见［EB/OL］.［2023－01－05］. http://www.gov.cn/zhengce/2022－04/11/content_5684555.htm.

③ 中华人民共和国中央人民政府. 政府工作报告［EB/OL］.［2023－01－05］. http://www.gov.cn/premier/2022－03/12/content_5678750.htm.

④ 阮寿荣. 海关图书馆志略（续）［J］. 关声，1948（11）：13－14.

方面面。这些研究一致认为海关图书馆作为海关重要的知识生产、知识管理机构，其发展、变化与中国近现代化紧密相关。

表 1-1　　与海关图书馆相关的主要期刊文章（部分）

序号	题名	作者	期刊	出版年	主要研究内容
1	中华民国海关图书馆	阮寿荣	关声	1934	海关图书馆成立之初的阅览室内部介绍及图片展示①
2	海关图书馆志略			1947	海关图书馆发展简史、藏书内容、使用方法、发展章程等
3	海关图书馆志略（续）			1948	
4	民国时期的海关图书馆	李娜娜	图书馆论坛	2020	主要对海关图书馆的历史沿革、机构设置、经费来源、空间分布、管理体制等进行研究，并探索海关图书馆在海关以及中国社会的特殊历史作用 作者认为民国时期的海关图书馆是兼具图书馆和档案馆功能的文献收藏机构，是近代海关最重要的信息中心②
5	旧中国海关图书馆述评：治理、视野与现代性兴起	朱向峰	南开学报（哲学社会科学版）	2020	主要对海关图书馆的产生背景、作用、体制以及海关图书馆藏书的编目方式、馆藏内容、特点等进行分析 作者认为，旧中国海关图书馆是近代中国海关外籍税务司制度下的历史产物，其藏书为旧海关治理提供有效的经验集成、知识管理与治理参考③
6	海关图书馆与中国政治进程（1863—1951）	丁怡骏、张志云	苏州大学学报（哲学社会科学版）	2021	文章以赫德、安格联、易纨士、梅乐和、周骊、岸本广吉、李度等与海关图书馆直接或间接相关的海关税务司署人员为主线，阐述在不同的历史时期，海关图书馆及藏书的作用 作者认为海关图书馆并不是为社会大众服务的民间场所，它被中国海关的时代使命和政治挑战深深影响，总税务司将海关图书馆作为知识集权化管理的机构，并将其视为实现政治目标的手段④
7	景培元的图书馆生涯及古籍保护实践	朱向峰、姜颖、张小锋、邱小红	古籍保护研究	2022	从景培元在不同图书馆任职的不同阶段入手，从文献保护、目录学、读者教育和特色馆藏几方面切入，对其在图书馆学领域所做出的努力与贡献进行探讨 文章涉及景培元赴上海接管海关图书馆藏书的内容⑤

① 阮寿荣. 中华民国海关图书馆［J］. 关声，1934，3（8）：6.

② 李娜娜. 民国时期的海关图书馆［J］. 图书馆论坛，2020（9）：97-105.

③ 朱向峰. 旧中国海关图书馆述评：治理、视野与现代性兴起［J］. 南开学报（哲学社会科学版），2020（2）：136-150.

④ 丁怡骏，张志云. 海关图书馆与中国政治进程（1863—1951）［J］. 苏州大学学报（哲学社会科学版），2021（6）：186-197.

⑤ 朱向峰，姜颖，张小锋，等. 景培元的图书馆生涯及古籍保护实践［J］. 古籍保护研究，2022（1）：136-144.

（2）在图书出版方面，与海关图书馆相关的内容更多地出现在不同年代的图书、词典的部分章节。以读秀中文数据库检索为例，与海关图书馆相关的图书主要是对海关图书馆藏书、建筑、编目方式等介绍，分散于不同时代的图书章节中。在近代的一些出版物中，作为上海公共图书馆及文化事业发展进程的见证者，有关海关图书馆的介绍主要出现在各类与上海相关的通志、文化、图书馆事业等紧密相关的章节中，往往作为专门图书馆、特色图书馆进行介绍（如表 1－2 所示）。一些与赫德、总税务司署等相关的材料中对海关图书馆也略有提及，且资料形式多样、内容庞杂、来源多样，其具体涉及海关图书馆的内容将会在本研究中不同的章节中体现，在此不再赘述[①]。综上，目前尚未有对海关图书馆较为完整、全面的研究著作。

表 1－2　　与海关图书馆相关的图书类藏书（部分）

序号	题名	作者	出版类型	出版年	主要研究内容
1	上海各图书馆概览	陈祖怡	图书	1934	海关图书馆组织结构、馆舍建筑、藏书、职员、图书分类、阅览开放时间等介绍[②]
2	最近之上海图书馆	吕绍虞	图书	1938	主要介绍上海三大专门图书馆、通俗图书馆、大学图书馆概况，附有“经济恐慌下之图书馆”“我国教育前途与图书馆”等文章[③]
3	上海全书	《上海全书》编纂委员会	图书	1989	简要提及海关图书馆的发展脉络及藏书概况
4	上海文化源流辞典	马学新等	辞典	1992	海关图书馆藏书、地址、编目等简介[④]
5	上海图书馆事业志	朱庆祚	图书	1996	海关图书馆藏书、地址、编目等简介[⑤]
6	上海百年文化史	《上海百年文化史》编纂委员会	图书	2002	简要介绍海关图书馆的社会服务举措[⑥]
7	上海通志 第 9 册	上海通志编纂委员会	图书	2005	介绍上海民国时期包括海关图书馆在内的藏书等对比[⑦]
8	图书馆服务创新与发展论丛	王世伟	图书	2005	作为上海城市的发展与图书馆发展的互动作用部分提及海关图书馆[⑧]

① 如《中国海关密档：赫德、金登干函电汇编（1874—1907）》共有二者往来信件 3 528 封，电稿 4 496 份。其中，不乏涉及赫德有关建立各关税务司图书室、总税务司参考图书馆等一手材料，这些成为海关图书馆成立的重要背景材料。

② 陈祖怡. 上海各图书馆概览［M］. 上海：中国国际图书馆，1934.

③ 吕绍虞. 最近之上海图书馆［M］. 上海：上海图书馆服务社，1938.

④ 马学新. 上海文化源流辞典［M］. 上海：上海社会科学院出版社，1992：579.

⑤ 朱庆祚. 上海图书馆事业志［M］. 上海：上海社会科学院出版社，1996：78.

⑥ 《上海百年文化史》编纂委员会. 上海百年文化史 第 4 卷［M］. 上海：上海科学技术文献出版社，2002：1543.

⑦ 上海通志编纂委员会. 上海通志 第 9 册［M］. 上海：上海社会科学院出版社；上海：上海人民出版社，2005：6192.

⑧ 王世伟. 图书馆服务创新与发展论丛［M］. 上海：上海社会科学院出版社，2005：62.

续表

序号	题名	作者	出版类型	出版年	主要研究内容
9	普遍·均等 中国公共图书馆的百年追求	李晓新	图书	2007	在“抗日战争时期的公共图书馆服务，战乱中艰难前行”章节中对海关图书馆的免费服务进行介绍
10	马克思主义中国化研究	李景瑜	论文集	2011	对海关图书馆藏书内容、册数、特藏等进行介绍[①②③]
11	对外经济贸易大学校志	对外经济贸易大学	年鉴	2011	介绍海关图书馆藏书的简要发展历程及现状[④]
12	中国海关通志（第 1 分册）	《中国海关通志》编纂委员会	图书	2012	海关图书馆设立的背景过程梳理[⑤]

（3）在纸质报刊方面，一是，民国时期海关图书馆成立之后，为了获得更为广泛的社会关注，注重借助当时上海知名的报纸，如《申报》《新闻报》《中华图书馆协会会报》《总汇报》等刊登该馆的服务特色、馆藏内容、阅读环境、新书书目、阅览办法等信息（如图 1－2 所示）；二是，近代报刊中更多涉及海关图书馆的藏书情况以及注重挖掘海关图书馆具有的“从贸大古籍里面看成败、鉴得失、知兴替，紧紧围绕国家对外开放领域展开研究，为党和政府的科学决策提供高质量的咨政建言与智力支持”的背后深刻意义[⑥]。

（4）在外文文献中，与海关图书馆相关的文献散存在一些文献记录中，相关成果有：Edward Y.K.Kwong（邝耀坤）在《中国评论》（*The Chinese Critic*）上发表的《介绍一个图书馆》（*Introduce a Library*），详细介绍海关图书馆读者借阅规则、流程、中英文特色图书、期刊等[⑦]。

此外，对外经济贸易大学档案馆、中国第二历史档案馆、上海海关档案馆、海关总署档案馆等存有部分关于海关图书馆藏书的一些档案性资料。如对外经济贸易大学档案馆的《为报告派员赴沪了解上海海关图书馆藏书及设备情况提出返京计划请部决定并批

① 荣真. 民国海关图书馆现存藏书的一般性研究［M］//李景瑜. 马克思主义中国化研究. 北京：对外经济贸易大学出版社，2011：202－214.

② 乐平. 民国海关图书馆现存经济类藏书评介［M］//李景瑜. 马克思主义中国化研究. 北京：对外经济贸易大学出版社，2011：215－227.

③ 马巍. 对外经济贸易大学原民国海关藏书之旧海关出版物述评——兼与《中国旧海关史料》比较［M］//李景瑜. 马克思主义中国化研究. 北京：对外经济贸易大学出版社，2011：228－235.

④ 对外经济贸易大学校志编委会. 对外经济贸易大学校志（2000—2010）［M］. 北京：对外经济贸易大学出版社，2011.

⑤ 《中国海关通志》编纂委员会编. 中国海关通志（第 1 分册）［M］. 北京：方志出版社，2012：323.

⑥ 朱向峰，张小锋. 典籍里的近代中国对外经贸史［N/OL］. 光明日报，2021－10－06［2023－01－23］. https://m.gmw.cn/baijia/2021－10/06/35212350.html.

⑦ Edward Y.K.Kwong.Introduce a Library［J］. *The Chinese Critic（Shanghai，China）*，1932，5（42）：1101.

示经费以便进行调运由》[①]完整记录当时图书馆主任景培元[②]赴上海运输海关图书馆藏书的经过、数量等。中国第二历史档案馆则较为完整地存有关于海关图书馆章程、图书馆委员会等与海关图书馆建立、运行与后续发展有关的档案性材料[③]，这些都是研究海关图书馆以及与其相关的历史人物、历史事件、历史资料的重要来源。

海關圖書館
變更閱覽辦法
本市新開路海關圖書館，係江海關所附設，館址宏大，清潔幽靜，而藏書極多，為本市最良之圖書館，近因外界人[illegible]閱覽漸多，恐有良莠不齊，影響館務，特變更閱覽辦法，凡各機關人員欲閱覽者，須先由團體主管人員或學校校長先備函，經該館審查後，給以保證書[illegible]，方可入內閱覽，以示限制云。

图 1－2　1940 年《总汇报》登载海关图书馆变更阅览办法的信息[④]

与此同时，荣真、乐平、马巍等就 20 世纪 30 年代馆藏特色明显、社会价值突出的民国海关图书馆馆藏的历史背景、现状、藏书概况、特色内容等开展过论述，但并未深入探究其价值与作用；李娜娜、朱向峰、丁怡骏等人对海关图书馆馆藏内容及价值有所提及，但仍旧不够全面与系统。鲜有文献对其馆藏内容、历史价值等进行系统、全面、完整的整理与研究。为此，补足海关图书馆发展历史及系统梳理、汇总、完善海关图书馆及其馆藏发展、内容、特点、价值也是本研究的主要起因之一。

1.2.2　旧海关文献或史料

史料是历史学研究的基础，史料的扩充与史家发掘使用新史料的实践，极大地推动了历史研究，尤其是中国近现代史研究的进展。但另一方面，由于史料的不断增加，史

---

① 《为报告派员赴沪了解上海海关图书馆藏书及设备情况提出返京计划请部决定并批示经费以便进行调运由》[B]. 对外经济贸易大学档案馆馆藏，1954－03－08.

② 景培元（1904—1981），字兰墅，籍贯河北省大名县，毕业于上海震旦大学法语专业，先后任震旦大学图书馆主任、巴黎大学北平中法汉学研究所图书馆主任、北京对外贸易学院图书馆主任（资料来源：朱向峰，姜颖，张小锋，等. 景培元的图书馆生涯及古籍保护实践 [J]. 古籍保护研究，2022（1）：136－144.）。

③ *A Report on the Customs Reference Library for the Information of the New Library Committee 1946* [B]. 1 October 1946. 中国第二历史档案馆藏，679/1/17966.

④ 全国报刊索引数据库. 海关图书馆变更阅览办法[EB/OL].[2024－04－13]. https://www.cnbksy.com/literature/browsePiece?eid=95b51e79c707f588d5567e589600c75c&bcId=0003&pieceId=3c1393c0a2a3998a7f836b033a4add2f0281eaa67fe47bf57a65da4143e9ebde&ltid=12&activeId=661a10aef74f7f34f430c837&downloadSource=NONE.

家对于中国近现代史研究进行全局性的观照也日益困难。此外，研究者也不能过于追求新史料，在新视野下对“旧”史料的利用、考辨与再解读同样具有重要意义。但无论如何，史家都应该努力把握历史文本自身的形成过程，即发掘史料自身的“故事”，更好地去重建过去和展现中国近现代史研究对于现实及未来的意义①。研究海关图书馆及其馆藏发展就需要对旧海关文献或史料进行细致观照。

海关史料，如海关出版物浩瀚复杂，散存于多种形式，对其进行系统化整理并运用到实际研究中具有重要的文献价值、史料价值及社会价值。近年在对旧海关文献或史料整理上，出现了较为丰富的、独特的、广泛的图书资料，几乎都是大部头。如广西师范大学出版社先后出版了《美国哈佛大学图书馆藏未刊中国旧海关史料》等大型出版物，这些文献资料主要对中国旧海关的沿革、贸易统计及报告等档案史料、历史照片及近代海关总税务司各类通令、关税史料及海关报告等进行汇总，为了解近代中国社会和经济状况提供了丰富的材料基础②（如表 1-3 所示）。

表 1-3　　与海关文献或史料相关的图书（部分）

图书标题	作者	出版社	出版年	内容简介
中国旧海关与近代社会图史（1840—1949）	中国第二历史档案馆，中国海关总署办公厅	中国海关出版社	2006	10 册，全书根据历史时期和专题分为：旧海关与晚清中国（1840—1911）、旧海关与北京政府（1912—1927）、旧海关与国民政府（1928—1949）、旧海关与地方政权、旧海关与日伪政权五个分卷
中国旧海关史料（1859—1948）	中国第二历史档案馆，中国海关总署办公厅	京华出版社	2007	170 册，《中国旧海关史料》大致由两个部分构成：第一部分为贸易统计，第二部分为贸易报告，内容涉及的省份有黑龙江、吉林、辽宁、河北、天津、山东、江苏、上海、浙江、福建、广东、广西、云南、西藏、湖南、湖北、江西等，城市多达 60 余个。以大量翔实的史料、丰富的数据，反映了中国这一时期的政治、经济、军事、外交、社会各方面的事件与活动，其记述全面、细微，在诸多方面弥补了当时报刊、著述和地方志的不足，对研究中国近代史及各地地方史具有很高的参考价值，是一部难得的珍贵史料
中国旧海关稀见文献全编	刘辉	中国海关出版社	2009	23 册，主要分为《民国时期各国海关行政制度类编（上下）》《民国时期关税史料之一：修改税则始末记》《民国时期关税史料之二：中国关税史》《民国时期关税史料之三：中国关税史料》《民国时期关税史料之四：关税纪实》《五十年各埠海关报告（1882—1931）》等

① 中国学术会议在线.“史料扩充与史学演进：中国近现代史研究的反思与前瞻”学术讨论会在上海举行［EB/OL］.［2024-03-05］. https://www.meeting.edu.cn/zh/news/765b3c04-fc51-11e9-8dc9-3c2c30a4fb0b.

② 上海图书馆，上海市图书馆行业协会. 上海市公共图书馆行业发展报告［M］. 上海：上海科学技术文献出版社，2019：188.

续表

图书标题	作者	出版社	出版年	内容简介
中国近代海关总税务司通令全编	中国海关出版社	中国海关出版社	2012	46 册，本书是对 1861—1949 年间由外籍总税务司签发的中国近代海关正式行政公文的汇总，涉及中国近代海关及中国近代社会的方方面面。在近 20 万卷册的中国近代海关档案资料中，总税务司通令（1861—1949）真实记录了近代海关有关方针政策、人事任免、机构设置、规章制度、业务拓展等所有海关重大事件的起因、过程、结果及影响，其内容还涉及当时中外政府的重大动向，中国政府的内政外交及社会的重大变革，是研究中国近代海关及近代社会变迁不可缺少的重要档案
美国哈佛大学图书馆藏未刊中国旧海关史料	吴松弟	广西师范大学出版社	2014	280 余册，《美国哈佛大学图书馆藏未刊中国旧海关史料》为国家哲学社会科学基金重大项目“中国旧海关内部出版物的整理与研究”的阶段性成果，由复旦大学历史地理研究中心吴松弟教授主持编辑整理，自 2014 年起由广西师范大学出版社陆续推出。这是新中国成立以来对旧海关内部出版物规模最大的一次发掘和整理
海关总署档案馆藏未刊中国旧海关出版物（1860—1949）》	中华人民共和国海关总署办公厅，中国海关学会	中国海关出版社	2019	10 册，收录了大量学术界迄今为止鲜为利用的图书，使中国旧海关出版物的面貌在世人面前基本完整展现。该书收入的旧海关内部出版物大约 300 种，内容丰富，不仅包括旧海关管理和日常工作的基本方面，还涉及进出口贸易、区域经济、交通、关税与金融、邮政事务、边疆考察、气象工作、海洋和内河航行、度量衡、中外条约等多个方面 此次总署丛刊的出版，意味着旧海关出版物绝大部分都已出版，将进入私人和公共图书馆的书架，便于学术界使用，并将极大地推进近代中国的经济、贸易、交通、城市、外交、华侨、海洋、生态变迁等多方面的深入研究

1859 年中国海关开始建立包括统计和出版在内的海关管理制度。此后赫德努力扩大海关业务，逐步形成了规范、完整、有序地编印发行的制度，留下大量的海关文献。就内容方面而言，旧海关文献资料有医学报告、各地经济调查、水陆交通调查、船舶报告、中国关税和金融研究、海洋事务报告、海关管理报告、国际关系、中国在 1905 年以前参加历届世界博览会的参会报告、邮政报告、常关报告、语言学著作，以及黄河下游治河工程的相关报告、1905—1938 年间有关气象工作的通令，还有反映山河面貌、商品产地、交通路线、城市分布、城市街区等多方面内容的地图和图表。总的来说，涉及内容极其丰富，宛如一部区域百科全书。吴松弟团队在国家社科基金重大项目“中国旧海关内部出版物的整理与研究”的支持下，已经系统地整理出旧海关的内部出版物，并已经

出版 283 大册、正在整理出版 60 大册旧海关内部出版物（分别由广西师范大学出版社、中国海关出版社出版）。在此基础上，复旦大学海关史与海关文献国际研究中心，以近代“旧海关文献”（即旧海关“内部出版物”）史料为支撑，以研究近代以来中国经济与中国社会的变迁[①]。为了促进旧海关文献或史料的使用，以复旦大学为主的一些机构举办了多场不同类型的会议，在多次会议中强调研究海关史料具有重大的价值，主要体现在经济史价值、政治史价值和外交史价值（如表 1－4 所示）[②]。如旧海关档案以手稿、信件、文书、内部通信和报告为主，相对于已刊旧海关文献具有更强的“一手”性质，复旦大学历史系司佳从英国伦敦大学收藏的 19 世纪中国旧海关档案为入手，对海关职员包腊（Edward Bowra）的个人档案进行解读，揭示外籍海关职员与在华侨民群体的生存状态。

表 1－4　　　　复旦大学举办与旧海关史料相关的会议信息（部分）

会议标题	主办单位	主办时间	举办地点	会议成果
“海关文献与近代中国”国际学术研讨会	复旦大学中国海关史与海关文献国际研究中心	2016－02－27	复旦大学	1. 复旦大学中国海关史与海关文献国际研究中心正式揭牌成立 2. 发布由广西师范大学出版社出版的“美国哈佛大学图书馆藏未刊中国旧海关”第二批新书
史料扩充与史学演进：中国近现代史研究的反思与前瞻	复旦大学历史系近现代史教研室	2017－12－02—03	复旦大学	—
东亚现代化进程及旧海关文献在研究中的运用	复旦大学中国历史地理研究所、华中师范大学中国近代史研究所	2019－10－09	复旦大学	1.《海关总署档案馆藏未刊中国旧海关出版物（1860—1949）》丛书发布会 2.《吴松弟中国近代经济地理与旧海关资料研究集》新书发布会

此外，中国海关出版社开发了《旧海关刊载中国近代史料数据库》，进一步提升了广大研究人员对该部分内容的利用程度与使用效率。该数据库资源包括对旧海关总税务司署通令原件 9 530 件（其中 1 188 件附带翻译件）以及 1.9 亿字的近代贸易数据和报告（如图 1－3 所示）。其内容主要包括[③]：

（1）第一期　通令数据库：总税务司通令是总税务司与各口岸及海关各部门沟通的重要载体，是近代海关实现垂直统一管理的重要基础，通令内容反映了当时政府内政外交政策和重大事件，以及中外政府的重要动向，是研究中国近代海关及政治、外交、社

① 复旦大学海关史与海关文献国际研究中心［EB/OL］.［2024－03－08］. https://baike.baidu.com/item/%E5%A4%8D%E6%97%A6%E5%A4%A7%E5%AD%A6%E6%B5%B7%E5%85%B3%E5%8F%B2%E4%B8%8E%E6%B5%B7%E5%85%B3%E6%96%87%E7%8C%AE%E5%9B%BD%E9%99%85%E7%A0%94%E7%A9%B6%E4%B8%AD%E5%BF%83/19420900?fromModule=search-result_lemma-recommend.

② 中国学术会议在线. 旧海关史料数字化应用研讨会在北京召开［EB/OL］.［2024－03－05］. https://www.meeting.edu.cn/zh/news/74d98118－fc51－11e9－8dc9－3c2c30a4fb0b.

③ 暨南大学图书馆. 旧海关刊载中国近代史料数据库［EB/OL］.［2024－03－07］. https://lib.jnu.edu.cn/databaseguide/detail? id=591.

会等的重要史料。

图 1－3　旧海关刊载中国近代史料数据库首页截图

（2）第二、三期　贸易数据库：内容分为“贸易统计”和“贸易报告”两部分。其中，“贸易统计”以年度统计为主，主要记录 1859 年至 1948 年的贸易、汇兑、关税、金融等方面数据，按年、关口、国别等维度进行统计；“贸易报告”主要是各关口对本关贸易状况的总结，以及对影响贸易因素的分析，资料涵盖当时的政治、经济、军事、司法、文化、交通、宗教、社会状况等。

（3）第四期　海关总署馆藏：《海关总署档案馆藏未刊中国旧海关出版物（1860—1949）》，此套丛书收录了大量学术界至今为止几乎无人利用的稀见图书，使中国旧海关出版物的面貌趋于完整地展现世人面前。

1.3　研究意义

第一，海关图书馆档案与藏书具有特殊的史料价值。在魏尔特（S.F.Wright）等人的设想以及大力推动下，1929 年 11 月 14 日国民政府财政部关务署 1464 号指令同意海关建立图书馆，并最终于 1931 年开馆。成立之后，该馆作为近代海关最重要的信息中心，广集“本国商业、财政、经济及农工业各种中外图书、论文、杂志、报章”等图书资料，并“保存海关一切档案中与历史有关，或有保存价值之重要文件”等档案文献，成为兼具图书馆和档案馆功能的文献保存机构，这对于全面了解当时中国社会及对外经济贸易等问题奠定了深厚的文献基础。为此，最大程度立体、清晰、完整地展示海关图书馆馆藏特殊的历史价值，挖掘其潜在的学术价值，扩大其内在的社会价值具有现实与理论意义。

第二，海关图书馆藏书具有一定的文献学价值。海关图书馆建立之初目标是建成“第一流直接及间接与中国经济攸关之图书馆”，关务署专门下拨资金用于图书购买。根据

《海关图书馆书籍登记总册》、时任海关图书馆馆长的阮寿荣在《海关图书馆志略》提及的馆藏等信息，在一般图书馆极难见到，“在海关图书馆阅览室，可以找到每本可以想到的中外有关中国和中国事务的期刊”。海关图书馆以藏书量多、内容丰富、语种多样、范围广泛等特征，在当时上海 200 多所图书馆中大放异彩。这些都为研究当时中国专业图书馆的馆藏图书分类、编目、借阅制度发展及了解当时海关制度提供了鲜活的历史文献资料。此外，海关图书馆除了专供海关公务之需要的书籍以外，还有部分明、清等年代书籍，这些书籍存在初刻本、改刻本、重刻本、翻刻本、影印本等多种版本形式。如，光绪二十三年（1897 年）杨守敬的《日本访书志》17 卷的初刻本。而这些藏书中，日文藏书相当丰富，如日本昭和 10 年（1935 年）的《大唐六典》等，从日文馆藏中可以窥探中国文化的对外传播概况。这些藏书既能反映过往历史，又能照应未来。

第三，对海关图书馆开展研究对研究中国近现代化具有一定的史学价值。海关图书馆设立之初就是为了“研究中国事务者均洞悉，过去 75 年来海关在中国财政、商业诸多方面均担当重要角色”，从作为藏书机构的角度看，海关图书馆具有开启民智的作用。海关图书馆由最初的“任何外借办公图书室收藏书籍的行为都应严格禁止”到辛亥革命之后，总税务司署迁至上海，海关图书馆正式对外开馆，通过研究海关图书馆可以见证当时社会巨变的背景下，中国参与全球化、实现现代化的进程以及国人精神追求的过程。

1.4 主要研究方法

首先，以海关图书馆馆藏为研究对象，利用文献调查、历史研究等方法，探讨海关图书馆史料的馆藏源流、特色性、稀缺性；

其次，利用数据挖掘方法，以对外经济贸易大学图书馆馆藏书目数据为资料基础，借助 Python 工具提取中外文馆藏目录中的高频词，基于 PMI 算法对民国海关图书馆馆藏中外文目录进行语义网络分析，并利用 Gephi 软件进行可视化，能够清晰展示海关图书馆藏书整体概貌；

最后，利用对比分析方法，突破行业界限，从其他公共机构保护与传承古籍实践中汲取经验，探索海关图书馆史料的保护与传承路径。

1.5 总体思路与研究视角

1.5.1 总体思路

一是，对关于海关图书馆研究的论著及相关资料进行全面搜集与初步整理，其中，对于不同版本的书籍，尤其是珍贵古籍、特色文献进行选择、对比等工作；二是，遵循“三性九条”原则，从历史文物性、学术资料性、艺术代表性的角度，在与*CADAL*等平台进行对比的基础上，进行全面整理，判断海关图书馆留存至今的有无珍本、善本、孤本等；三是，对资料进行注释、考订、校对与审核等工作基础上，对文献作者、出版年进行考证以及必要的学术史研究，如涉及海关发展的统计系列报告、专题报告、专刊等，构建起海关图书馆发展及其藏书全面、立体、系统的认识，为后续开展全方位研究、相关学科发展、人才培养等奠定基础。

1.5.2 研究视角

本研究在坚持重视史料来源的真实性，客观、公正、正确地选取第一手原始史料的基础上，对史料按照文献史料、实物史料、口述史料的分类开展研究。

首先，对文献史料进行认真的收集、整理、归类和考辨，以翔实的史料作为支撑。主要但不限于查阅《申报》《海关图书馆志略》《中国海关通志》等文献，同时还重点关注与此相关的地方史乘、人物传记、杂志、信件、文书（如赫德留下的通令）等。

其次，用史学和文献学研究相结合的方法，在对文献史料进行甄别的基础上，去伪存真，去粗取精，实事求是。该部分注重实物史料的探索，结合走访中国第二历史档案馆等机构还原历史最真实面貌。

再次，在以“博、真、善”的资料为依据得出结论的基础上，结合口述史料，主要是采集相关人员的回忆录、对话录、采访记、座谈录等，在整理该馆的历史沿革和机构设置、图书和档案的收藏与管理状况（如藏书章演变）、地位与作用等基础上编制海关图书馆藏目录、藏书结构以及藏书去向等。

最后，注重论从史出，史论结合，探讨海关图书馆及馆藏在近代相关研究中的运用与发展。

1.6 研究框架与研究内容

本研究从基础研究——主体研究——应用研究三个方面提出总体框架及研究内容（如图1-4所示）。

具体研究内容如下：

（1）海关图书馆藏内容与源流梳理

通过查阅《海关图书馆志略》《中国海关通志》等历史资料，结合中国第二历史档案馆等机构以及采集相关人员的口述资料等史料，对比海关图书馆藏目录以及去向等问题，为后续探究奠定实践基础。

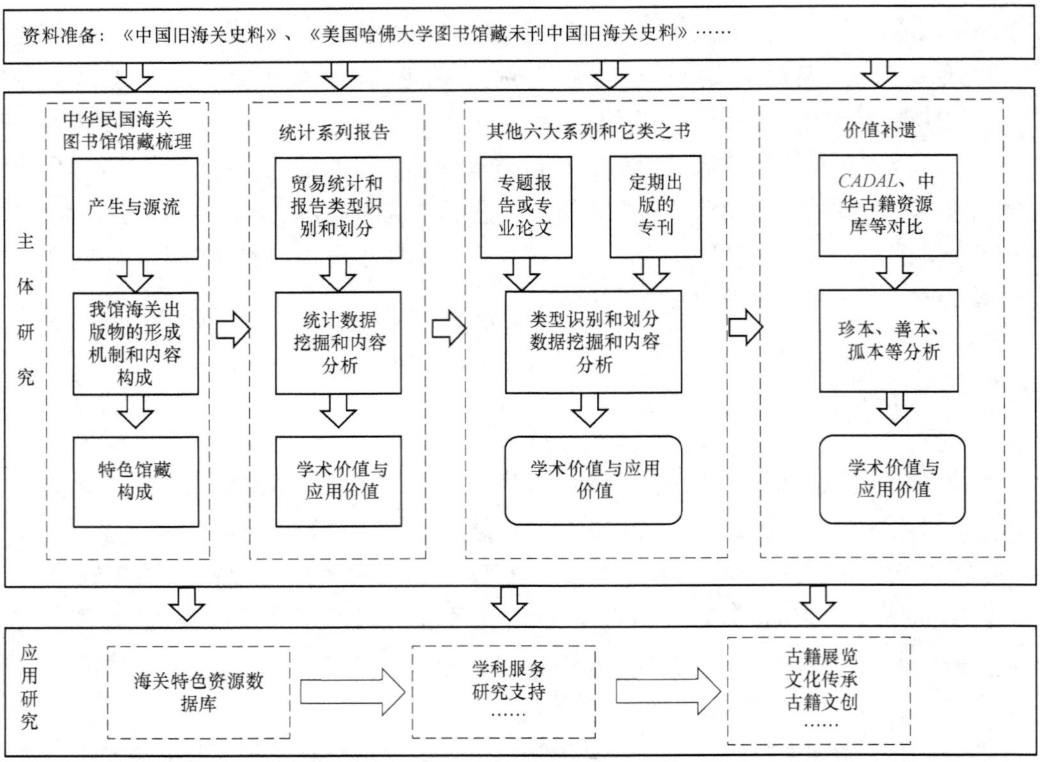

图 1-4　研究框架图

（2）海关图书馆海关史料的形成机制和内容构成

在内容（1）的基础上，对海关图书馆海关出版物的构成进行分类和编号，在内容分析的基础上利用 Python 等软件，对统计系列报告等表征“贸易”“税收”等内容进行词频与话语环境分析，清晰、立体地识别海关图书馆藏书的构成。

（3）海关图书馆馆藏的稀缺性探析

在内容（1）和（2）的基础上，借助数据挖掘方法，与 *CADAL*、中华古籍资源库等进行对比，着重以统计系列报告为蓝本，提取海关图书馆藏书的稀缺性。

（4）海关图书馆藏书史料的传承性保护研究

文化遗产是不可再生的珍贵资源，通过展览讲座、网络传播、文创开发等方式探索海关图书馆史料的“放出来、连起来、活起来”的生态之路。

2 海关图书馆发展历史

2.1 海关图书馆的设立与发展

2.1.1 赫德与早期海关图书馆的初创阶段

近代海关特别注重图书出版、档案收藏整理工作。早在 1854 年 6 月 29 日，英、美、法驻上海领事与署上海道台吴建彰开会讨论援引外国人到中国的海关参与管理之时，就提及未来海关应该注重涉外资料的搜集："凡是和外国惯例与法律有关的地方以及和这些惯例与法律根据条约规定在中国执行情形有关的地方，各委员应该随时准备向海关监督提供参考资料和意见。他们应该在正式的要求下，同样地提供给上述监督和三个有约国领事中的每一领事以其力所能及范围内的一切有关船舶和关税征收事宜的资料，并以他们册籍和档案供备自由检阅，但是各委员并没有权利准许其他任何人员检阅这些册籍和档案。"①

1863 年，赫德（Robert Hart）担任总税务司（1863—1911 年）后，"对于全国海关，几有一国元首之权威"②。为了更好管理中国海关，他认为图书馆是海关开展有效知识管理的重要工具，"现代办公室中参考书籍即使少至一册字典、一幅地图以及一本年鉴之类亦为无比重要……""鉴及海关过去及将来需要应付之诸多问题无不有赖于广泛及正确之资料，乃于其悠久之北京事业中逐步建立起一座精选图书馆"。尤其注重与海关业务相关的图书资料搜集，并在总税务司署建立专门图书馆，以便借助这些"广泛及准确"的资料以解决"海关过去及将来需要应付之诸多问题"③。随着赫德在华职业生涯的发展以及当时英帝国向东亚扩张，加之赫德本人把建立各种档案、文案作为海关治理的重要环节，赫德不仅建立了个人私藏图书室，更是要求着手开始建立系统的涵盖文件、

① 莱特，姚曾廙. 中国关税沿革史［M］. 北京：商务印书馆，1963：118.

② 黄序鹓. 海关通志（下）［M］. 北京：共和印刷局，1917：193.

③ 海关总署《旧中国海关总税务司署通令选编》编译委员会. 旧中国海关总税务司署通令选编（第三卷，1931—1942 年）［M］. 北京：中国海关出版社，2003：67.

档案、图书等在内的体系化的海关资料，并要求各关税务司建立图书室且注重处理书籍虫蛀等问题。

建立各关税务司图书室后，1890 年 5 月，赫德将总税务司图书室转型为总税务司署的官方机构，也就是总税务司参考图书室（IG’s Reference Library）。赫德认为海关需要一个包罗万象的图书室，不仅可以自己闲时参考，也可以让继任受益。他不仅要求各关上交所藏中外书籍之清单，也要求伦敦的金登干，提供必要书目清单①，后者不仅建议赫德参考英国外交部、英国驻京公使馆、伦敦大学学院研究室、大英博物馆等书目，也邮寄英国外交部图书馆、大英图书馆阅览室等书籍目录。这一方面促进了地方各馆图书馆的知识整理工作，另一方面，中国海关也拥有了英国前沿图书馆的图书目录②。

不幸的是，赫德所建立的图书馆室在 1900 年义和团起义中完全被毁，赫德的许多书籍、文选、手稿都被毁坏。即便如此，待北京后续恢复和平之后，赫德又着手搜集新的藏书。在北京藏书逐渐演变成两部分，一供总税务司使用，另一供各科税务司及副税务司使用。后者成为总税务司署图书室，并保存于办公室走廊木柜中，最后置入走廊旁③。

虽然赫德没有重建总税务司参考图书馆，但他考虑到海关发展的实际需要，对图书资料的运用高度重视，已经有了建立一座精选图书室的计划。从一定程度上来说，在总税务司及各关建立图书室，有助于提高地方税务司知识水平与行政能力，也能确保总税务司进行中央集权化的知识进口和管理④。可以说，赫德是海关图书馆成立的重要奠基者。在赫德时代，不仅海关总税务司署通令已经编辑出版，而且海关出版物也能汇集成册出版，这些都成为日后海关图书馆收藏的基础内容。

2.1.2 安格联、易纨士、梅乐和与夹缝中发展的海关图书馆

赫德之后，由于全国范围的反帝运动，外籍总税务司成为抨击对象，继任的安格联（Aglen，F.A）在任期间（1912—1927 年）通过总税务司图书室的建立，来回应政府和民间对海关的质疑与调整，使其成为海关关内史家（In-house Historian）编纂严谨学术著作的重要知识来源⑤。1925 年开始，造册处税务司福贝士（Forbes.A.H）在北京期间整理了总税务司藏书，并制作了卡片式目录，为图书的便利利用做了大量基础工作。总税

① 凯瑟琳·布鲁纳（著），陈绛（译）. 赫德日记：赫德与中国早期现代化［M］. 北京：中国海关出版社，2005：203.

② 丁怡骏，张志云. 海关图书馆与中国政治进程（1863—1951）［J］. 苏州大学学报（哲学社会科学版），2021（6）：186－197.

③ 海关总署《旧中国海关总税务司署通令选编》编译委员会. 旧中国海关总税务司署通令选编（第三卷，1931—1942 年）［M］. 北京：中国海关出版社，2003：67.

④ 凯瑟琳·布鲁纳（著），陈绛（译）. 赫德日记：赫德与中国早期现代化［M］. 北京：中国海关出版社，2005：203.

⑤ 张志云. 中国海关造册处与中央统计制度（1859—1911）［M］//吴松弟. 海关文献与近代中国. 桂林：广西师范大学出版社，2018.

务司署重新为图书室安排了独立空间，并将书籍按照目录顺序摆放，井然有序[①]。从 1925 年开始，安格联与代理总税务司易纨士（Arthur Edwars）积极对总税务司图书进行整理，还将各地海关书籍征调回总署，并积极为魏尔特（S.F.Wright）关于《辛亥革命以来中国海常关税的征税及支配》（*The Collection and Disposal of the Maritime and Native Customs Revenue since the Revolution of 1911*）的研究提供资料基础。

安格联和易纨士之后的梅乐和（Frederick.William.Maze）在任（1929—1942 年）时由于更为复杂的客观环境变化，他更加重视海关文化积累和建设。1929 年上半年总税务司署由北京迁至上海，当年 11 月 4 日，时任总署秘书科税务司魏尔特向梅乐和呈文《呈为请准设立赫德纪念图书馆并拟具设馆办法具呈仰祈》提出“为纪念前总税务司赫德有发展中国国内及国际贸易并为中国图谋与经济有关系各种利益之功绩”，合并总税务司署图书室及造册处图书室现有的图书，提议在上海设立“赫德纪念图书馆”[②]。该馆的建立宗旨是“为适应现在及将来需要，储藏与中国农、工、商业及财政、经济等有关之中、日、英、法、德、俄文各种书籍、报告、报纸、杂志等项，专备参考之用”[③]。对于梅乐和而言，赫德纪念图书馆的建立，一方面，是希望加快馆内史家对海关和赫德的研究，标榜自己是赫德继承人的地位；另一方面，更是希望海关关内史家的研究可以回应民族主义者的指责[④]。

1929 年 11 月 14 日，国民政府财政部关务署 1464 号指令同意魏尔特的大部分建议，同意建立海关图书馆，但否定馆名为“赫德纪念图书馆”。据《海关总税务署机要通令》的资料显示，关务署“慨然批准，由税收中拨付开办费，以便对新闸路原邮局庶务处底层进行必要改建，添置书架家具，购买总税务司署及造册处两图书室未有之书籍”[⑤]。1930 年 2 月 12 日，总署修正所拟章程后，为了促进海关图书馆尽快投入使用并发挥作用，阮寿荣着手整理总署及统计科所有存书，并搬入中央统计股楼下。

经过近两年的准备，定馆名为“中华民国海关图书馆”（Customs Library 或 Customs Reference Library）及制定《中华民国海关图书馆章程》等事宜完成后，于 1931 年 6 月 1 日开始对外开放，正式开馆。开馆之初，由于重新编目和分类工作尚未完成，故只对关务署、税则委员会及海关人员开放。同年 10 月 10 日，上述工作完成后，对大学学子及有志研究中国经济发展之一般社会公众开放[⑥]。

---

① 中华人民共和国海关总署办公厅. 中国近代海关总税务司署通令全编：第 20 卷［M］. 北京：中国海关出版社，2013.

② 中国海关学会. 赫德与旧中国海关论文选［M］. 北京：中国海关出版社，2004：82.

③ 海关总署《旧中国海关总税务司署通令选编》编译委员会. 旧中国海关总税务司署通令选编（第三卷，1931—1942 年）［M］. 北京：中国海关出版社，2003：68.

④ 丁怡骏，张志云. 海关图书馆与中国政治进程（1863—1951）［J］. 苏州大学学报（哲学社会科学版），2021（6）：186－197.

⑤ 海关总署《旧中国海关总税务司署通令选编》编译委员会. 旧中国海关总税务司署通令选编（第三卷，1931—1942 年）［M］. 北京：中国海关出版社，2003：67.

⑥《中国海关通志》编撰委员会. 中国海关通志 第 1 分册［M］. 北京：方志出版社，2012：51.

在安格联、易纨士、梅乐和任职期间，海关图书馆一方面在总章程的规定下，获得了较为稳定的经费来源，馆长阮寿荣和其图书馆助手编制馆藏目录、执行图书馆章程、提供借阅服务；另一方面，正值中西方文化交流以及中国社会思想迅速发展，海关图书馆也尝试融入中国社会。虽然这一时期时局仍不稳定，但海关图书馆由于其馆藏特殊性与相对完整性，影响力不断扩大。如，抗战前海关图书馆作为上海市图书馆协会成员，活跃在上海图书馆界。1937 年 6 月 30 日和 7 月 4 日，《申报》分别报道上海图书馆协会与上海市图书馆合办的图书馆学书籍与工具展览会，海关图书馆与商务印书馆、同济大学图书馆、大夏大学图书馆等一起参加该活动[①②]，海关图书馆有 72 种展品参展[③]。

2.1.3 周骊、岸本广吉、李度与战乱中的海关图书馆

从内部人事上看，1941 年 12 月，珍珠港事件爆发后，汪伪政府任命日籍总务科税务司岸本广吉（Hirokichi Kishimoto，1941—1945 年），重庆政府也任命腾越关税务司周骊（C.H.B.Joly）为代理总税务司，1943 年 8 月 16 日，重庆政府又任命美国人李度（Lester Knox Little，1943—1949 年）接替周骊。战乱中三位总税务司处境截然不同，他们对海关图书馆也有不同的考量。由于海关档案与统计科贸易年表均藏于上海海关图书馆，周骊无法开展正常的日常工作。1944 年，李度曾考虑重建一个图书馆，并且命令重庆政府的地方海关上交其所藏书籍，因为李度认为“没有海关档案馆和可参考的图书馆，他为自己的计划和游说所做的报告和建议并没有相关资料可以佐证。确保海关的稳定与发展必须建立在既往的成就之上，然而缺乏纸本报告使这项工作困难重重”[④]。

海关图书馆在这一时期，书籍遭到不同程度的损毁。在此期间，海关图书馆购书经费大为削减，发展更是举步维艰，图书馆的出版品整理修订工作几乎停滞。海关图书馆甚至取消了 1931 年至 1941 年十年期贸易报告的编写修订计划。在此期间，海关图书馆还需要收藏大量日语出版物，而到 1945 年，总税务司决定将海关图书馆变成海关职员一周三次日语培训教室，并暂停对外开放[⑤]。

抗战胜利后，李度想将海关图书馆打造成为美国式的专业学术图书馆[⑥]未果。国民党节节败退之际，李度决定将总税务司图书馆及其书籍档案留在上海，避免损毁，并认为海关图书馆已成为中国海关完整性的象征。由此可见，海关图书馆的兴衰起落烙上了旧中国海关的时代烙印[⑦]。诚如冯翰士（Henk Vynckier）所言：“海关图书馆及海关出版

① 图书馆学图书及工具展览会各方踊跃应征展品［N］. 申报，1937－07－30（11）.

② 图书馆学图书及工具展览品均为名贵物七日起展览两周［N］. 申报，1937－07－04（18）.

③ 图书馆学工具展览昨晨开幕［N］. 申报，1937－07－08（12）.

④ 毕可思. 太平洋战争时期的中国海关［J］. 民国研究，2008（Z1）：156－177.

⑤ 《新闻报》曾于 1945 年 9 月 1 日的版面登载“海关图书馆即日起重新开放”的信息。

⑥ 此内容在后续章节会有涉及，此处不再展开。

⑦ 丁怡骏，张志云. 海关图书馆与中国政治进程（1863—1951）［J］. 苏州大学学报（哲学社会科学版），2021（6）：186－197.

品都是为了提升海关的形象，使其在华的‘文明任务’正当化”①。

表 2-1 清咸丰到民国 38 年（1859—1949 年）与海关图书馆有较为紧密关联的总税务司、代理总税务司及副总税务司任职情况表②

姓名	国籍	担任职务	任职时间
赫德	英国	代理总税务司	1861—1863
		总税务司	1863—1911
安格联	英国	副总税务司、代理总税务司	1910—1911
		总税务司	1911—1927
易纨士	英国	代理总税务司	1927—1928
梅乐和	英国	副总税务司	1928—1929
		总税务司	1929—1943
周骊	英国	代理总税务司	1942—1943
李度	美国	代理总税务司	1943—1944
		总税务司	1944—1949
丁贵堂	中国	代理总税务司	1943-06—07
		副总税务司	1943.10—1949

2.1.4 新中国时期的海关图书馆

从周骊到李度，由于海关已经无力再开展知识扩张与管理活动，海关图书馆在新中国成立前的几年中没有特别的起色。1949 年 5 月 28 日，中国人民解放军接管了海关图书馆。中华人民共和国成立之后，1954 年 3 月，经中央人民政府对外贸易部批准，将原在上海的海关图书馆藏书及设备中的一部分移交给北京对外贸易学院（对外经济贸易大学前身），这部分藏书构成了对外经济贸易大学海关文献中心藏书的重要组成部分③。关于这个接管过程，对外经济贸易大学档案馆详细记载了接管前的准备工作、点查装箱经过、运输工作、设备拆卸、移交手续、其他事项等内容（如图 2-1 所示）④。

① Vynckier H，Chang Chihyun.Imperium in imperio：Robert Hart，The Chinese Maritime Customs Service，and Its（self-）Representations［J］. *Biography*，2014，37（1）：69-92.

② 《中国海关通志》编纂委员会. 中国海关通志 第 1 分册［M］. 北京：方志出版社，2012：323.

③ 对外经济贸易大学校志编委会编. 对外经济贸易大学校志 第 2 版［M］. 北京：对外经济贸易大学出版社，2001：581.

④ 《为报告派员赴沪了解上海海关图书馆藏书及设备情况提出返京计划请部决定并批示经费以便进行调运由》［B］. 对外经济贸易大学档案馆馆藏，1954-03-08.

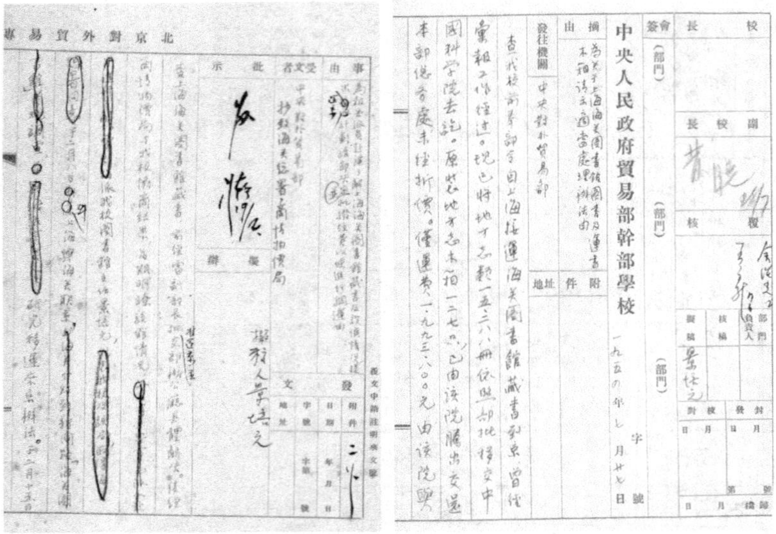

图 2-1　北京对外贸易学院图书馆主任景培元赴上海接收海关图书馆藏书的档案材料

① 准备工作。景培元于（1954 年）3 月 17 日携带有关文件……偕同馆员巴克林启程南去，于 3 月 19 日上午到达上海，即赴海关接洽。上海海关办公厅召集有关人员，组成移交小组……根据海关总署 3 月 13 日指示，决定将交存图书馆的前海关旧档，全部运回海关大厦，与其他档案合并储存。

② 点查装箱经过。自 3 月 22 日至 4 月 6 日，海关档案移运工作告一段落。景培元、巴克林、吴克禹三人，自 3 月 26 日起，着手点查整理已编目和未编目的各项书籍杂志。4 月 6 日起，先后向海关借用装书木箱三批，共 130 个，先将未编目书刊及中外文合订本杂志装入。4 月 30 日方将所有全部图书点装完毕。未编目各项，由交接工作人员起草初稿，交海关文书股人员打抄清册，总共 15 种。

③ 启运情况。装箱工作将近完成之际，即通过海关向上海铁路局要车。……5 月 7 日起，书籍 744 箱，分三批陆续起运，另一批大本地图及图书馆用品等，共装 15 箱，于 5 月 10 日运出。

④ 设备之拆卸装运。拆除书架及包扎转运工作，自 5 月 6 日开始，由景培元一人照料。全部拆卸打包工作原定 17 天完成，结果提前于 5 月 16 日结束。景培元于 5 月 22 日结束接运工作，24 日后回校汇报。

⑤ 移交手续。根据图书馆排架卡片清点后，就原存海关的抄本“中外文分类目录”校补（海关总署亦原存有抄本一份，待订补）。卡片目录由我校保存，作为接收根据；目录则仍留存上海海关，作为移交根据。书刊 12 770 册，地图 344 幅，即逐项编造成册 15 种，各一式三份。一份寄交海关总署，其余两份分别由上海海关及我校保存备查①。

综上，根据资料汇总，本研究按照海关图书馆发展的关键时间、主要人物开展的重要事件发展脉络进行较为系统梳理（如图 2-2 所示）。

① 具体藏书情况将在后续章节介绍，此不赘述。

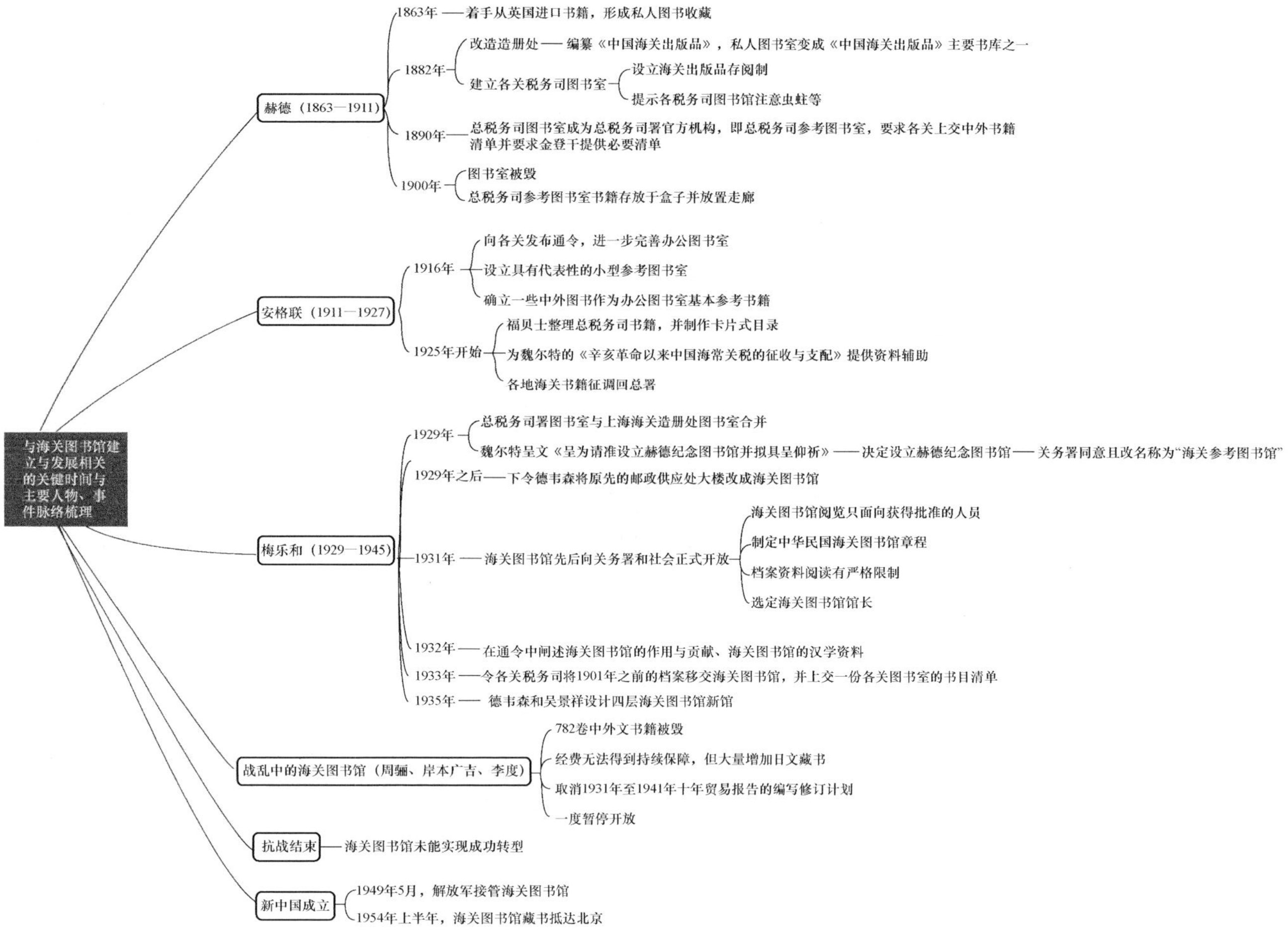

图2-2　与海关图书馆建立与发展相关的关键时间与主要人物、事件脉络梳理

2.2 海关图书馆馆长史略与运行制度

2.2.1 馆长史略

海关图书馆首任馆长（唯一一任）为阮寿荣（英文名 Yuan shou-yung）。据《税专同学通讯录》记载，阮寿荣籍贯江苏，字耐生，税务专门学校（简称税专）15 班（1926 年）学生（如图 2－3 所示）。税专最初称之为“税务学堂”，于 1908 年成立（1908—1912 年），后改成税务专门学校（1912—1949 年），学制 4 年，第一届学生于 1913 年 1 月 21 日举行毕业典礼①。

图 2－3　中华英文周报所存阮寿荣肖像图（1922 年）②

为培养中国海关的中高级人才以取代海关中的外籍海关关员，具有西学背景和海关工作经历的税务大臣唐绍仪认为，“欲言收回税权，则我国非有海关专门之人才，必不足以折服外人之心”。于是提出了“筹设税务专门学校”的倡议，并得到了督办税务大臣铁良等人的支持。学堂“以造就各关理事人才为宗旨。学生以精通中外文字、研究理财、商律条约及关于各项税务学问为成效，尤以敦品励行，通晓伦理之书为进修之实践”③。值得一提的是，此“专”是指专门学识与技能，不是与大学相区别的专科学校，当然更非仅属商业学校性质④。

在精而专、严而高的办学理念下，税专成立后，赫德规定，非税专出身不可以任税务司。为此，税专班一般每年录取三四十名学生，且入学考试非常严格。阮寿荣曾回忆道，1922 年参加入学考试的考生仅上海一地就达到 1 000 人以上，若包括其他地区在 2 000～3 000 人左右，录取率为 1%～2%。如当时的广州考区，报名者超过 300 人。初

① 文松. 近代中国海关洋员概略 以五任总税务司为主［M］. 北京：中国海关出版社，2006：64－68.
② 中华英文周报第六卷投稿人肖像［J］. 中华英文周报，1922，6（156）：1.
③ 许爱莲. 忆百年税专 承光荣传统 铸关院辉煌［J］. 上海海关学院学报，2008（1）：62－68.
④ 赵淑敏. “税专”与中国海关的人事制度［J］. 历史研究，1989（2）：68－77.

试主要是英语口语及体检，合格后参加笔试。笔试的内容范围包括国文、英语写作、默写、翻译、史地、博物、理化、自然科学概要等[①]。图 2－4 为《时事新报》1922 年 8 月 31 日登载的税务学校招考揭晓信息，阮寿荣位列其中。

稅務學校招考揭曉
▲正取二十四名・備取十四名
江海關稅務處昨發北京稅務學校榜示
事云、照得本校此次續招新生、業在
本京暨上海廣州分場考試在案、除程
度不符照章扣除外、茲將各科試卷
校程度合格者取錄正取二十四名、備
取十四名、合行列榜、仰正取諸生務
即日到關考驗體格、親填志願書、並
備同保人面具保證書呈繳保證金膳費
、准於九月一日入校、其備取諸生候
有缺額、再行依次遞補、此榜、計開
正取二十四名、阮壽榮・田智鏞・余
群廣・李宗漢・黃兆燊・左章金・翁
慶・陸秉堯・李寶田・仇容宇・朱
洵陶・賈澤均・葉元生・杜志剛・黃
尚・林逸泉・左鐵藩・袁福昌・黃
卿・王愼初・王學俊・梁志端・李兆
鵬・備取十四名・衛群麟・張元炳・
我巢明・陸英林・陸欽萱・周明和・
趙嗇文・朱寶熙・李鉅・張伯炘・潘
錄元・包世芳・陳培因・劉澤林・
核定滬漢駛輪地點
長江輪船往來行駛、須由總稅務司核

图 2－4 《时事新报》登载的税务学校招考揭晓消息

由于税专推行精英教育，学校对教学质量要求十分严格，考试非常频繁且没有通过毕业考试的无法毕业[②]。以 1909 年税务学堂章程本科生应授课程设置可知，汉学学科课时占 20%，英文学科课时占 80%，并且专业课程全部用英文教学，以满足近代海关的实际发展需求（如表 2－2 所示）。

表 2－2　　1909 年税务学堂章程本科应授课程设置一览表[③]

课程名称		每星期钟点			
		第一年	第二年	第三年	第四年
汉文学科	人伦道德	1	1	1	1
	中国文学	6	4	4	3
	历史（中国史）	2	1		1
	条约		2	2	1
英文学科	英文	12	11	10	10
	算学	3	2	3	3
	体操	3	3	3	3
	历史（普通历史及商业历史）	2			
	地理	2	2		
	物理及博物	1	1		
	法学	3	2	2	
	理财学	2	2	3	

① 许爱莲. 忆百年税专 承光荣传统 铸关院辉煌［J］. 上海海关学院学报，2008（1）：62－68.

② 税专的考试被认为是“帝国主义式教育”最直接的样板，因为考试内容完全集中于欧洲的中世纪，甚至完全没有试图与同时期的中国作一个比较，更别提涵盖更合适的近代政治经济史的内容。（资料来源：张志云，车群. 税务专门学校与华籍关员（1908—1949 年）——中国新行政官僚体系的建立［J］. 国家航海，2016（3）：182－199.）

③ 刘晓江. 中国近代海关华员初步研究［D］. 福州：福建师范大学，2010：51－52.

续表

课程名称		每星期钟点			
英文学科	商业学		3	2	
	外国语（俄法德日选一）		4	4	4
	货币学			2	
	关税学				4
	税章				1
	商品学				3
	簿记学				3
	统计学				2
	合计	37	38	38	38

阮寿荣经过专业训练后，以第一名的成绩从税专毕业，并荣获税专的英语最优奖[①]。梅乐和称其拥有“杰出的学习生涯”以及税专本身的英式教育训练[②]。阮寿荣不仅英语能力突出（如图 2－5 所示），同时与海关图书馆委员会的大多数委员有较为相似的背景，相对于体制外学生，海关更信任由自己培养的税专学生，这些都成为阮寿荣能担任海关图书馆馆长的重要原因。

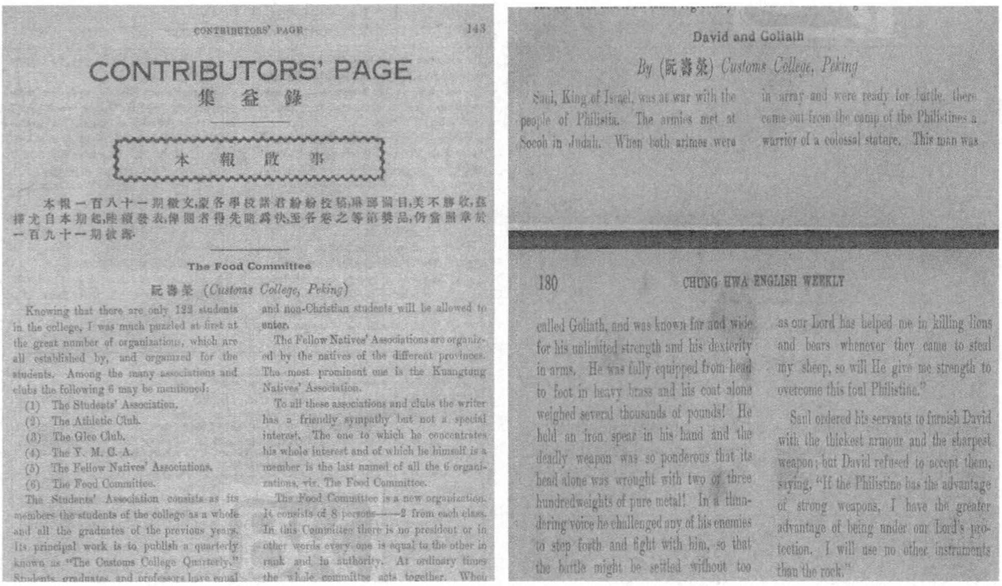
CONTRIBUTORS' PAGE 143

CONTRIBUTORS' PAGE

集益錄

本報啟事

本報一百八十一期徵文，蒙各學校諸君紛紛投稿，琳瑯滿目，美不勝收，茲擇尤自本期起，陸續發表，俾閱者得先睹為快，至各卷之等第獎品，仍當照章於一百九十一期披露。

The Food Committee

阮壽榮 (*Customs College, Peking*)

Knowing that there are only 122 students in the college, I was much puzzled at first at the great number of organizations, which are all established by, and organized for the students. Among the many associations and clubs the following 6 may be mentioned:

(1) The Students' Association.
(2) The Athletic Club.
(3) The Glee Club.
(4) The Y. M. C. A.
(5) The Fellow Natives' Associations.
(6) The Food Committee.

The Students' Association consists as its members the students of the college as a whole and all the graduates of the previous years. Its principal work is to publish a quarterly known as "The Customs College Quarterly." Students, graduates, and professors have equal ... and non-Christian students will be allowed to enter.

The Fellow Natives' Associations are organized by the natives of the different provinces. The most prominent one is the Kuangtung Natives' Association.

To all these associations and clubs the writer has a friendly sympathy but not a special interest. The one to which he concentrates his whole interest and of which he himself is a member is the last named of all the 6 organizations, viz. The Food Committee.

The Food Committee is a new organization. It consists of 8 persons——2 from each class. In this Committee there is no president or in other words every one is equal to the other in rank and in authority. At ordinary times the whole committee acts together. When

David and Goliath

By (阮壽榮) *Customs College, Peking*

Saul, King of Israel, was at war with the people of Philistia. The armies met at Socoh in Judah. When both arimes were in array and were ready for battle, there came out from the camp of the Philistines a warrior of a colossal stature. This man was

180 CHUNG HWA ENGLISH WEEKLY

called Goliath, and was known far and wide for his unlimited strength and his dexterity in arms. He was fully equipped from head to foot in heavy brass and his coat alone weighed several thousands of pounds! He held an iron spear in his hand and the deadly weapon was so ponderous that its head alone was wrought with two or three hundredweights of pure metal! In a thundering voice he challenged any of his enemies to step forth and fight with him, so that the battle might be settled without too ... as our Lord has helped me in killing lions and bears whenever they came to steal my sheep, so will He give me strength to overcome this foul Philistine."

Saul ordered his servants to furnish David with the thickest armour and the sharpest weapon; but David refused to accept them, saying, "If the Philistine has the advantage of strong weapons, I have the greater advantage of being under our Lord's protection. I will use no other instruments than the rock."

图 2－5　1922 年（左）[③]、1925 年（右）《中华英文周报》登载阮寿荣所写的英文文章[④]

① 米歇尔. 福柯. 规训与惩罚［M］. 刘北成，杨远婴，译. 上海：生活. 读书. 新知三联书店，2003：35.

② 中华人民共和国海关总署办公厅. 中国近代海关总税务司通令全编：第 20 卷［M］. 北京：中国海关出版社，2013.

③ 阮寿荣. 集思录：The Food Committee［J］. 中华英文周报，1922，8（188）：143－144.

④ 阮寿荣. Contributors，Page：David and Goliath［J］. 中华英文周报，1925，12（291）：179－180.

在税务班毕业之后，阮寿荣于 1926 年 7 月到总税务司公署，1931 年海关图书馆建馆初期就担任图书馆馆长，1941 年 10 月末升为统计处第一科长兼海关图书馆馆长；1943 年 4 月升为三级税务官；1944 年 4 月升为二级税务官（如表 2－3 所示）[①]。1940 以后海关图书馆直接隶属海关统计科第一科，阮寿荣成为第一科科长后同时主管图书馆事务与海关统计工作。

表 2－3　　　　阮寿荣主要职务变迁表

职务	初到时间/年月	末升时间/年月	备注
税务官（四级）	1926－07	1941－10	统计科第一科长兼海关图书馆馆长
税务官（三级）	1926－07	1943－04	统计科第一科长兼海关图书馆馆长
税务官（二级）	1926－07	1944－04	统计科第一科长兼海关图书馆馆长

在此期间，阮寿荣还担任税专同学委员会委员，同时负责同学会图书科账务等事宜（如图 2－6 所示）。

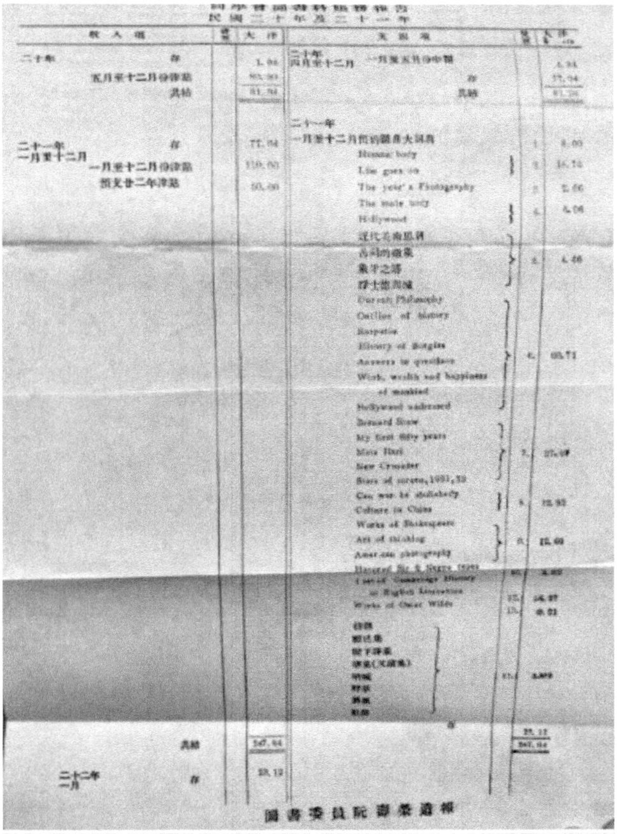

图 2－6　阮寿荣为税专同学会图书科所做的 1931—1932 年账务报告

① 孙修福. 中国近代海关高级职员年表［M］. 北京：中国海关出版社，2004：544.

"作为学有所长的技术官僚"[①]，阮寿荣既有扎实的税务专业理论修养，又博学通识，同时精通外语，比较熟悉西方的经济政策实践。为了更专业管理海关图书馆，在专业所长基础上广泛汲取当时国际公共图书馆发展的先进理念，1931 年初阮寿荣担任馆长后，赴北平学习 6 个月，在北平市立图书馆及协和医学院图书馆专家指导下，学习编目、书籍分类及一般图书馆工作。阮寿荣悉心钻研，回上海后即以无限热诚及精力[②]投身于"建设第一流直接及间接与中国经济攸关之图书馆"。在 1931—1949 年担任海关图书馆馆长期间，阮寿荣除了日常的书籍审查、采购、办理往来文件等日常工作以外，还主要致力于以下工作以促进海关图书馆的发展。

（1）规范整理藏书并编制图书目录

为了便于读者检索与图书馆管理，海关图书馆主要采用卡片目录的方式，阮寿荣曾在《关声》杂志上对海关图书馆藏书的编目方式、分类方式、查阅方法进行了详细说明，读者根据说明可以快速地开始藏书查阅并借阅，具体说明如下[③]。

首先，中西文书籍杂志，均编有最新式之卡片目录，本馆每一书籍，通常均编有三种卡片，即书名卡片、著者卡片、标题卡片，目录排列方法，以每一卡片的第一行字为标准，中文依照汉字笔画多少为排列次序，同笔者照《康熙字典》部首先后次序排列，西文依英文字母次序排列。其次，凡读者入馆欲阅何书，首先查目录，查阅方法，知书名者，查书名卡片，知著者姓名者，查著者卡片，不知书名亦不知著者姓名，欲阅何类内容，则当查标题卡片，按图索骥不难检得。最后，凡标题卡片，皆用红字书写，以别于书名及著者卡片。

在具体的藏书管理上，海关图书馆对中外文图书进行了分类。由于海关图书馆藏书在语种上有中文、日文、西文（主要有英语、法语、德语等），为此，藏书分类不能只采用传统的经史子集的中文分类法。目前，根据海关图书馆藏书目录可知，该馆主要采用杜威十进制分类法（Dewey Decimal Classification，DDC）。该分类法由美国图书馆学专家麦尔威·杜威（Melvil Dewey，1851—1931 年）创制，1876 年发行第 1 版，是国外通行分类法中出现最早、流行最广的图书分类法，对世界图书馆分类学有相当大的影响。目前已被翻译成 30 多种语言出版，被世界上 135 个国家和地区的图书馆所采用。在美国，大部分公共图书馆都采用此种分类法[④]。杜威十进制分类法把所有的学科归纳成九大类，不能归入任何一类的总为一大类，共十大类。每一个大类下再分为 9 类加 1 个"总论"类，依次类分下去，形成一个完整的层层展开的等级体系。以三位数字代表分类码，共分为 10 个大分类、100 个中分类及 1 000 个小分类（如表 2-4 所示）。

---

① 陈晋文. 对外贸易政策与中国经济现代化［M］. 北京：知识产权出版社，2012：78.

② 据上海当时一位记者到海关图书馆借阅后描述："该馆的馆长阮寿荣和一位管理员李涛，他们都非常和蔼，而且当我们去借阅或询问的时候，他们都表示十二分欢迎的神气。""我们不是感觉知识的需要吗？我们到海关图书馆去！那边有优美的读者环境；那边有一切可以推动我们前进的工具；那边有无尽藏（书）可以解除知识饥渴的精神食粮！"（资料来源：华. 记中华民国海关图书馆［J］. 关声，1934（8）：275-276.）

③ 阮寿荣. 海关图书馆志略（续）［J］. 关声，1948（11）：13-14.

④ 马费成，宋恩梅，赵一鸣. 信息管理学基础（第 3 版）［M］. 武汉：武汉大学出版社，2018：158-159.

表 2-4　　最新杜威十进制分类法

大类	英文分类名	中文分类名
000	Computer Science，Information & General Works	计算机科学、信息科学及总论
100	Philosophy & Psychology	哲学、心理学
200	Religion	宗教类
300	Social Science	社会科学类
400	Language	语言类
500	Pure Sciences	自然科学类
600	Technology	应用科学类
700	The Arts	艺术类
800	Literature	文学类
900	General Geography & History	史地类

随着社会的发展，中国有关西方文化的图书日益增多，当时的中国图书分类主要按照传统的经史子集四部分类体系，已经不能容纳更多的图书，也不能适应近代图书馆藏书排架。中国最早引入杜威十进制分类法的是圣约翰大学图书馆。当时上海采用杜威分类法的图书馆主要有工部局公众图书馆、国际图书馆、亚洲文会图书馆、市商会图书馆、同济大学图书馆、大夏大学图书馆等。由于藏有大量的西文图书，海关图书馆主要采用杜威十进制分类法。同时结合《康熙字典》对著者进行著录，这客观上反映了西学东渐在海关图书馆管理上的运用。

在实际运用上，海关图书馆在杜威十进制分类法的基础上做了一些改善，如图书 *The Chronicles of the East India Company Trading to China*（*Volume Ⅲ*），作者为 H.B.Morse。海关图书馆的分类号为 380.54 M88 3：5（如图 2-7 所示），其中，一级类目设置与杜威法的一级类目完全一致，380 代表的是贸易、通讯、交通；二级类目结合著者姓名，M 代表作者首字母；三级类目是对卷期、版次等区分。

为了实现图书馆有序借阅，海关图书馆制定专门的借书卡（长 13 厘米，宽 8 厘米）放置于尾页，首页则贴有海关图书馆标识和索书号的小卡片（长 13.8 厘米，宽 10.9 厘米）。在借书卡上完整标示了图书索书号、总书号、书名、著者、借还图书等信息（如图 2-8 所示）。

关于具体书目信息，目前对外经济贸易大学图书馆共收藏了 4 部《海关图书馆书籍登记总册》（如图 2-9 所示），分为甲、乙部，其中甲部为汉日文，共有 3 册[①]。此外，汉日文书籍采用的是手写形式，西文书籍采用的是印刷形式。虽然时隔九十余年，但总册除了封面有些磨损外，里面字迹依旧整洁、清晰，易于辨识。

① 据其他资料考据认为，海关图书馆目录有甲、乙、丙 3 部。甲部为中日文书籍，下分总类、经济类、丛书、史地类 4 种；乙部为西文书籍，下分总类和有关中国经济、政治、民俗之书 2 种；丙部为杂志，分中文杂志和西文杂志 2 种（资料来源：李娜娜. 民国时期的海关图书馆［J］. 图书馆论坛，2020（9）：97-105.）。

图 2-7　海关图书馆所藏图书 ***The Chronicles of the East India Company Trading to China*** 的编目分类

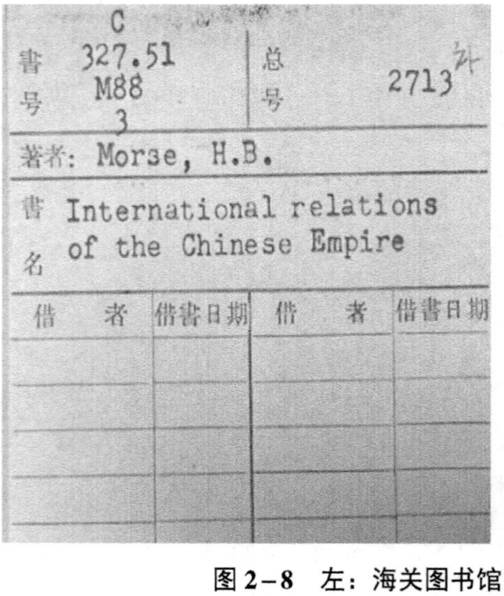

图 **2-8**　左：海关图书馆图书借还卡片（放置于尾页）
右：带有海关图书馆标识和索书号的小卡片（贴于首页）

图 2－9　对外经济贸易大学图书馆所藏 4 册《海关图书馆书籍登记总册》

为了便于图书查阅与管理，根据《海关图书馆书籍登记总册》显示，汉日文书籍从 1 进行编号到 50535，其中《海关图书馆书籍登记总册》（甲）的登记号码分别是从 1 到 16500、16501 到 33090；《海关图书馆书籍登记总册》（甲，第三册）的登记号码是从 33121 到 50535[①]；西文书籍从 1 进行编号一直到 11713（如图 2－10 所示）。每本藏书都在显眼之处标记了入藏号码。

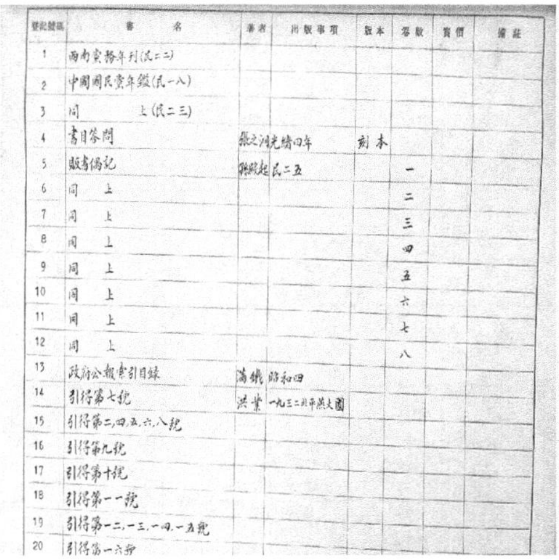

登記號碼	書名	著者	出版事項	版本	卷數	實價	備註
1	西南實業年刊(民二二)						
2	中國國民黨年鑑(民一八)						
3	同　上(民二三)						
4	書目答問	張之洞	光緒四年	刻本			
5	販書偶記	[illegible]	民二五		一		
6	同　上				二		
7	同　上				三		
8	同　上				四		
9	同　上				五		
10	同　上				六		
11	同　上				七		
12	同　上				八		
13	政府公報索引目錄	滿鐵	昭和四				
14	引得第七號	洪業	一九三二北平燕大圖				
15	引得第二,四,五,六,八號						
16	引得第九號						
17	引得第十號						
18	引得第一一號						
19	引得第一二,一三,一四,一五號						
20	引得第一六號						

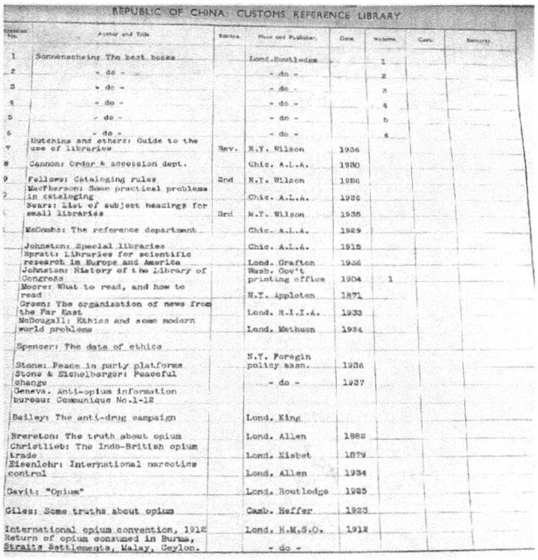

REPUBLIC OF CHINA: CUSTOMS REFERENCE LIBRARY

Accession No.	Author and Title	Edition	Place and Publisher	Date	Volume	Cost	Remarks
1	Sonnenschein: The best books		Lond. Routledge		1		
2	- do -		- do -		2		
3	- do -		- do -		3		
4	- do -		- do -		4		
5	- do -		- do -		5		
6	- do -		- do -		6		
7	Hutchins and others: Guide to the use of libraries	Rev.	N.Y. Wilson	1936			
8	Cannon: Order & accession dept.		Chic. A.L.A.	1930			
9	Fellows: Cataloging rules	2nd	N.Y. Wilson	1926			
	MacPherson: Some practical problems in cataloging		Chic. A.L.A.	1936			
	Sears: List of subject headings for small libraries	3rd	N.Y. Wilson	1933			
	McCombs: The reference department		Chic. A.L.A.	1929			
	Johnston: Special libraries		Chic. A.L.A.	1915			
	Spratt: Libraries for scientific research in Europe and America		Lond. Grafton	1936			
	Johnston: History of the Library of Congress		Wash. Gov't printing office	1904	1		
	Moore: What to read, and how to read		N.Y. Appleton	1871			
	Green: The organisation of news from the Far East		Lond. R.I.I.A.	1933			
	McDougall: Ethics and some modern world problems		Lond. Methuen	1924			
	Spencer: The data of ethics						
	Stone: Peace in party platforms		N.Y. Foregin policy assn.	1936			
	Stone & Eichelberger: Peaceful change		- do -	1937			
	Geneva. Anti-opium information bureau: Communique No.1-12						
	Bailey: The anti-drug campaign		Lond. King				
	Brereton: The truth about opium		Lond. Allen	1882			
	Christlieb: The Indo-British opium trade		Lond. Nisbet	1879			
	Eisenlohr: International narcotics control		Lond. Allen	1934			
	Gavit: "Opium"		Lond. Routledge	1925			
	Giles: Some truths about opium		Camb. Heffer	1923			
	International opium convention, 1912		Lond. H.M.S.O.	1912			
	Return of opium consumed in Burma, Straits Settlements, Malay, Ceylon.		- do -				

图 2－10　海关图书馆中文馆藏元数据著录（左）与外文馆藏元数据著录（右）

在具体的元数据著录事项中，中文藏书主要有书名、著者、出版事项、版本、卷数、

① 目前缺失了 33091—33120。

实价、备注（如表 2－5 所示），外文藏书也采用类似的方式，主要有登记号、作者与书名、版本、出版地和出版商、出版时间、卷数、书价、备注（如表 2－6 所示）。可以看出，海关图书馆的藏书元数据著录在当时来说也具备科学、清晰、详尽的特征。

表 2－5　海关图书馆中文馆藏元数据著录（节选）

登记号码	书名	著者	出版事项	版本	卷数	实价	备注
4	书目答问	张之洞	光绪四年	刻本			
421	爱日精庐藏书志	张金吾		刻本	5		
1584	邮政规程（民二五年度）		民二五上海邮政总局				
11877	中国作物论	原颂周	民二三上海商务				
14525	关税论文提要			稿本	1		
19078	清史纪事本末	黄鸿寿	民四上海文明		2		
34411	台州府志	王佩瑶	民一六		60		
50311	国际贸易实务	安子介	一九五〇上海商务		上下	30 000	

表 2－6　海关图书馆外文馆藏元数据著录（节选）＊

Accession No.（登记号码）	Author and Title（作者与书名）	Edition（版本）	Place and Publisher（出版地和出版商）	Date（出版时间）	Volume（卷）	Cost（书价）	Remarks（备注）
1	Sonnenschein：*The Best Books*		Lond.Routledeg		4		
7	Hutchins and Others：*Guide to the Use of Libraries*	Rev.	N.Y.Wilson	1936			
53	*Opium as an International Problem*		Baltimore，Johns Hopkins	1925			
442	Empire Economic Union：*A Plan of Action*		Lond.Faber & Faber	1932			
1577	*Trade in the Eastern Seas*		Camb.Univ.Press	1937			
10441	Field：*Economic Handbook of the Pacific Area*		Lon.Allen & Unit	1934			L.G. Library
10446	Kendall：*The Advanced Theory of Statistics*		Lond.Griffin	1946	2	42	
11773	*Oxford English Dictionary*		Lond.Oxford Uni.Press	1933		12	

注：原目录为外文，此处中文为本书翻译。

（2）面向社会发布最新图书指南

随着社会的不断发展以及民众对文化资源需求的多样化，同时，由于海关深入参与近代中国外交、邮政、海务、教育、博览会等事务，不断在业务之外建立与中国社会的联系，作为近代海关直接的对外窗口，海关图书馆也逐渐向社会开放服务，而开放服务就需要社会民众了解海关图书馆的藏书、服务。从信息服务的角度而言，海关图书馆将其所能获取到的中国经贸信息传递给世界，而反过来又成为世界经贸信息反馈给中国的重要枢纽。由于海关图书馆藏书从建立之日起就以收藏中国经济、商业、贸易、经济等主题为主，而这些内容使得海关图书馆在当时上海公共图书馆中独树一帜。

为了及时传递最新的图书资源，阮寿荣以其专业知识储备及对当时图书出版的信息掌握，于 1933 年 10 月份前后着手编辑了《中外贸易书目选录》（如表 2-7 所示），选录中包括中外文著作以及期刊。当时甚至有评价选录，认为“虽不能说尽善尽美，但是关于《中外贸易研究》这项科目中有价值的书报却已搜罗无遗了。并且，本书目中有一部分的书籍坊间早已绝版而在海关图书馆尚能借到，这不能不说是与我们以很大的便利”①。

在选录中，涉及的文献类型包括期刊、图书、报告、统计数据等，值得一提的是，阮寿荣在目录中就提到了 4 册 H.B.Morse 的藏书。Morse 一度为中国海关的税务司，在中外贸易的学术研究上造诣颇深，其所著的《东印度公司早期对华贸易史》（*Chronicle of East India Company Trading to China*），更是中外贸易研究者的权威之作，且在后世仍有深远影响。该著作 1926 年由牛津大学克拉伦敦出版社（Oxford Clarendon Press）印刷出版，目前，英属哥伦比亚大学（The University of British Columbia）等图书馆还对其进行了高清数字化处理并向全球开放②。

表 2-7　　阮寿荣编制的《中外贸易书目选录》（节选）

作者	题名	出版年	备注
Ainscough T.M	*British Trade with China*	1915	
Bank of China	*Statistics of China's Foreign Trade*	1912—1930	
British Parliamentary Paper（China Series）	*Returned of Trade for the Various Ports of China for the Year 1846*		
Clark Grove	*Economic Rivalry in China*	1932	
Cooke G.W	*China*	1858	
Coole，A.B	*A Commercial Geography of China*	1931	
Davis，J.F	*The Chinese, new ed.rev*	1844	

① 阮寿荣. 中外贸易书目选：裘序［J］. 关声，1935（2）：80-87.

② Morse H.B. *The Chronicles of the East India Company Trading to China 1635-1834. Vol.I*［EB/OL］.［2024-03-10］. https://open.library.ubc.ca/collections/bcbooks/items/1.0373597.

续表

作者	题名	出版年	备注
Dawning C.T	*The Fan-Qui in China*	1838	3 卷
Couling Samuel	*The Encyclopedia Sinica*	1917	
Dingle E.J	*Far Eastern Products Manual*	1921	
Eldridge F.R	*Trading with Asia*	1921	
Morse H.B	*The International Relations of the Chinese Empire*	1910—1918	3 卷
Morse H.B	*The Chronicle of the East India Company Trading to China*	1635—1834	5 卷
Morse H.B	*Trade and Administration of China*	1921	
Morse H.B	*The Gilds of China with an Accout of the Gild Movement or Co-hong of Canton*	1932	
Pan S.L	*The Trade of the United States with China*	1924	
Smith C.A.M	*The British in China and Far Eastern Trade*	1927	
U.S.Bureau of Foreign and Domestic Commerce	*The Conduct of Business with China*	1919	
U.S.Bureau of Statistics	*Commercial China*	1900，1904	
U.S.Department of Commerce	*China, A Commercial and Industrial Handbook*	1919—1920，1926	
Wiilianms，C.A.S	*Notes on China: Imports and Exports*	1921	
Yang，Chien，etc	*Statistics of China's Foreign Trade during the Last 65 Years (1864—1928)*	1931	
施复亮	现代中国经济史	1931	
陈重民	今世中国贸易通志	1927	
何思源	国际经济政策		
黄炎培	国际经济政策		
武堉干	中国国际贸易史	1929	
侯厚培	中国国际贸易小史	1929	
向达	中外交通小史	1930	商务万有文库本
周志骅	中国重要商品	1931	
陶希圣	西汉经济史	1931	商务出版
王志瑞	宋元经济史	1931	商务出版
吴应图	国际贸易	1929	
黄序鹓	海关通志		

续表

作者	题名	出版年	备注
The Chinese Economic Bulletin			外文期刊
Finance and Commerce			外文期刊
上海物价月报			中文期刊
经济统计季刊			中文期刊
国际贸易导报			中文期刊

此外，阮寿荣每隔一段时间组织海关图书馆根据新增添的期刊书籍编制《每月新书指南》，摘录书名、著者姓名、出版日期、内容提要并第一时间向读者发布，读者可以到海关图书馆领取或是相关书店购买，目的是让“读者先睹为快”[①]。根据胡道静记载，海关图书馆出版的一些新书采购目录按月度、季度等不同形式，具体详情如表 2-8 所示。

表 2-8　　海关图书馆新购书目详情（部分）[②]

出版物名称	编辑者	编目方法	出版日期	备注
Customs Reference Library Monthly List of Books, etc, Added to the Library（海关图书馆新增图书月报）	阮寿荣	1. 普通书（杜威制） 2. 中国关系书（仿杜威制） 3. 传记（不分类） 4. 小说（不分类） 5. 杂志（字母顺次） 6. 参考书（仿杜威制）	1931-10—1932-06	共 9 期，52 页
Customs Reference Library, Quarterly List of Books, etc, Added to the Library（海关图书馆新增图书季报）	阮寿荣	同上	1932-09—1933-09	共 5 期，50 页，页码衔接月报，自西文藏书全目出版后，此报不再继续刊印
Complete Catalogue of Books in European Languages of Customs Reference Library Republic of China（海关图书馆西文藏书全目）	阮寿荣	同上		书目 108 页，序一页，对普通公众不开放

（3）长期多渠道宣传海关图书馆

随着海关图书馆的逐步开放和目标读者愈发明确，海关图书馆越来越重视藏书特色、借阅服务、阅览环境等宣传推广。从早期在《图书馆学季刊》上发布海关图书馆内

① 阮寿荣. 海关图书馆志略（续）[J]. 关声，1948（11）：13-14.

② 胡道静. 上海历史研究［M］. 上海：上海人民出版社，2011：82-83.

饰外景，到后来的《申报》多次、多期、多角度对海关图书馆进行全面介绍（如表 2－9 所示），《大陆报》（*The China Press*）等报纸就曾发布海关图书馆英文版最新图书指南[①]等消息（如图 2－11 所示）。

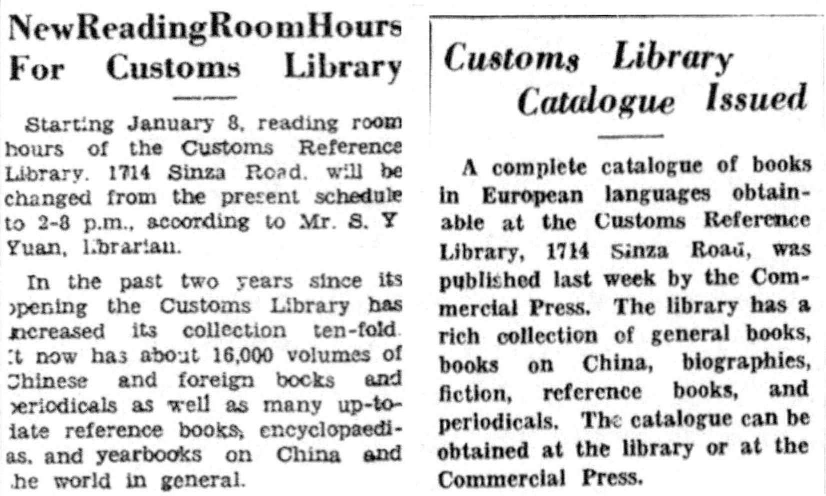

NewReadingRoomHours For Customs Library

Starting January 8, reading room hours of the Customs Reference Library, 1714 Sinza Road, will be changed from the present schedule to 2-8 p.m., according to Mr. S. Y Yuan, Librarian.

In the past two years since its opening the Customs Library has increased its collection ten-fold. It now has about 16,000 volumes of Chinese and foreign books and periodicals as well as many up-to-date reference books, encyclopaedias, and yearbooks on China and the world in general.

Customs Library Catalogue Issued

A complete catalogue of books in European languages obtainable at the Customs Reference Library, 1714 Sinza Road, was published last week by the Commercial Press. The library has a rich collection of general books, books on China, biographies, fiction, reference books, and periodicals. The catalogue can be obtained at the library or at the Commercial Press.

图 2－11　1933 年《大陆报》报道海关图书馆新阅览室开放的时间信息（左）[②]
1934 年《大陆报》关于海关图书馆发布目录的信息（右）[③]

通过宣传，使得社会民众对于海关图书馆有了进一步了解，这也逐步与海关图书馆对外践行其开馆宗旨成为“中国最大的国家参考图书馆”……“为中国政治、商业、工业发展以及相关研究人员提供最大的价值”[④]的目标不断契合。

表 2－9　　民国时期不同媒体对海关图书馆的报道（节选）

媒体名称	年份/版次	主要内容
申报	1931 年 10 月 1 日，第 21011 号 15/24；1932 年 9 月 15 日第 21352 号 14/28；1937 年 4 月 21 日；1937 年 6 月 30 日和 7 月 4 日……	海关图书馆成立的背景、意义、藏书特色、服务规则等
新闻报	1931 年 10 月 2 日，版次 0015；1945 年 9 月 1 日版次 0002……	海关图书馆开馆等相关信息的报道
关声	1937（6－7 期）：68；1934（8）期：14－16；1935（2）期：80－87；1936（5）期……	海关图书馆新馆建成信息、藏书数量、藏书特色、读者建议等

① 发布海关图书馆目录（*Customs Library Catalogue Issued*）[N]. *The China Press*，1934－6－3（0016）.

② 全国报刊索引数据库. *The China Press* [EB/OL]. [2024－04－13]. https://www.cnbksy.com/literature/browsePiece?eid=450f37073e8fb7fa9106e49e7f125d1b&bcId=0005&pieceId=35ef5d4a108411218ccd6f8b9425a21f018aa426ee78e11eed2b08d017ce5440&ltid=1&activeId=661a10aef74f7f34f430c837&downloadSource=NONE.

③ 全国报刊索引数据库. *The China Press* [EB/OL]. [2024－04－13]. https://www.cnbksy.com/literature/browsePiece?eid=4d523357caeebdd3d9f7607a46b02863&bcId=0016&pieceId=b59f4e3e11c8a9daa1ab8c8ef4b3ff01f625624d705807757e7713199d480bef&ltid=1&activeId=661a10aef74f7f34f430c837&downloadSource=NONE.

④ 海关图书馆将于 10 月 10 日开放 [N]. *The China Press*，1931－10－01（0007）.

续表

媒体名称	年份/版次	主要内容
The China Press（大陆报英文版）	1931 年 10 月 1 日，版次 0007；1934 年 6 月 3 日，版次 0016……	海关图书馆目录发布的信息；海关图书馆新阅览室开放时间
中华图书馆协会会报	1934 年第 1 期；1934 年第 5 期；1936 年第 4 期；1940 年第 5 期……	海关图书馆建馆、借阅服务、时间变更等信息
总汇报	1940 年 3 月 18 日，版次 0003……	海关图书馆变更阅览办法
图书馆学季刊	1937 第 2 期第 6 页	海关图书馆前景照片展示
浙江省立图书馆馆刊	1934 年第 1 期；1934 年第 3 期	海关图书馆发布新书目等信息

（4）努力推动海关图书馆向专业型图书馆转型

阮寿荣认为海关图书馆的设立，最初是为了延续海关系统重视学术积累，为此其首要任务在于藏书保存以及确保档案资料使用。为了促进海关图书馆长远发展，海关图书馆努力成为研究问题的重要活动与参考机构，并提出海关图书馆未来发展计划，也可以称为海关图书馆“复兴计划”，主要有以下两点①。

其一，成立研究处并提供专业信息服务。阮寿荣认为海关图书馆中现存书籍档案，虽不齐全，然而如能随时得到增加扩充，且能得到妥善利用，足以应付当前研究的使用。如果能成立一研究处，集中饱学而有特长之职员为研究员，只属于副总税务司使与行政各科，发生联系，负责供应资料，解答问题，编制报告，或纂译书籍，非特便于关政，且可养成学术之风尚，日久，成为知识之总汇，传名于世，庶能恢复图书馆以往之荣誉也。

其二，添设历史文物陈列室。阮寿荣认为：“历史文物之可贵，不仅陈列展览而已，尚有参考实用之价值，治史者征文考献，尤贵有实物之参证，庶足传信后世，垂诸久远，故文明各国咸有各种博物馆之设立，保存历史文物，为国增光，我海关百年之历史，于中国之经济外交史中实占重要地位，其以往成绩，足供将来史家之研究，故凡有关中国海关及贸易发展之各项历史资料，如图文照片帆船模型等，皆有保存展览、参考之价值。”而海关图书馆“屋基坚固，可于四楼上加盖一层，辟为海关历史文物陈列室。除搜罗上述资料陈列外，且可另设一部，展览中国售货之样品及外洋进口货之各种目录，书报消息等，以供进出口商人及关员之参考，则我海关之往荣誉，得以持久不替，而外界人士，对我关员之影像，不致全视为铜臭之收税吏而已也”。

在该计划中，可以看到阮寿荣对海关图书馆未来发展定位为研究型、专业性、参考性机构富有一定的远见性。尤其是第一条建议，即使放置在现代图书馆发展与创新性服务的环境中也有很大的参考价值。

① 阮寿荣. 海关图书馆志略（续）[J]. 关声，1948（11）：13－14.

阮寿荣提出上述发展计划，主要在于：一方面由于时局所致，开馆以来，读者人数稀少，图书馆真正价值难以发挥，但阮寿荣认为“国家终有安定之一日……人潜心修养之机会”，图书馆终能等到发挥其价值的机会，这也使得阮寿荣更加坚定海关图书馆应着手进行本质性的改造与创新；另一方面，通过添设历史文物陈列室，可以通过海关历史文物展览，改观世人对海关机构及关员的固有形象，进而推动海关图书馆的发展。

事实上，随着世界尤其是美国公共图书馆的快速高效发展，从全面抗战开始直到抗战胜利，虽然囿于时局的变动，阮寿荣主要的工作要点仍是努力尝试把海关图书馆转向美国式的专业图书馆以摆脱高度政治化的局面。为此，1946 年，阮寿荣参考了大卫·霍尔（David Spence Hill）的《华盛顿的图书馆》（*The Libraries of Washington*），并向李度提出：“在过去十年左右，外国（尤其是美国）政府和机构图书馆的信息部门不断发展。这些部门负责回答问题，对特定主题进行研究，并提供图书馆有关该领域主题的参考资料……就战前的情况来看，政府部门图书馆及专业图书馆（光华盛顿就有 260 家）已非常认真严肃地对待信息研究工作。”[①]

新上任的统计科长达阆文（M.C.D.Drummond）支持将海关图书馆变成美国式研究图书馆，并对李度（L.K.Little）说道：“美国图书馆协会（American Library Association）、美国政治经济学学会（American Academy of Political and Social Sciences）、美国信息服务图书馆（United States Information Service Library）都已经与海关图书馆建立联系，并愿意帮助图书馆的重建工作。”[②]

与此同时，阮寿荣也在努力联系美国大使馆，并向国民政府教育部争取美国向中国图书馆所捐赠的书籍，但是，李度认为“成立情报办公室恐是一个我们不能承受的奢侈品……”“阮先生和他的职员们应该依靠他们自己，建造情报研究办公室”。此外，随着 1942 年《国库法》的实行，海关经费受限，且海关需要大量经费用于重建缉船队及海岸灯塔，使得国民政府用于海关图书馆的购书经费更是捉襟见肘。以至于“1946 年，当图书馆委员会制定 1947 年预算时，他们不得不与财务科税务司协商图书馆经费事宜，并且只能提出不确定的金额”，甚至没有将“图书馆两名助手吴克昌与翁衍桢列入在班职员”[③]。面对内忧外患的困境，中国海关无法继续维持知识领域的扩张行动，海关图书馆没有充足且有保障的后续经费，也无法支持阮寿荣前往美国考察图书馆的发展情况，阮寿荣关于海关图书馆的转型发展的设想也仅能维持在表面的设想中而终究遗憾落空。

---

① 丁怡骏，张志云. 海关图书馆与中国政治进程（1863—1951）[J]. 苏州大学学报（哲学社会科学版），2021（6）：186－197.

② 副总税务司丁贵堂反对这一计划，总税务司李度对阮寿荣与达阆文的提议表示了欣赏。但经费、时局等受限，他更多地认为阮寿荣的这一设想是奢侈的，事实上，海关根本不能投入太多经费维系海关图书馆建设。（资料来源：丁怡骏，张志云. 海关图书馆与中国政治进程（1863—1951）[J]. 苏州大学学报（哲学社会科学版），2021（6）：186－197.）

③ 阮寿荣曾向总税务司提出除了给予更多购书权限以外，希望总税务司能将两名图书馆助手列入在编员工（listed staff），但在 1947 年和 1948 年的《海关职员题名录》中未见两人名字。最后，李度仅派遣一名打字员协助图书馆完成 1945 年重庆总税务司署的贸易年报。（资料来源：丁怡骏，张志云. 海关图书馆与中国政治进程（1863—1951）[J]. 苏州大学学报（哲学社会科学版），2021（6）：186－197.）

2.2.2 组织机构

为了加强对海关图书馆的有序管理，海关总税务司署制定了《中华民国海关图书馆章程》（以下简称《章程》）①，《章程》对海关图书馆的组织机构、运行方式等都有明确规定。

另据《中国近代海关总税务司通令总编》资料显示，1931 年 2 月 24 日，魏尔特签请总税务司，组织管理委员会，并提请指派税务司丁贵堂、统计科税务司许礼雅二人，为海关指派委员。

委员会于同年 3 月 7 日开始初次会议。与会者除了上述二人外，还有关务署指派之委员李干博士及林鸿赉科长二人。后续为此还召开了数次会议，商讨海关图书馆办事章则以及订购书籍等相关事宜。5 月底，馆务筹备完备，6 月 1 日正式成立，并于 10 月 10 日公开阅览。图书馆由关务署署长及总税务司共同任命委员会管理。

第一任委员为李干博士、林鸿赉先生，以上二人来自关务署且为中国籍，造册处税务司许礼雅、汉文秘书科税务司丁贵堂及机要科税务司魏尔特，成员都来自海关系统，三人中，一人为中国籍，另外二人为英国籍，其成员名单具体信息如表 2－10 所示。

表 2－10　　1931 年（第一届）海关图书馆委员会成员表②

序号	姓名	所属单位	国籍
1	李干③	关务署	中国
2	林鸿赉④	关务署	中国
3	许礼雅（H.D.Hilliard）	造册处税务司署	英国
4	丁贵堂⑤	汉文秘书科税务司署	中国
5	魏尔特（Stanley Fowler Wright）	机要科税务司署	英国

① 完整版内容详见本书附录一。

② 朱向峰. 旧中国海关图书馆述评：治理、视野与现代性兴起［J］. 南开学报（哲学社会科学版），2020（2）：136－150.

③ 李干，（1901—？），江苏无锡人，清华学校毕业，美国密苏里大学新闻学士，哈佛大学经济学硕士、博士。曾任财政部国定税则委员会委员，兼任中央大学副教授等职。《中国周报》特约编委，1941 年任驻美大使馆商务参赞，1946 年任国民政府最高经济委员会副秘书长，1961 年任台北中央银行副总裁。（资料来源：张之香，程麟荪. 张福运与近代中国海关［M］. 上海：上海社会科学院出版社，2007：19.）

④ 林鸿赉（1900—1981），字庶希，浙江宁波人。1920 年考取公派留学生，到美国霍金斯大学深造，学成之后回国，先出任财政部关务署科长，后调至天津任统税管理所主任。（资料来源：陈守义主编；侯杰等著；宁波市政协文史委编. 宁波帮在天津［M］. 北京：中国文史出版社，2006：77.）

⑤ 丁贵堂（1891.11.18—1962.11.21），字荣阶，生于辽宁省海城县。于 1916 年 3 月毕业于北京税务专门学校。同年 7 月，被派往安东海关任见习生，翌年 8 月，升任帮办。1923 年升为汉文科帮办。1929 年春，他任总税务司署汉文科代理税务司，于次年又实授为汉文科税务司（此职一向均由洋人充当），嗣后又参加"改善关制审查委员会"，该委员会确定了停止招收外国海关职员和实现华洋职员平等的规定。1934 年 4 月—1935 年 2 月任总税务司署总务科税务司（相当于秘书长）；1935 年春改派为欧美关政特派员，9 月返国后，复任总税务司署汉文科税务司。上海解放后，他积极协助上海市军管会，顺利地接管了总税务司署、江海关和凌浦局。中华人民共和国成立后，他先后担任海关总署副署长、海关管理局局长，主持人民海关的建设，不遗余力。由于他熟悉海关事务，毛泽东曾直呼他为"丁海关"。（资料来源：陈正恭主编，《上海海关志》编委会编. 上海海关志［M］. 上海：上海社会科学院出版社，1997：526－527.）

海关图书馆委员会成员和数量并不是一成不变，以 1946 年为例，当时总税务司任命 8 名来自不同国籍的人员组成图书馆委员会，6 人为英籍，1 人为海关学校毕业的华人，另 1 人为美籍税务司末代总税务司李度，名单具体信息如表 2－11 所示。与 1931 年相比，只有魏尔特、丁贵堂、许礼雅仍在名单内。

表 2－11　　　　1946 年海关图书馆委员会成员表①

序号	姓名	国籍
1	魏尔特（Stanley Fowler Wright）	英国
2	莫尔根（H.C.Morgan）	英国
3	许礼雅（H.D.Hilliard）	英国
4	王贵（H.G.MacEwan）	英国
5	丁贵堂	中国
6	安德森（J.C.O.G.Anderson）	英国
7	阿泽本（J.M.H.Osbene）	英国
8	李度（L.K.Little）	美国

按照《中华民国海关图书馆章程》的规定，海关图书馆委员会主要负责监督，总税务司署统计科总税务司负责指导办理关内一切日常事务。馆长由财政部关务署长暨海关总税务司派任。

综合材料显示，海关图书馆管理结构为垂直型（如图 2－12 所示），人员与组织较为简单，除了馆长以外，馆员主要由三位组成，分别是吴克昌②、翁衍桢③、李

① 丁怡骏，张志云. 海关图书馆与中国政治进程（1863—1951）[J]. 苏州大学学报（哲学社会科学版），2021（6）：186－197.

② 关于吴克昌的一些资料，主要有：（1）据对外经济贸易大学档案馆资料："海关图书馆原负责人吴克昌，系专门管理图书馆人才，并熟悉图书馆业务及该批藏书情况，现在海关印刷厂任校对科长工作。拟请调该员随书到京工作，以期驾轻就熟，学用一致。"据此可以推断，吴克昌应该于 1954 年随景培元及海关图书馆藏书一起抵京。（2）另据对外经济贸易大学档案馆所藏图书馆 1957 年工作总结可知，当时图书馆共有 8 个工作人员，吴克昌级别为 17 级，为图书馆所有工作人员（包括馆长景培元在内）最高级别。吴克昌抵京后在对外经济贸易大学图书馆工作，时年 49 岁，可以推断其出生年应在 1908 年前后。其在图书馆从事外文编目工作，根据履历介绍，吴克昌早年毕业于武昌文华图书馆专科学校，曾先后在杭州之江大学图书馆、武昌武汉大学图书馆、上海海关图书馆工作，通英文，略通俄、德、日文，海关图书馆当时藏有俄文、德文、日文等图书，据此推测吴克昌应该做了大量的编目等工作。1957 年已经有图书馆工作经验 26 年，可见其专业的图书学科班出身及长期丰富的图书馆工作实践经验。

③ 关于翁衍桢的一些资料，主要有：（1）1933 年 3 月和 10 月期间，章太炎抵达无锡国专（全称为无锡国学专修学校，为苏州大学的前身），做了几场演讲。翁衍桢和张如愈记录了章太炎有关经学的演讲，整理后交由该校《无锡国专季刊》发表，发表刊期为 1933 年第 1 期的 14－22 页（资料来源：荣真. 民国海关图书馆现存藏书的一般性研究 [M] //李景瑜. 马克思主义中国化研究. 北京：对外经济贸易大学出版社，2011：202－214.）。（2）撰写的《古代儿童读物概观》发表在《图书馆学季刊》的 1936 年的第 10 卷第 1 期的 91－151 页，另记载翁衍桢还撰写《古代儿童读物辑录》一文，不过尚未见到（资料来源：徐梓，周洪宇. 蒙学读物的历史透视 [M]. 武汉：湖北教育出版社，1996：5.）。（3）1929 年 10 月 10 日，陶行知先生在湘湖师范"教学做"讨论会上，曾经提到有人向正在发言的他提出一个问题："社会改造，教学做宜如何去干？"即"教学做的目的是什么"，提问者正是翁衍桢。此事记载在陶行知自撰的《湘湖教学做讨论会记》上（资料来源：陶行知. 教学做合一讨论集 [M]. 上海：上海儿童书局，1932：20.）。（4）全国报刊索引数据库中以"翁衍桢"进行全文检索，收录了前面所提及的《章太炎先生讲经学》《古代儿童读物概观》以及在《民立旬刊》上刊发的《论述：论研习与创制之关系》《论述：释中西文字优劣之异议》《论述：日本人所给予我国之教训》等文章，但从这些文章中也并未发现有关于翁衍桢更多的个人信息。

涛①，主要工作为编订书报、藏书分类、目录编制、文具管理、档案管理等与《章程》相关的日常事务。

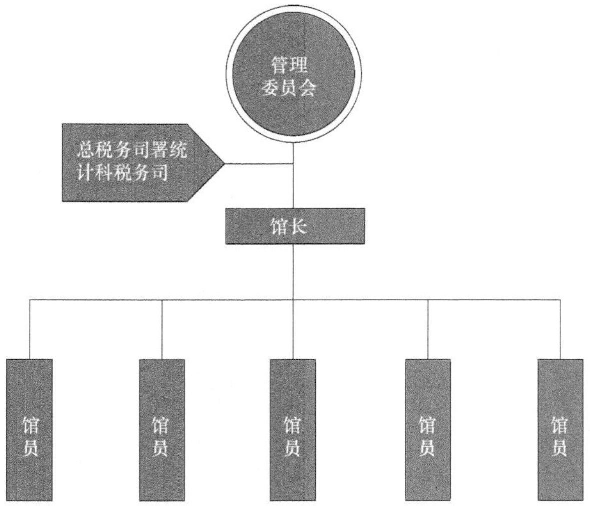

图 2-12　海关图书馆管理结构图

与同一时期的上海其他图书馆相比，海关图书馆馆藏规模、阅览面积都不大，且成立时间较短，但却与其他图书馆类似，拥有较为完整的管理委员会对图书馆进行统筹协调管理，管理范围包括图书采购、经费支出等（如表 2-12 所示）。这些都确保海关图书馆成立之初运行稳定、规范。

表 2-12　　1920—1930 年代上海地区公共图书馆组织管理概况（部分）②

图书馆名称	组织
海关图书馆	委员会管理馆务，一位馆长，三位馆员
上海中国国际图书馆	设有理事会
上海市立图书馆	市政府教育局直辖，馆长一人，主任干事三人，干事六人
上海市立流通图书馆	主任一人，管理员一人
上海市商会商业图书馆	商会委任馆长，全馆四人
上海明复图书馆（中国科学社附设）	专任职员三人

2.2.3　借阅政策

（1）成立之初——严格执行非特殊原因藏书不得外借

海关图书馆成立之初，有严格的借阅要求，在章程中涉及的要点有：

① 目前暂未查找到更多关于李涛的详细个人资料。

② 陈祖怡. 上海各图书馆概览［M］. 上海：中国国际图书馆，1934.

① 提前预约到馆借阅。凡欲来本馆参考图书者应先向馆长索取空白请求书按式填明并觅保证人二人合具保证书一并呈送总税务司署统计科税务司查核俟经许可后发给入门证方准该参考人于入门证所填期间内免费到馆参考，凡领有本馆入门证者不得转借他人违者一经查出即永远禁其入馆参考（如图 2－13 所示）。

中华民国海关图书馆学生入门证式

为发给入门证事兹有学生　　君于　　年　　月　　日起至　　年　　月　　日止准

入本馆参考图书惟对于馆中一切规章务须恪切遵守合特给此为证

粘贴照片处	海关总税务司署统计科税务司（签名） 中华民国海关图书馆馆长（签名）

中华民国　　年　　月　　日给

图 2－13　中华民国海关图书馆学生入门证

② 藏书仅供室内阅读非批准不得外借。本馆所备各种图书杂志报章等项仅供参考，入馆内参考非经统计科税务司暨本馆馆长书面特准不得借出馆外（如图 2－14 所示）。

江海關圖書館

限制學生閱讀

本市江海關圖書館，原爲同人參考閱讀而設，因經濟文學等書籍珍藏日多，乃本服務社會之本旨開始公開任人入館閱覽，俾得便利學者之參考，惟自滬戰發後，該館附近學校之設立，日漸衆多，於是各校學生每於散課之餘，或在學校未上課前，均已該館爲休息之所，及溫課之用，以致該館人滿爲患，時感成羣而來，一鬨而散，因此使誠心來館參考者，反不得其門而入，該館當局，有鑒於此，茲爲整飭起見，將分函本市各學院，嗣後關於學生之欲往該館參考者，倘希各學院，勿予輕以介紹，即有學生之必需參考者，函中亦係聲明何項參考，並須校方加蓋鈐記校章，予以保證，至於閱書證，倘無學校正式公函索取，概不予以發給云。

图 2－14　1939 年《总汇报》登载海关图书馆“限制学生阅读”的信息

③ 档案资料特殊规定。本馆所存海关档案中各种书籍文件均应另箱保存非经关务署长暨总税务司书面特准不得供外界人士参阅并绝对禁止借出馆外。

（2）发展期间——经审查资格后入馆借阅并调整开馆时间

随着“新图书馆运动”的兴起、《全国图书馆计划书》的倡导、社会现代化进程的推进，“成为中国最大之参考图书馆”是海关图书馆新的发展目标。为了能为社会各界所了解，海关图书馆以调整服务政策、开馆时间等方式来保持与外界的交流合作。如当时的不同报纸登载“本市新闸路海关图书馆，系江海关附设，馆址宏大，清洁幽静，而藏书极多，为本市最量之图书馆，近因外界人员……恐有良莠不齐，影响馆务，特变更阅览办法，凡各阅览人员欲阅览者，须先由团体主营人员或学校校长先出函，经该馆审查后，给以保证……方可入内阅览以示限制云……”[①]当时的教育部图书室借阅规则中明确规定“本图书室所藏之图书、报纸、杂志专供本部同仁参考借阅”。[②]农林部图书馆阅览规则第二条“借书权限”中的第二款“凡本部职员及本部直辖机关职员或有关农业机关图书馆团体学校等之教职员生取得合法手续后均可借阅本馆图书”[③]。海关图书馆最初阅览时间是每日上午九点到十一点半，下午二时至五时，后来，阮寿荣认为该时间段内读者较少，并且一般的职员也不方便过来，便把时间更改为每日下午二时到八时。这点在 1933 年《大陆报》报道称：“自 1 月 8 日开始，海关图书馆开馆时间更改为下午 2 点到 8 点……”[④]得到印证。由此可见，海关图书馆根据社会环境变化，以读者实时需求为原则，不断扩大读者范围，提升服务能力。

（3）向现代化图书馆转变——主动提供专题服务

作为专业的图书馆，海关图书馆在发展过程中不断提出一些面向社会服务活动的举措。海关图书馆原先是集藏海关资料档案为主的机构，对外开放后，注意改变自己的馆藏结构，首先添置了 5 万册金融、工商、贸易类图书，以满足读者相关阅读的需求；同时，在日常工作中专注收集国内外相关的专业调查报告、研究论文，以形成文献的专业系统性；此外，为使读者可随时查阅背景资料，图书馆专门购置了一批关于中国政治、外交、历史的非本专业参考书籍。这些基础工作的实施，极大增强了海关图书馆的社会服务能力，以满足各界读者、用户的需求，并成为经济类专业研究人员趋之若鹜所在。同时由于海关图书馆在上海孤岛时期一度未受战火影响，图书馆在保证专业研究读者的同时，与校方联系，为在校学生有针对性地提供课题文献服务。可见，海关图书馆在上海孤岛时期的重要地位[⑤]。

（4）主动引导潮流——向社会开放

20 世纪 20 年代是图书馆发展的关键年代，这个时期陆续兴建的省立市立图书馆、

① 海关图书馆变更阅览办法［N］. 总汇报，1940－3－18（0003）.

② 教育部图书馆（室）工作总结与借书规则［B］. 1942，中国历史第二档案馆馆藏，5/1/1643.

③ 海关总税务司署统计科印行之《海关图书目录》及有关文书（内有英文）［B］. 1947，中国历史第二档案馆馆藏 23/1/2683.

④ 海关图书馆新阅览室开放时间（New Reading Room Hours For Customs Library）［N］. *The China Press*，1933－12－22（0005）.

⑤ 张剑. 赛先生在中国 中国科学社研究［M］. 上海：上海科学技术出版社，2018：208.

学校图书馆，基本上是建立馆舍、征集图书、整理库藏，很少有图书馆能够开展读者服务工作。沈祖荣在 1918 年调查全国图书馆后，感慨指出："每省图书馆，不过一二处，或一省并无一所图书馆。"各馆"阅书人少，阅书取资，最足阻碍来学之心"。随着"新文化运动""五四运动"的推进以及"新图书馆运动"的广泛宣传，1925—1936 年期间，全国图书馆事业，尤其是上海图书馆事业获得了迅速的发展。1925 年，中华图书馆协会对全国图书馆进行调查，全国图书馆 502 所，1929 年中华图书馆协会进行全国图书馆调查时，全国图书馆数量达到了 1 428 所，1931 年全国达到 1 527 所，分类统计如下①（如表 2－13 所示）。于上海而言，光绪二十一年（1908 年）维新变法运动中，上海强学会提出大藏书计划，宣统元年（1909 年），上海有 5 家图书馆，1931 年，上海第一家市立图书馆成立，1934 年，全市共有图书馆 229 家。1936 年，全市共有图书馆 300 余家，其中学校图书馆 158 家。

表 2－13　　1929 年和 1931 年全国图书馆统计概况

1929 年		1931 年	
图书馆类型	数量/所	图书馆类型	数量/所
国立图书馆	1	国立图书馆	1
省立图书馆	47	省立图书馆	49
普通图书馆（市县立及私立）	878	普通图书馆（市县立及私立）	921
学校图书馆	387	学校图书馆	413
社会图书馆	38	社会图书馆	45
机关图书馆	36	机关图书馆	44
专门图书馆（儿童图书馆占多数）	41	专门图书馆（儿童图书馆占多数）	54
总计	**1 428**	**总计**	**1 527**

随着社会不断向前推动发展，上海经过 20 世纪初几十年的充分发展，市民整体文化素质提高和经济中心地位带来的科学、技术人才集中，造就了对各种科学专业文献的广泛社会需求，这种需求是当时图书馆事业及其公共服务的发展原动力，也是社会生活中各个领域、各项事业获得发展的共同前提。辛亥革命以后，上海就陆续出现了一批不同类型社团、专业图书馆，但这些图书馆都不向社会开放②。到了 20 世纪 30 年代，上海出现了一股专业图书馆普遍向社会敞开大门的公共服务潮流。海关图书馆积极响应社会需求，融入社会变化，开展社会服务，不仅提供数十年积累的专辑资料，还专门为开放服务采购了大量相关的经济、商贸类图书，以满足读者的经济类专业文献需求，并于 1935 年新建了当时上海最为现代化的图书馆馆舍，配备了最先进的专门设施。尤其是 1937 年"八・一三抗战"后，全市公共、学校等各类图书馆遭到全

① 吴江，陆泉，杨思洛. 世纪华章［M］. 武汉：武汉大学出版社，2020：507.

② 王宗义. 编辑视角 世纪之交的中国图书馆活动［M］. 上海：上海科学技术文献出版社 2011：41－42.

面破坏的惨境时，海关图书馆主动向临时避入租界的各大专院校的师生提供了其所需的资料和特别紧缺的各类工具书。复旦大学档案中就存有“函介李权时往海关图书馆参阅书籍”的记载[①]。

据海关图书馆读者登记簿显示，到海关图书馆借阅的读者中，以研究经济学的人和中外著作家最多，学生次之，一般职业青年又次之，海关职员最少[②]。在此之后，海关图书馆逐渐适应社会发展潮流，不断扩大阅读群体（如图 2－15 所示）。作为机关的内部图书馆，海关图书馆在较短时间实现从内部使用到半公开再到完全公开，主动对社会开放，并做出了杰出的贡献，在上海地区图书馆的公共服务史上留下了精彩的一页[③]。

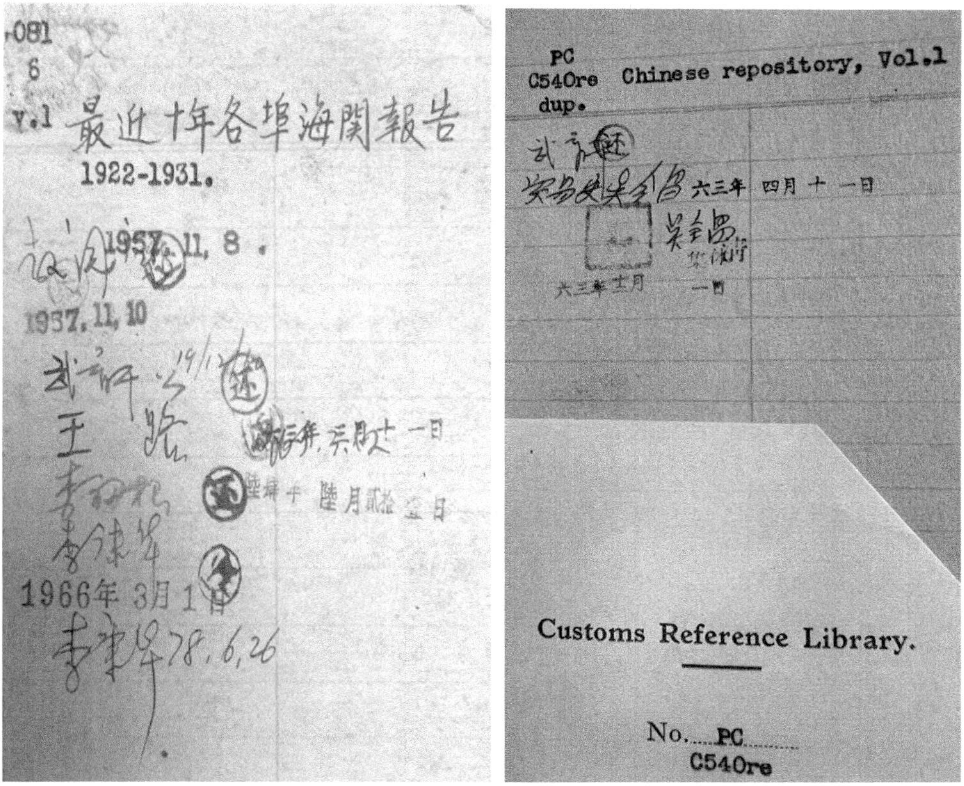

图 2－15　知名国际贸易专家武堉干在海关图书馆的借阅记录[④]

2.2.4　经费来源

海关图书馆经费主要来源于海关关税，建馆之初有较为充裕的经费保障。按照魏尔

① 钱京娅，史卫华. 复旦大学图书馆百年纪事 1918—2018［M］. 上海：复旦大学出版社，2018：20.

② 华. 记中华民国海关图书馆［J］. 关声，1934（8）：275－276.

③ 《上海百年文化史》编纂委员会. 上海百年文化史（第 4 卷）［M］. 上海：上海科学技术文献出版社，2002：1543.

④ 武堉干为国家培养了大量经济贸易人才，由于他对中国国际贸易领域中的开创性研究，被誉为“国际贸易权威”“中国对外贸易史的著名专家”，受到社会各界的尊重。

特的建议，1929 年 11 月经关务署同意，海关图书馆筹设之初从海关税收款项中一次性拨付 5 万元，分 10 个月拨付，每个月提取 5 000 元，用于改建馆舍、购置书橱、添置家具、增购新书籍。工作人员薪资及每年购置图书的款项由海关逐年支付[①]，仅 1932 年购书经费就达到 3 万元。同一时期，上海市立图书馆[②]经费为 7 800 元，工部局公众图书馆经费 9 461.64 元[③]（如表 2－14 所示）。

在经费的支持与保障下，海关图书馆馆藏外文出版物迅速增多，1931 年开馆时，仅有 3 000 多卷，1932 年则增至 1 万多卷[④]。1948 年，海关图书馆藏书总量已达到 5 万余册。

表 2－14　　上海主要不同类型图书馆同一时期每年经费支出概况（部分）

图书馆名称	经费/元
上海市立图书馆	7 800
工部局公众图书馆	9 561.64
沪江大学图书馆	11 000
震旦大学图书馆	12 000
光华大学图书馆	16 000
复旦大学仙舟图书馆	20 367
暨南大学洪年图书馆	25 000
海关图书馆	30 000

注：经费支出一般包括图书购置费、办公费/行政经费等，此处为不完整统计。

2.3　馆舍变迁

2.3.1　馆舍情况

1931 年 10 月 10 日，位于上海新闸路 1714 号的海关图书馆正式对外开放。由于海关图书馆成立之初只是对新闸路原邮局庶务处底层进行改建（图 2－16 所示），添置书架

① 海关总署《旧中国海关总税务司署通令选编》编译委员会. 旧中国海关总税务司署通令选编（第三卷，1931—1942 年）[M]. 北京：中国海关出版社，2003：67.

② 该馆于 1932 年 6 月 1 日开放，成立初期共有中文图书 5765 册，外文图书 122 册，中文杂志 125 种，外文杂志 32 种，中文报纸 8 种，外文报纸 1 种。

③ 胡道静. 上海历史研究 [M]. 上海：上海人民出版社，2011：16.

④ 李娜娜. 民国时期的海关图书馆 [J]. 图书馆论坛，2020（9）：97－105.

家具，购买总税务司署及造册处两图书室未有之书籍后对外开放，并没有形成规模与规范的对外阅览空间（如图 2－17 所示）。

图 2－16　1931 年总税务司署图书馆外观①

图 2－17　海关总税务司署海关图书馆藏书室一角②

从图 2－16、图 2－17 可知，海关图书馆无论是在外观上还是阅览上都没有太大的规模，海关总税务司也认为“建馆之初，海关建筑师德为森将原有房屋改建成优美大厅，且能为阅览室及书库提供宽裕场地”，实际上是将海关图书馆的馆址安排在造册处楼下，将该建筑一楼原来的若干房间打通，改建成阅览室和书库。改造后，海关图书

① 上海静安区图书馆. 1931 年总税务司署图书馆外观［EB/OL］.［2024－03－10］. https://www.shjinganlib.net/JaImpressionHistoryContent.aspx？ColumnNameEn=CUSTOMSLIBRARY&id=222.

② 上海静安区图书馆. 海关总税务司署海关图书馆藏书室一角［EB/OL］.［2024－03－10］. https://www.shjinganlib.net/JaImpressionHistoryContent.aspx？ColumnNameEn=CUSTOMSLIBRARY&id=217.

馆可容纳读者的座位数仅为 40 人，由于执行较为严格的读者借阅规章，每月阅览人数约为 200 人，一年的阅览人数 2 000 余人次。而工部局公众图书馆 1930—1931 年的阅览人数分别为 12 975 人次、13 490 人次、16 576 人次，借出的图书册数分别是 45 750 册、47 132 册、58 347 册[①]。同时，虽然能公开阅读，但是图书不出借，阅览时间规定为上午 9 时半到 12 时半，下午 2 时到 5 时，周日闭馆。与上海中国国际图书馆、上海市立图书馆等相比，海关图书馆在成立之初，在对外服务人数、借阅次数等方面都有较大差距（如表 2－15 所示）。

表 2－15　1920—1930 年代上海公共图书馆阅览室及人数概况（部分）[②]

图书馆名称	阅览室容量/座位	阅览人数
海关图书馆	40	约 200 人/月
上海中国国际图书馆	60⁺	250 人/日
上海市立图书馆	—	约 267 人/日
上海市立流通图书馆	40⁺	100⁺/日
上海市商会商业图书馆	—	170⁺/日
上海明复图书馆（中国科学社附设）	—	—

随着时间的推移，海关图书馆藏书不断增加，仅仅成立两年，海关图书馆藏书就增长了将近 10 倍，中外文期刊与年鉴、百科全书等数量相当，都达到了 16 000 卷[③]。此外，1933 年 1 月 5 日总税务司梅乐和签订第 91 号机要通令，规定 1901 年 12 月 31 日前所有海关档案应送交海关图书馆妥为保管，总税务司要求 1901 年 12 月 31 日前各关旧存档案都移交海关图书馆保存。这更加突出了海关图书馆不仅具备图书馆功能，同时兼具档案馆之职能，这也使得海关图书馆无论阅览空间抑或是藏书空间都显得窘迫受限。

2.3.2　筹建新馆

海关图书馆特殊的藏书建设吸引了众多读者对海关图书馆藏书的利用需求，但由于海关图书馆馆藏空间受限，读者在报刊上发文指出海关图书馆“环境设备过于简陋，不能吸引阅览者，而且根本容纳不了阅览者”[④]。

为此，1935 年，海关图书馆呈请另建新馆（如图 2－18 所示），由德为森（W.R.Davison）

① 胡道静. 上海历史研究［M］. 上海：上海人民出版社，2011：17.
② 陈祖怡. 上海各图书馆概览［M］. 上海：中国国际图书馆，1934.
③ 海关图书馆新阅览室开放时间［N］. *The China Press*，1933－12－22（0005）.
④ 来函照登. 一个关于海关图书馆的建议［J］. 关声，1936，5（5）：17－19.

和吴景祥（Ching Hsiang Wood）[①]设计，原先邮政供应处（Postal Supply Department）改为海关图书馆。新馆建筑位于新闸路 1708 号，按图书馆专业要求设计，分为办公、储藏、阅览三个空间（如图 2－19 所示），书库采用钢质书架，容书量 100 000 册、配备送书电梯等新型设备，于 1936 年 6 月建成对外开放[②]，花费 2 万元[③]。

图 2－18　海关图书馆正门旧貌[④]（左）、侧面全景[⑤]（右）

新馆总占地面积 7 000 平方尺，设计阅览室可以容纳 150 人；在软硬件设备上，配备卫生、暖气、电扇等设备，并特设运输之小电梯，电梯为维多利亚式（如图 2－20 所示）[⑥]，为当时“最新式之图书馆”，整栋建筑为钢筋混凝土结构，为 20 世纪 30 年代英式风格。建筑外墙材料为防火砖，立面呈红色，钢窗、平顶。馆内有“海关圕”篆字图样（如图 2－21 所示），门厅两侧各有衣帽间，底楼为借阅处，二、三楼为贯穿式书库，四楼为办公区域[⑦]。

---

① 吴景祥（字白桦，Ching Hsiang Wood，1905—1999），广东中山人，1933 年毕业于法国巴黎建筑学院，获法国教育部颁发的 DESA 建筑师学位。毕业后进入时任法国政府民用建筑总建筑师和法国艺术教育总督察的拉普拉达（Albert Laprade）事务所工作。1934 年回国，1934—1949 年任中国海关总署建筑师，1936 年设计的海口华冠大楼是他归国后的第一件作品。

② 朱庆祚. 上海图书馆事业［M］. 上海：上海社会科学院出版社，1996：78.

③ 陈祖怡. 上海各图书馆概览［M］. 上海：中国国际图书馆，1934：113.

④ 上海静安区图书馆. 海关图书馆［EB/OL］.［2023－01－17］. https://www.jalib.net/JaImpressionHistoryContent.aspx?ColumnNameEn=CUSTOMSLIBRARY&id=215.

⑤ 阮寿荣. 中华民国海关图书馆［J］. 关声，1934，3（8）：6.

⑥ 上海图书馆，上海市图书馆行业协会编. 上海市公共图书馆行业发展报告［M］. 上海：上海科学技术文献出版社，2019：188.

⑦ 中国海关博物馆. 中国近代海关建筑图释［M］. 北京：中国海关出版社，2017：113.

图 2-19　海关图书馆（新馆）前景（上）、阅览室（左）、书库（右）[①]

阮寿荣后来在 1948 年撰写的《海关图书馆志略》中提及："新馆环境幽静，共分四层，底层主要部分为阅览室，二层为西文书库，三层为中文书库，四层为馆长办公室、西文编目室、研究室、档案室、文具储藏室[②]"，如图 2-22 所示。由此可见，海关图书馆新馆除了较为宽敞的面积外，还兼具阅读、研究、存档等多种功能。

① 海关图书馆前景［J］. 图书馆学季刊，1937，11（2）：1.

② 阮寿荣. 中华民国海关图书馆［J］. 关声，1934，3（8）：6.

图 2-20　保留历史特色的海关图书馆（新馆）运书电梯

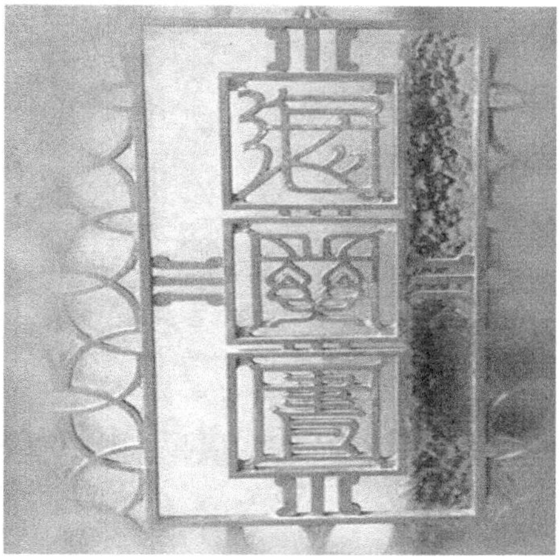

图 2-21　海关楼门上的“海关圕”三个字①

文献来源：近百年历史的“海关圕”，有着丰富的旧海关史料［EB/OL］.（2018-01-07）［2023-08-09］. https://baijiahao.baidu.com/s?id=1588917404269976521&wfr=spider&for=pc.

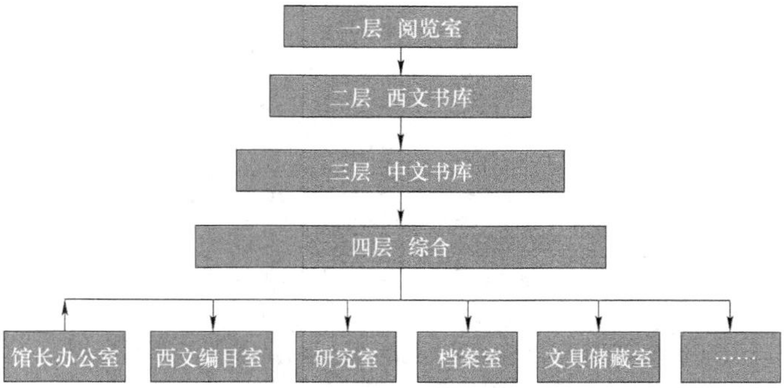

图 2-22　海关图书馆新馆楼层结构

2.3.3　旧馆现状

新中国成立后，海关图书馆原有藏书迁往北京后，1957 年原海关图书馆馆舍移交给原江宁区用来筹办区图书馆。经一年时间的筹备，1958 年 9 月 15 日江宁区图书馆正式成立开馆，1959 年底随上海市行政区域的变更，原新城区图书馆与江宁区图书馆合并，更名为静安区图书馆（如图 2-23 所示）②。据静安区的文献资料显示，海关图书馆的运书小电梯，2009 年改建时予以恢复，用于阅览室图书的搬运。当时前往静安区图书馆参观的澳大利亚海关专家提到，该电梯为维多利亚式，是 20 世纪 30 年代英式风格③。

①“圕”为 1924 年图书馆家杜定友发明，1929 年中华图书馆协会第一次年会通过，以替代“图书馆”三字并得到较为广泛运用，如 1943 年杜定友的《中华民国三十二年度（第三年）广东省立圕工作报告》、1958 年卢震京编写的《图书馆学辞典》等。

② 上海图书馆业务辅导部编. 上海市公共图书馆概况［M］. 上海：出版者不详，1989：52.

③ 上海图书馆，上海市图书馆行业协会. 上海市公共图书馆行业发展报告［M］. 上海：上海科学技术文献出版社，2019：188.

图 2－23　上海静安区图书馆海关楼外景（左）、海关楼房檐上的帆船图标（右）

文献来源：近百年历史的“海关圖”，有着丰富的旧海关史料［EB/OL］.（2018－01－07）［2023－08－09］. https://baijiahao.baidu.com/s?id=1588917404269976521&wfr=spider&for=pc.

由于海关图书馆采用了当时国际上最新的科学技术，直到 20 世纪 50 年代初新中国成立后进行首次文化机构调查时，仍被认定为最好的一所图书馆[①]。海关图书馆旧址后来入选上海市第五批优秀历史建筑名单（如图 2－24）。

图 2－24　海关楼外墙上挂着的铭牌

文献来源：近百年历史的“海关圖”，有着丰富的旧海关史料［EB/OL］.（2018－01－07）［2023－08－09］. https://baijiahao.baidu.com/s?id=1588917404269976521&wfr=spider&for=pc.

① 《上海百年文化史》编纂委员会. 上海百年文化史（第 4 卷）［M］. 上海：上海科学技术文献出版社，2002：1543.

3 海关图书馆馆藏体系与藏书特点

3.1 海关图书馆馆藏整体情况

如前所述，海关图书馆正式面向社会公众开放的时间为 1931 年 10 月 10 日。在成立之初及之后关于海关图书馆藏书的具体情况，先后有不同的专家学者做过相关概述，主要有：

① 1933 年，庄文亚在《全国文化机关一览》一书中提及海关图书馆的藏书数量是 16 000 册[①]；

② 1934 年，阮寿荣在期刊《关声》中介绍《中华民国海关图书馆》中提及“中华民国海关在江海关区新闸路一七一四号，藏有各国关税经济及国际贸易年刊杂志等参考书籍一万六千余册……”[②]；

③ 1934 年，陈祖怡在《上海各图书馆概览》中提及海关图书馆藏书为 14 000 余册，特藏广集关于本国商业、财政、经济及农工业各种中外图书、论文、杂志、报章及海关一切档案[③]；

④ 1937 年，《关声》期刊上登载《海关图书馆新屋落成》的报道中称：“本市新闸路海关图书馆……自民国二十年开放以来……现藏中外文图书已逾三万余册。只地方志书一项，搜集已达一千一百余种尤为难得……”[④]；

⑤ 1992 年，马学新等人在《上海文化源流辞典》中记载海关图书馆成立之初藏书为 14 000 册[⑤]。

从海关图书馆成立之初直至 1936 年，藏书规模应该在 16 000 册左右[⑥]。为了能更直

---

① 庄文亚. 全国文化机关一览［M］. 上海：世界文化合作中国协会筹备委员会　世界书局，1934：154.

② 阮寿荣. 中华民国海关图书馆［J］. 关声，1934，3（8）：6.

③ 庄文亚. 全国文化机关一览［M］. 上海：世界文化合作中国协会筹备委员会　世界书局，1934：113.

④ 全国报刊索引数据库. 海关图书馆新屋落成［EB/OL］.［2024－04－13］. https://www.cnbksy.com/literature/browsePiece？eid=null&bcId=null&pieceId=09c2c7dd9e61103cb5225d350aa35d1c&ltid=7&activeId=661a10aef74f7f34f430c837&downloadSource=NONE.

⑤ 马学新. 上海文化源流辞典［M］. 上海：上海社会科学院出版社，1992：579.

⑥ 阮寿荣. 中华民国海关图书馆［J］. 关声，1934，3（8）：6.

观了解海关图书馆藏书概况，对比同一时期上海地区成立或拥有藏书的主要图书馆可知（如表 3－1 所示），海关图书馆的藏书规模并不大。主要原因在于海关图书馆成立之初的定位就是广集“关于本国商业财政经济及农工业各种中外图书论文杂志报章”的专业图书馆。

表 3－1　20 世纪 30 年代上海主要图书馆藏书概况①

序号	图书馆名称	藏书总量/册
1	上海市图书馆	50 000
2	上海市民众教育馆	19 000
3	国立暨南大学图书馆	40 000
4	国立同济大学图书馆	17 000
5	国立交通大学图书馆	93 000
6	私立复旦大学图书馆	40 000
7	私立大夏大学图书馆	30 883
8	私立大同大学图书馆	25 800
9	私立光华大学图书馆	20 202
10	私立沪江大学图书馆	70 000
11	国立上海商学院图书馆	23 688
12	私立东吴大学法律学院图书馆	10 000

在当时，吕绍虞把海关图书馆、明复图书馆、鸿英图书馆称之为“上海三大专门图书馆”②；叶景葵、顾廷龙等人在倡议成立“合众图书馆”时曾称呼海关图书馆为解决专业经济问题者，他们认为“为保存固有文化而办之图书馆，当以专门为范围，集中力量，成效易著”“至近代科学书籍以及西文书籍则均别存，以清眉目。否则各种书籍兼收并蓄，成普通图书馆，卒至汗漫无归……普通者有东方图书馆，专于近代史料者有鸿英图书馆，专于自然科学者有明复图书馆，专业经济问题者有海关图书馆……”③

随着近代社会的不断发展以及海关图书馆新馆的成立，图书馆馆藏也得到不断充实。海关图书馆馆长阮寿荣 1948 年在《海关图书馆志略》的文章中提及海关图书馆藏书量应为 5 万多册，其中，中日文书籍共 4 万余册，西文书籍共 1 万余册，中文杂志 2 000 余册，西文杂志 2 500 余册，共计 5～6 万册④。具体包括：

① 馆藏按类型分为三类：甲类为中日文书籍，共计 4 万余册；乙类为西文书籍，

① 吕绍虞. 最近之上海图书馆［M］. 上海：上海图书馆服务社，1938.
② 吕绍虞. 最近之上海图书馆［M］. 上海：上海图书馆服务社，1938.
③ 叶景葵. 叶景葵文集 上［M］. 上海：上海科学技术文献出版社，2016：123.
④ 阮寿荣. 海关图书馆志略（续）［J］. 关声，1948（11）：13－14.

共计 1 万余册；丙类为杂志、期刊，中文为 2 000 余册，西文为 2 500 余册，常订的有 70 多种。

② 馆藏按学科分为总类 5 000 余册，经济类 12 000 余册，业书 6 000 余册，史地类 13 000 余册。

③ 馆藏按语种分为中文、英文、日文、俄文、德文、法文。

2011 年，李景瑜主编的论文集《马克思主义中国化研究》中收录了荣真的文章《民国海关图书馆现存藏书的一般性研究》。作者根据《海关图书馆书籍登记总册》中的《海关图书馆书籍登记总册·（甲）汉日文书籍》（第 1 册和第 3 册）、《海关图书馆书籍登记总册·（乙）西文书籍》）共 3 册目录，认为海关图书馆藏书总数为 47 660 册，其中，外文图书 12 278 册、中文杂志 1 352 册（合订）、外文杂志 1 711 册（合订）[①]。

近些年，在对外经济贸易大学相关领导和人士多方支持与指导下，结合目前馆藏 4 册《海关图书馆书籍登记总册》整理发现，海关图书馆登记在册的中文藏书 50 300 册，外文藏书（包括英文、日文、俄文、德文、法文）11 713 册，合计 62 013 册。

对外经济贸易大学档案馆有资料较为完整地记载了关于接收海关图书馆藏书的时间、藏书总量、过程以及藏书的后续安置情况，为进一步考证海关图书馆具体的藏书情况[②]提供了依据。据资料记载：

1954 年 3 月，北京对外贸易专科学校图书馆主任景培元远赴上海办理接收民国海关图书馆全部藏书等事宜。抵京后的藏书“中文图书五万余册……外文图书约一万余册……海关出版品合订本一千四百余册……地图及合订本外文日报数十册……”。此外，据记载，当时运回上海图书馆藏书中文图书 5 万余册，包括地方志约占三分之一；外文图书约 1 万余册，包括合订本期刊在内海关装订旧档 7 000 余册，以上三项均编有卡片目录；复本英文图书千余册；未编目的中文书数百册；各关移交上海关图书 18 箱（均有箱单）另有宁波关缴存英文书 700 余册，部分虫蛀；海关出版品合订本 1 400 余册；地图及合订本外文日报数千册；散张地图 4 箱；散页海关档案 1 806 屉。设备方面有卡片目录柜 4 座，杂志陈列架 3 座，档案箱 80 个，地图箱 4 座。以上全系铜铁制品。书库内书架系立体结构，中外文两库共排架 34 行，470 余档，全部用螺丝铆接[③]。图 3－1 为现存于对外经济贸易大学海关文献资料中心的海关图书馆《四部备要》书柜。

---

① 荣真．民国海关图书馆现存藏书的一般性研究［M］//李景瑜．马克思主义中国化研究．北京：对外经济贸易大学出版社，2011：202－214.

② 上海静安区图书馆曾在一段资料中提及：“海关图书馆原有藏书的去向，是一直以来大家都非常关心的问题……由于时代久远，就连一直在图书馆的老一辈馆员都不知道海关图书馆藏书的去向……咨询了多位海关专家、教授，多方查找，依然无果。直到 2017 年，北京对外经济贸易大学的老师看到媒体上关于海关楼的报道，来上海开会时专程到海关楼参观并了解相关情况。随后静安区图书馆专门派人赴京，经专家查看藏书上标有的海关专用印章，又经反复查证，才确认北京对外经济贸易大学图书馆的某部分藏书就是当年从海关图书馆运至北京的……”。（资料来源：上海图书馆，上海市图书馆行业协会．上海市公共图书馆行业发展报告［M］．上海：上海科学技术文献出版社，2019：189.）

③ 《为报告接运上海新闸路前海关图书馆藏书及设备经过由》［B］．对外经济贸易大学档案馆馆藏，1959－05－24.

图 3－1　现存于对外经济贸易大学的海关图书馆《四部备要》书柜

从上述资料记载可以较为明确的信息有：

① 海关图书馆中文图书 5 万余册，外文图书 1 万余册，这与《海关图书馆书籍登记总册》记载藏书总量基本保持一致。需要指出的是，海关图书馆藏书在抵京前就已有 262 册中文图书（主要为日文图书，登记号码主要集中从 50301 至 50535）、629 册外文图书，共计 891 册，送往秘书科资料股或是海务处、海关总署等地方。据此，可以大致推断海关图书馆藏书抵京前中文藏书应该有 50 274 册（包括抵京后送往中国科学院的地方志 7 000 余册）。

② 抵京前海关图书馆藏书主要有图书、期刊、地图、海关档案等。

需要说明的是，除了部分书籍（主要以各省地方志书为主）移交中国科学院外，其余馆藏（以海关统计刊物为主）主要留存在对外经济贸易大学[①]。相应地，在《中国海关通志》上也记载着“新中国成立后，其所余书刊资料大部分运至北京，分存于海关总署档案室、北京对外经济贸易大学图书馆（海关统计刊物为主）和中国科学院图书馆（各省地方志书为主）。”[②]

经过多年的整理、分类、编目后，对外经济贸易大学图书馆整理出实际的藏书目录（不含部分受损严重无法辨识的藏书，大约有 7 000 余册）。目前图书馆的金盘统计数据

① 《为报告派员赴沪了解上海海关图书馆藏书及设备情况提出返京计划请部决定并批示经费以便进行调运由》[B]. 对外经济贸易大学档案馆馆藏，1954－03－08.

② 《中国海关通志》编纂委员会. 中国海关通志 第 1 分册［M］. 北京：方志出版社，2012：333.

为：中文藏书为 35 145 册，外文 15 210 册（包含日文 2 048 册）[①]，合计 50 355 册。其中，约 40%的中文藏书出版时间早于 1912 年，外文藏书约 85%以上出版时间为 1912—1949 年。由此可见，对外经济贸易大学图书馆较为完整、系统地继承了海关图书馆整体藏书。

此外，通过查阅书籍发现，目前对外经济贸易大学图书馆在整理海关图书馆馆藏章时，发现藏书章主要分布在“中央海关总署图书室”“中华民国海关图书馆”“财务部关务署图书室”“中华人民共和国上海海关图书馆”等不同时期（如图 3－2 所示）。

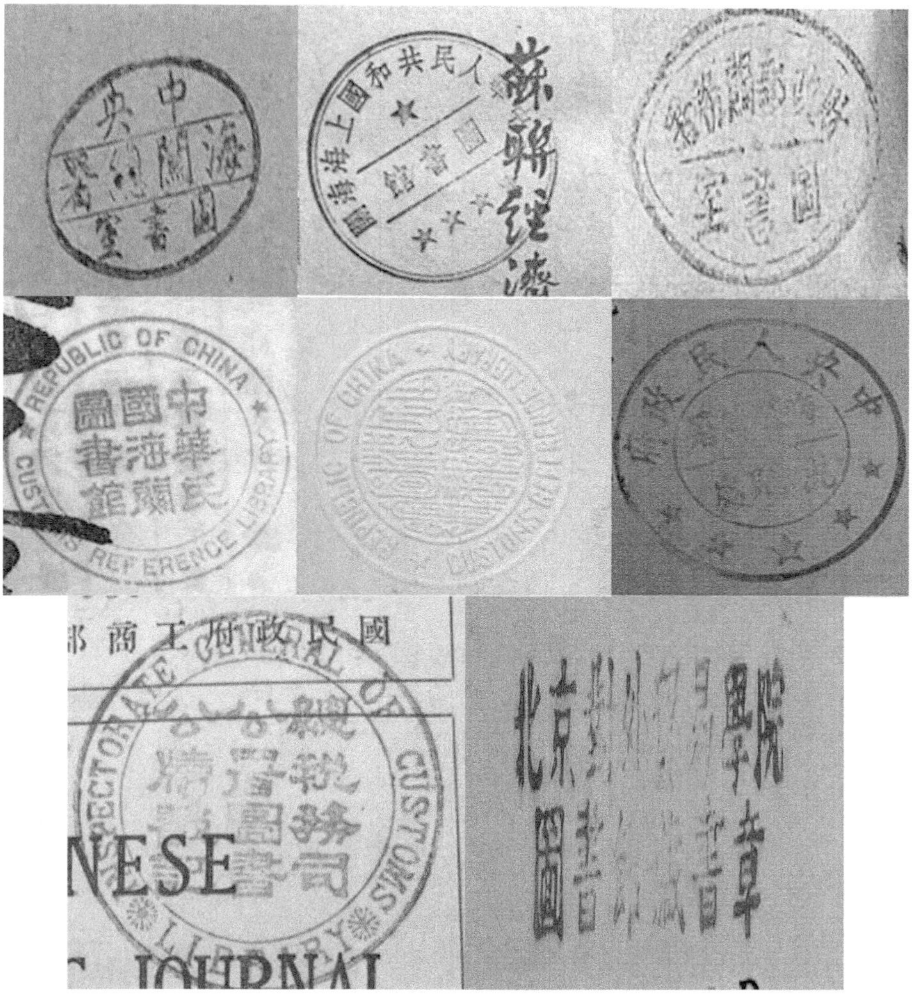

图 3－2　海关图书馆不同时期的藏书章（部分）

藏书章对应的年代范围从 1861—1911 年的总税务司公署图书公牍戳记章、1931—1949 年的中华民国海关图书馆章、1928—1949 年的总税务司署上海办事处章、1949—

① 此处与《海关图书馆书籍登记总册》的外文藏书数量有出入，推测应是部分外文图书并未登记在册，但实际一起送往北京。

1954 年的中华人民共和国上海海关章、1954 年之后的北京对外贸易学院图书馆藏书章等（如表 3－2 所示）。馆藏章的变更，也能从侧面反映海关图书馆及藏书发展的历史印记与岁月变迁。

表 3－2　不同时期海关图书馆藏书章信息（部分）①

序号	馆藏章信息	备注
1	总税务司公署图书公牍戳记（Inspectorate General of Customs library）	约 1861—1911 年
2	中华民国海关图书馆（Republic of China Customs Reference Library）	约 1931—1949 年
3	总税务司署上海办事处	约 1928—1949 年
4	中华人民共和国上海海关	1949—1954 年
5	中华人民共和国上海海关图书馆	约 1949—1954 年
6	北京对外贸易学院图书馆藏书章	1954 年至今

3.2　海关图书馆馆藏结构体系

3.2.1　研究方法

为了能更清晰、科学、全面地展示海关图书馆馆藏结构，本研究以对外经济贸易大学图书馆所藏海关图书馆中外文藏书 50 355 条已编目题录信息作为主要数据来源，运用 PMI 算法，根据民国海关图书馆馆藏中外文目录的 PMI 词语相似度关系构建语义网络并进行可视化分析。PMI 算法公式如下：

$$PMI(X_1 = x_1, X_2 = x_2) = log_2 \frac{P(x_1, x_2)}{P(x_1)P(x_2)}$$

式中，$P(x_1)$为词出现的图书目录数/总图书目录数；$P(x_1,\ x_2)$为两个词共现的图书目录数/总图书目录数。

中文馆藏目录高频词运用 Python 中文分词 jieba 库进行处理，选取词频统计结果排名前 150 且共现频次在 56 以上的高频词（如表 3－3 所示）。

① 朱向峰．旧中国海关图书馆述评：治理、视野与现代性兴起［J］．南开学报（哲学社会科学版），2020（2）：136－150．

表 3－3　　海关图书馆中文馆藏高频关键词统计表（排名前 150）

序号	关键词	词频	序号	关键词	词频	序号	关键词	词频	序号	关键词	词频
1	四库	2156	39	月刊	194	77	金融	114	115	世文	79
2	丛书	1932	39	明史	194	77	船山	114	116	政书	78
3	方略	1910	41	铁道	183	79	艺文	113	116	新仪	78
4	图书	1645	42	公奏稿	179	80	百子	112	118	鉴类	76
5	集部	1282	43	职官	177	80	子书	112	119	公牍	75
6	会典	1015	44	法志	174	82	盐法	111	120	同治	73
7	事例	899	44	商务	174	83	部列	110	121	志略	70
8	通志	686	46	礼部	172	84	七言	109	122	教育	69
9	注疏	624	47	奏稿	167	84	法令	109	123	吏部	68
10	统志	621	48	函史	161	84	中丞	109	124	字诂	68
11	文集	514	48	海关	161	87	山房	106	125	国志	68
12	奏议	510	50	类辑	158	87	舆图	106	126	手书	68
13	册府	480	51	条例	152	89	清盐	105	127	外交	67
14	中国	471	52	刑案	150	89	石刻	105	128	时务报	67
15	子部	393	53	户部	144	91	纪略	105	129	英宗	67
16	典卷	387	54	经济	143	91	道光	105	130	五言	67
17	光绪	357	55	天文	142	93	宣统	103	131	宪书	66
18	公报	343	55	纪事	142	94	资治	102	132	行水金	66
18	艺术	343	57	官报	141	95	汇报	101	133	经籍	65
20	舆地	308	58	通典	136	96	公全书	100	134	政要	65
21	经部	293	59	文解	131	97	政治	96	135	史料	65
22	山志	289	59	清史稿	131	97	史方	96	136	杂家	65
23	史部	287	61	舆纪	130	97	骈字类	96	137	税则	65
24	州府	271	62	公奏议	129	100	文学	91	138	忏花	64
25	五礼	261	63	氏族	128	101	礼仪	89	139	制度	64
25	周易	261	64	食货	126	102	刑部	88	140	名山	63
27	中华	256	64	银行	126	103	政艺	86	141	贸易	63
28	刑律	224	66	官常典	124	103	畿辅	86	142	章句	63
29	职方	221	66	文字	124	105	农学	85	143	算学	61
29	赋役	215	68	文献	123	106	世宗	84	144	财政	61
31	周报	215	69	朝政	122	106	书谱	84	145	部艺	61
32	地理	212	70	精蕴	121	106	经籍	84	146	读礼	60
33	经部易类	206	71	数理	120	106	子集	84	147	评议	57
34	杂志	204	71	典类	120	110	图书馆	82	148	诗集	56
35	经济	201	73	方舆	119	111	政和	81	149	估价	56
36	律例	199	73	丛刻	119	112	报告	81	150	会计	43
36	名臣	199	75	水利	117	113	译馆	80			
38	奏疏	197	76	兵部	116	113	礼记	80			

外文目录的高频词运用 Python 专门处理英文的自然语言处理工具包（Natural Language Toolkit，NLTK）进行数据预处理，主要包括去除标点符号、分词、添加自定义词组、去除停用词、标注词性和词形还原等，选取词频统计结果排名前 150 且共现频次在 37 以上的高频词（如表 3－4 所示）。

表 3－4　　海关图书馆外文馆藏高频关键词统计表（排名前 150）

序号	关键词	词频	序号	关键词	词频	序号	关键词	词频
1	Trade	1270	26	Board	274	51	Americ Academy	154
2	China	854	27	Conservancy	274	52	1936	152
3	Chinese	790	28	Book	261	53	Society	152
4	Journal	750	29	Survey	253	54	League	151
5	Far Eastern	738	30	Eastern	249	55	Regulations	142
6	Report	678	31	Traites	248	56	Dictionary	137
7	Monthly	564	32	Hai－ho	232	57	Chinaweekly	137
8	Foreign	556	33	Commissireport	228	58	Quarterly	135
9	Commerce	541	34	Social	226	59	Chamber	133
10	Review	451	35	Nouveau	225	60	Directory	128
11	Economic	508	36	Papers	201	61	1939	128
12	Returns	430	37	British	200	62	Statistique	128
13	International	429	38	Tariff	200	63	Relations	124
14	General	410	39	Government	194	64	Affairs	124
15	Gazette	365	40	Law	198	65	Office	123
16	Customs	350	41	Statistical	193	66	UK	121
17	Political	393	42	Court	189	67	Post	117
18	Shanghai	340	43	Japan	187	68	1940	116
19	Reports	363	44	Commercial	183	69	Chronicle	113
20	Science	319	45	Nations	179	70	1932	111
21	Consular	311	46	Annals	173	71	Statistics	110
22	United States	301	47	North－China Herald	173	72	Weekly	108
23	Hong Kong	293	48	History	166	73	1931	105
24	Recueil	291	49	Service	165	74	Asiatic	101
25	World	288	50	1933	161	75	Library	100

续表

序号	关键词	词频	序号	关键词	词频	序号	关键词	词频
76	Finance	98	101	Economist	73	126	Opium	55
77	Europaischen	98	102	Annuaire	72	127	River	55
78	New	96	103	Londchinexpress	71	128	Policy	55
79	Statement	94	104	Countries	69	129	Grobe	54
80	Standard	92	105	Specifications	69	130	Kabinette	54
81	Royal	91	106	Year – Book	68	131	Development	52
82	Committee	89	107	Die	68	132	Francaise	49
83	Bank	87	108	War	66	133	Canada	48
84	Financial	87	109	Agricultural	65	134	Archives	48
85	Notes	86	110	Regents	65	135	Navigation	47
86	Council	85	111	Handbook	64	136	Treaty	46
87	National	84	112	Nanking	64	137	Imperial	45
88	Maandstatistiek	83	113	Asia	63	138	Yearbook	45
89	Public	82	114	Industry	63	139	Literature	45
90	Arts	82	115	Return	62	140	Ports	44
91	Empire	81	116	Municipal	62	141	Europe	44
92	Law	80	117	Catalogue	61	142	Almanack	44
93	Uitvoer	79	118	Press	61	143	Import	42
94	1929	78	119	Documents	60	144	Budget	41
95	Recorder	75	120	Prices	60	145	Lloyd	40
96	Business	74	121	Accounts	60	146	Maritime	39
97	Shipping	74	122	1925	60	147	Pacific	37
98	Geographical	73	123	Repository	60	148	Peking	37
99	Exterieur	73	124	Diplomatic	59	149	Chine	37
100	Treaties	73	125	Korea	58	150	Bollettino	37

为更好呈现效果，运用 Gephi 的模块化社区识别算法对网络节点进行聚类，中文馆藏目录关键词共现网络图如图 3 – 3 所示、外文馆藏目录关键词共现网络图如图 3 – 4 所示。

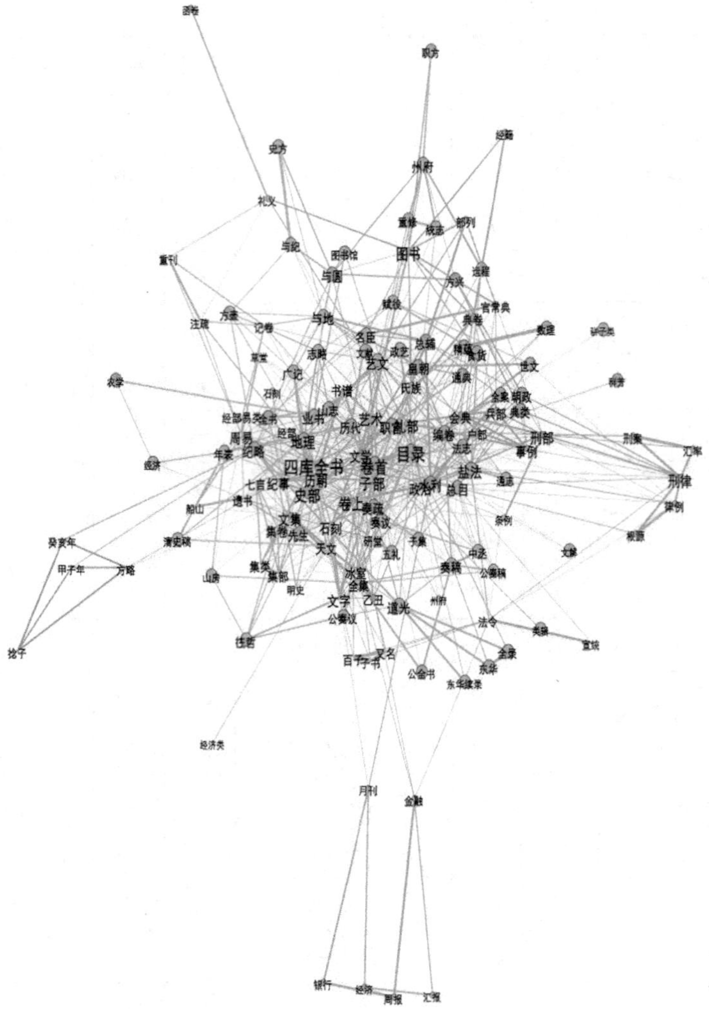

图 3－3　海关图书馆中文馆藏目录关键词共现网络图（部分）

图 3－4　海关图书馆外文馆藏目录关键词共现网络图（1）

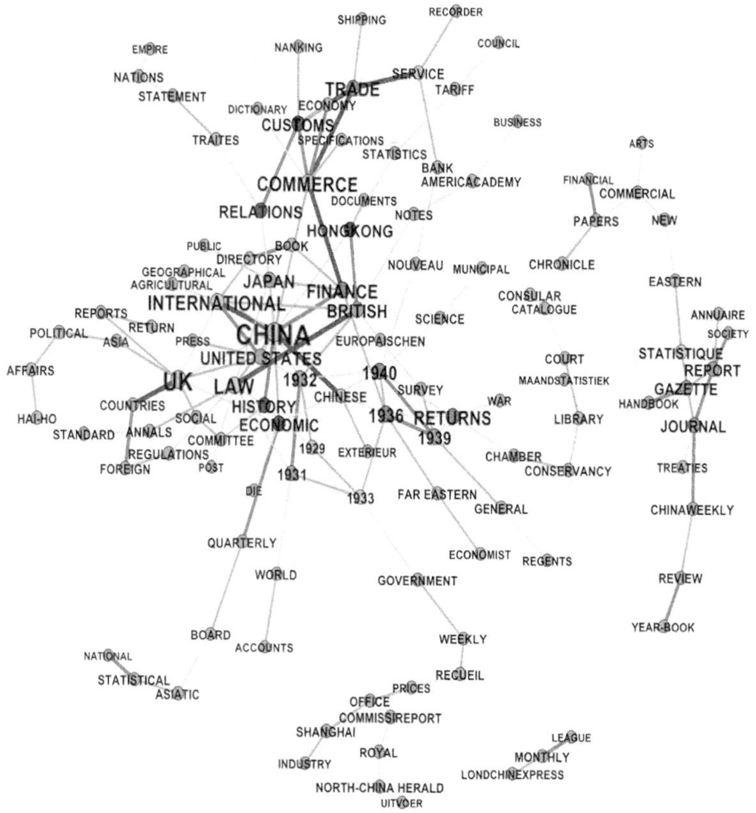

图 3-4　海关图书馆外文馆藏目录关键词共现网络图（2）

3.2.2　结果分析

根据文本相似关系，结合表 3-3、表 3-4 以及图 3-3、图 3-4，把导入的中外文馆藏目录关键词分为 3 类，分别为：模块 0，海关图书馆藏文献类型分布；模块 1，海关图书馆藏文献主题分布；模块 2，海关图书馆藏文献出版时间。具体如下[①]：

（1）海关图书馆藏文献类型分布

① 古籍[②]

海关图书馆利用高度集权化的行政体系，购买了诸多传统古籍及稀有珍本，以供内史家进行汉学研究，如曾任海关副税务司的文林士（C.A.S.Williams）在《中国象征主义与艺术动机概述》（*Outlines of Chinese Symbolism and Art Motives*）中概述了中国符号的含义和该书动机，是研究中国和中国文化的标准参考书籍，在该书中作者就明确指出参

① 此处主要依据原国家图书馆古籍保护中心林世田研究员、天津师范大学古籍保护研究院常务副院长姚伯岳等专家鉴定结果。

② 按照《古籍定级标准》（WH/T 20-2006）中对古籍的定义："主要指书写或印刷于 1912 年以前具有中国古典装帧形式的书籍。"本研究主要采用该定义，对海关图书馆藏书按时间分布早于 1912 年的具有中国古典装帧形式为古籍的范畴。

考了诸多中国古籍及海关图书馆藏书[①]。

据整理统计与专家鉴定，目前海关图书馆古籍合计为 15 125 册，其中，与国家珍贵古籍目录相同版本的有：事物纪原集类（二函十卷，明正统十二年阎敬刻本）、锦绣万花谷（五函二十八卷，明嘉靖十四年徽藩崇古书院刻本）、百家类纂（四函十九卷，明隆庆元年含山县儒学刻本）。其具体的划分主要分为明代版本和清代版本。

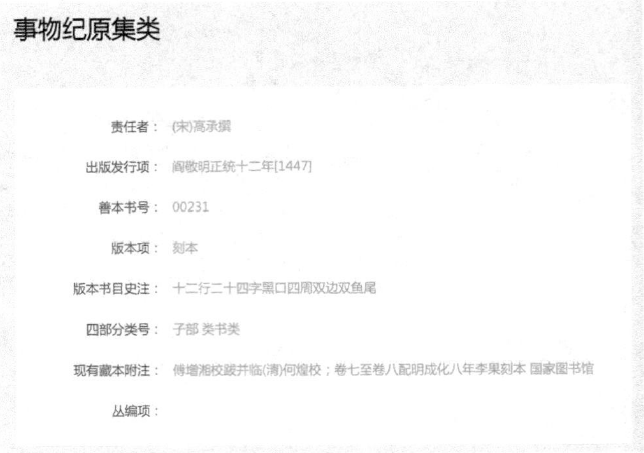
事物纪原集类

责任者：(宋)高承撰
出版发行项：阎敬明正统十二年[1447]
善本书号：00231
版本项：刻本
版本书目史注：十二行二十四字黑口四周双边双鱼尾
四部分类号：子部 类书类
现有藏本附注：傅增湘校跋并临(清)何煌校；卷七至卷八配明成化八年李果刻本 国家图书馆
丛编项：

图 3–5　中华古籍资源库有关《事物纪原集类》的版本信息

文献来源：中华古籍资源库. 资源详情 – 事物纪原集类［EB/OL］.［2024 –06 –21］. http://read.nlc.cn/allSearch/searchDetail?searchType=10024&showType=1&indexName=data_892&fid=411999000247.

一是明代版本。海关图书馆藏书中明确著录为明代版本有 782 册，其中馆藏《事物纪原集类》为藏书中出版时间最早的古籍，为明正统十二年（1447 年）阎敬刻本，目前共藏装订本 10 册。其他明代版本藏书信息如下（如表 3 – 5 所示）：

表 3 – 5　　海关图书馆所藏明代版本藏书概况

序号	题名	编著者	藏书量/册	备注
1	事物纪原集类	（宋）高承撰	10	明正统十二年（1447）阎敬刻本
2	少微通鉴节要	（宋）江贽撰	20	明正德九年（1514）司礼监刻本
3	锦绣万花谷	（宋）不详	40	明嘉靖十四年（1535）徽藩崇古书院刻本
4	百家类纂	（明）沈津辑	40	明隆庆元年（1567）含山县儒学刻本
5	古奏议	（明）黄汝亨辑并评	4	明万历二十九年（1601）刻本
6	经济类编	（明）冯琦纂	100	明万历三十二年（1604）吴光义、冯瑗等刻本
7	路史	（宋）罗泌撰	20	明万历三十九年（1611）乔可传刻本

① 文林士（Charles Alfred Speed Williams，1884—？），1903 年进入中国海关，历任上海、天津等口岸帮办、副总税务司。1931 年任代理税务司，兼税务专门学校副校长和教授。曾为亚洲学会终身会员，并因其在汉学上的突出成就获得 1922 年的法兰西学院儒莲奖。

续表

序号	题名	编著者	藏书量/册	备注
8	武夷志略	（明）徐表然纂	8	明万历四十七年（1619）崇安孙士昌刻本
9	司马温公文集	（宋）司马光撰	24	明万历（1573—1620）吴时亮刻本
10	少室山房笔丛	（明）胡应麟撰	22	明万历（1573—1620）刻本
11	山堂肆考	（明）彭大翼撰	50	明万历年刻本
12	金陵图咏	（明）朱之蕃撰	1	明天启三年（1623）刻本
13	筹海图编	（明）胡宗宪撰	8	明天启四年（1624）胡维极刻本
14	金陵古今图考	（明）陈沂撰	1	明天启四年（1624）刻本
15	历代名臣奏议	（明）黄淮、（明）杨士奇等辑	120	明崇祯八年（1635）刻本
16	太乙统宗宝鉴	（元）晓山老人撰	12	明崇祯十七年（1644）刻本
17	册府元龟	（宋）王钦若等纂	240	明崇祯（1628—1644）五绣堂刻本
18	虫天志	（明）沈弘正撰	4	明崇祯二年刻本
19	禹贡古今合注	（明）夏允彝撰	6	明末（1621—1644）刻本
20	大明一统志	（明）李贤等纂修	40	明（1368—1644）万寿堂刻本
21	格古论要	（明）曹昭撰、（明）胡文焕编	4	明（1368—1644）胡氏文会堂刻本
22	东野志	（明）吕化舜辑	4	明末清初刻本
23	中吴纪闻	（宋）龚明之撰	5	虞山毛晋刻本
24	世说新语	（宋）刘义庆撰	8	凌瀛初刻本
合计：**782** 册				

此外，著录“出版年不详”而实为明代刻本有：《纪录汇编》（明朝沈节甫编纂）残本 11 册，《河防一览》（明朝潘季驯撰）20 册。与上表中明确著录的 782 册合计，共有明代刻本 813 册。

二是清代版本。清代版本图书中有顺治本（1644—1661 年）116 册、康熙本（1662—1722 年）350 册、雍正本（1723—1735 年）217 册、乾隆本（1736—1796 年）505 册、其他善本 152 册，共有 585 种，只标明公元纪年的清代版本有 4 877 条，共 13 448 册（如附录 2 所示）。按照清代乾隆六十年（1795 年）以前版本均为善本的标准，总计善本总数是 2 229 册，刻本 56 种/1 302 册（如表 3－6 所示）[①]。

① 此处为天津师范大学古籍保护研究院姚伯岳院长提供鉴定。

表 3-6 海关图书馆所藏乾隆六十年（1795 年）以前清代刻本概况

序号	题名	编著者	藏书量/册	版本
1	太平三书十二卷	（清）张万选辑	4	清顺治五年（1648）怀古堂张万选刻本
2	汇辑舆图备考全书十八卷	（明）潘光祖辑、（明）李云翔订	15	清顺治七年（1650）刻本
3	管窥辑要八十卷	（清）黄鼎纂	32	清顺治刻本
4	函史上编八十一卷下编二十一卷	（明）邓元锡撰	80	清顺治邓应琚刻本
5	于山奏牍七卷诗词合选一卷	（清）于成龙撰	8	清康熙二十二年（1683）刻本
6	广舆记二十四卷	（明）陆应阳辑、（清）蔡方炳增辑	12	清康熙二十五年（1686）吴郡宝翰楼刻本
7	读礼通考一百二十卷	（清）徐干学撰	30	清康熙三十五年（1696）昆山徐树谷刻本
8	虎丘山志十卷首一卷	（清）顾湄撰	2	清康熙四十一年（1702）吴门怀嵩堂刻雍正重印本
9	说铃前集三十三种后集九种	（清）吴青坛辑	40	清康熙四十四年（1705）刻本
10	渊鉴类函四百五十卷目录四卷	（清）张英、（清）王士禛等纂	140	清康熙四十九年（1710）清吟堂刻本
11	词谱四十卷	（清）王奕清等撰	20	清康熙五十四年（1715）内府刻朱墨套印本
12	罗浮山志会编二十二卷首一卷	（清）宋广业撰	10	清康熙五十五年（1716）刻本
13	李文襄公奏议二卷奏疏十卷首一卷别录六卷	（清）李之芳撰、（清）李钟麟编次	7	清康熙刻本
14	说嵩三十二卷例目一卷	（清）景日昣撰	10	清康熙岳生堂刻本
15	王阳明先生全集十五卷	（明）王守仁撰	9	清康熙刻本
16	西河合集经集四十九种文集三十九种	（清）毛奇龄撰	120	清康熙东书留草堂刻本
17	鼎湖山庆云寺志八卷首一卷	（清）丁易修、（清）释成鹫纂	4	清康熙刻本
18	江苏松江孔宅书院志八卷首一卷末一卷	（清）孙鋐纂修	8	清康熙刻本
19	忠武志八卷	（清）张鹏翮辑、卧龙岗志二卷、（清）罗景辑	8	清康熙冰雪堂刻本
20	行水金鉴一百七十五卷首图一卷	（清）傅泽洪撰	36	清雍正三年（1725）淮扬官署刻本
21	御定骈字类编二百四十卷	（清）圣祖玄烨纂	96	清雍正六年（1728）内府刻本

续表

序号	题名	编著者	藏书量/册	版本
22	西湖志四十八卷	（清）李卫	40	清雍正九年（1731）两浙盐驿道库刻本
23	防河奏议十卷	（清）嵇曾筠撰	4	清雍正十一年（1733）刻本
24	吴江水考五卷	（明）沈？撰	5	清雍正十二年（1734）沈守义刻本
25	本朝政治全书前集十二卷后集六卷	（清）朱植仁辑	24	清雍正刻本
26	河防志十二卷	（清）张鹏翮纂	12	清雍正刻本
27	雍正朱批谕旨三百六十卷	（清）世宗胤禛撰	112	清乾隆三年（1738）内府刻朱墨套印本
28	重修南海普陀山志二十卷首一卷	（清）许琰编	4	清乾隆四年（1739）刻本
29	仪礼注疏十七卷附考证	（汉）郑玄注、（唐）陆德明音义、（唐）贾公彦疏	8	清乾隆四年（1739）武英殿刻十三经注疏本
30	周礼注疏四十二卷考证四十二卷	（汉）郑玄注、（唐）陆德明音义、（唐）贾公彦疏	11	清乾隆四年（1739）武英殿刻本
31	春秋左传注疏六十卷考证六十卷	（晋）杜预注、（唐）陆德明音义、（唐）孔颖达疏	10	清乾隆四年（1739）武英殿刻十三经注疏附考证本
32	史外三十二卷	（清）汪有典撰	6	清乾隆十三年（1748）刻本
33	太湖备考十六卷首一卷	（清）金友理纂	8	清乾隆十五年（1750）刻本
34	通俗编三十八卷	（清）翟灏撰	12	清乾隆十六年（1751）无不宜斋刻本
35	三古图三种	（清）黄晟辑	16	清乾隆十七年（1752）天都黄晟亦政堂刻本
36	南岳志八卷	（清）高自位编、（清）旷敏本纂	6	清乾隆十八年（1753）刻本
37	盘山志十六卷首五卷	（清）汪由敦纂修	10	乾隆二十年（1755）刻本
38	广博物志五十卷	（明）董斯张纂、（明）杨鹤等订	35	清乾隆二十六年（1761）吴兴蒋礼高晖堂刻本
39	西湖志纂十二卷首一卷末一卷	（清）沈德潜、（清）傅王露辑、（清）梁诗正纂	8	清乾隆二十三年（1758）刻本
40	卢忠烈公集三卷	（明）卢象升撰	1	清乾隆二十七年（1762）刻本

续表

序号	题名	编著者	藏书量/册	版本
41	治河方略十卷首一卷	（清）靳辅撰、（清）崔应阶重编	8	清乾隆三十二年（1767）刻本
42	浙江采集遗书总录十一卷	（清）沈初编	10	清乾隆三十九年（1774）刻本
43	水道提纲二十八卷	（清）齐召南编录	8	清乾隆四十一年（1776）刻本
44	徐霞客游记十卷外编一卷	（明）徐弘祖撰	10	清乾隆四十一年（1776）江阴徐镇刻本
45	十六国春秋一百卷	（北魏）崔鸿撰	20	清乾隆四十六年（1781）仁和汪氏刻本
46	河东盐法备览十二卷	（清）蒋兆奎纂	16	清乾隆五十五年（1790）刻本
47	广雁荡山志二十八卷首一卷末一卷	（清）曾唯纂	10	清乾隆五十五年（1790）刻本
48	两汉策要十二卷	（宋）陶叔献撰	6	清乾隆五十六年（1791）吴门穆氏近文斋刻本
49	月日纪古十二卷	（清）萧智汉辑	16	清乾隆五十九年（1794）听涛山房刻本
50	钦定日下旧闻考一百六十卷译语总目一卷	（清）朱彝尊原辑、（清）于敏中修、（清）窦光鼐等纂	24	清乾隆刻本
51	钦定中枢政考十六卷	（清）尹继善等修、（清）观光等纂	10	清乾隆武英殿刻本
52	九卿议定物料价值八卷	（清）迈柱等撰	4	清乾隆刻本
53	五礼通考二百六十二卷总目二卷首四卷	（清）秦蕙田撰	89	清乾隆刻本
54	陶说八卷	（清）朱琰撰	8	清乾隆刻本
55	古愚老人消夏录十七种	（清）汪汲撰	12	清乾隆至嘉庆清河汪汲古愚山房刻本
56	洪北江全集	（清）洪亮吉撰	28	清乾隆至嘉庆刻本
总计：1 302 册				

② 方志类文献

方志是记载地方情况的史志，又称“地方志”，其内容包括一地的天文、地理、政治、经济、文化、教育、天赋、物产、人物、风俗、灾异等，是深入了解各地历史的重要参考资料。我国的方志源远流长，汉代以后，各种方志层出不穷，有官修的，也有私撰的，方志的体例也日臻完善[①]。许多图书馆非常重视方志类文献收藏，1932 年，东方图书馆就已收藏了 22 省的方志 2 641 种，共计 25 682 册。除了各省志都收藏齐全，全国府厅州县志 2 081 种，东方图书馆就已经收藏 1 753 种，占了 80%以上[②]。

由于海关业务工作需要，海关图书馆注重收藏记载中国自然、政治、经济、文化、社会等方面情况的资料性文献，如地方志[③]。结合 2006 年国务院令公布《地方志工作条例》对方志的分类[④]，海关图书馆大量、系统、完整收藏了各类型区域志 14 685 册/1 195 种。与同一时期的其他图书馆相比，海关图书馆虽然刚成立不久，但在方志收录数量上也较为可观[⑤]（如表 3－7 所示）。

表 3－7　同一时期各类型图书馆方志类藏书概况

序号	图书馆名称	方志数量/种
1	国立北平图书馆	3 844
2	故宫博物院图书馆	2 814
3	东方图书馆	2 641
4	金陵大学图书馆	2 104
5	徐家汇天主教藏书楼	1 778
6	美国国会图书馆	1 600
7	南京国学图书馆	1 561
8	北平燕京大学图书馆	1 500
9	上海南洋中学图书馆	1 388
10	中央研究院历史语言研究所	1 200
11	海关图书馆	1 195
12	内政部	1 000

目前，对外经济贸易大学海关文献中心仅藏少量地方志中的总志和山湖江河海洋志书等（如表 3－8 所示），总计约 693 册/60 种。主要有记录全国各地的总志：《大明一统志》(86 册)、《大清一统志》(424 册)、《续纂淮关统志》(6 册)、《嘉庆重修一统志》(210 册）等；记录一省范围的通志，如《锦州府志》(2 册)；记录一州范围的州志，如《宁远州志》(1 册)、《辽阳州志》(1 册）等；记录著名的寺观、山川、江湖、名胜等的山湖江河海洋志，如《盘山志》(14 册)、《广雁荡山志》(26 册）等。

① 谢谦. 国学词典［M］. 成都：四川辞书出版社，2018：513.

② 胡道静. 上海历史研究［M］. 上海：上海人民出版社，2011：23.

③ 《中国海关通志》编委会. 中国海关通志：第一分册：近代卷［M］. 北京：方志出版社，2012：323.

④ 上海通. 方志概要［EB/OL］.［2023－01－20］. https://www.shtong.gov.cn/n196119/20210701/297043.html.

⑤ 谢谦. 国学词典［M］. 成都：四川辞书出版社，2018：513.

表 3－8　　对外经济贸易大学留存海关图书馆方志类藏书概况

序号	题名	编著者	出版年	藏书量/册	序号	题名	编著者	出版年	藏书量/册
1	白鹭洲书院志	（清）刘绎辑	1871	4	17	杭州上天竺讲寺志	（明）释广播宾辑	1897	4
2	渤海国志长编	金毓黻编著	1934	11	18	华岳志	（清）李榕辑	1831	4
3	敕建净慈寺志	（清）释际祥纂集	1805	12	19	黄山志定本	（清）闵麟嗣撰	1935	14
4	大别山志	（清）胡凤丹纂	1874	4	20	黄河志	侯德封编、黄河志编纂会编辑	1936	3
5	大明一统志	（明）李贤等编著	1368—1644	40	21	嘉庆重修一统志	（清）嘉庆敕撰	1933	210
6	大清一统志	（清）和珅等纂修	1901	60	22	焦山续志	（清）陈任暘辑	1905	2
7	鼎湖山庆云寺志	（清）丁易撰、（清）释成鹫撰	1662—1722	4	23	焦山志	（清）释觉诠辑	1839	6
8	东林山志	（清）吴玉树辑、（清）谢维喈重修	1922	4	24	金盖山志	（清）李宗莲编	1896	2
9	峨眉山志	（清）胡宗阅撰	1875—1908	6	25	金陵梵刹志	（明）葛寅亮撰	1936	6
10	峨眉山志	（清）蒋超原纂、释印光增订	1934	3	26	京口山水志	（清）杨棨撰	1847	4
11	光孝寺志	（清）何淙纂辑	1935	4	27	九华山志	（清）周贇纂修、（清）谢维喈重修	1900	8
12	浮山志	（明）吴道新纂辑、（清）陈焯修订	1831	11	28	烂柯山志	（清）郑永禧辑	1906	4
13	石钟山志	（清）李成谋、（清）丁义方辑、（清）方宗诚、（清）胡传钊订	1883	8	29	重刻高山志	（明）顾世登、（明）顾伯平合辑、（明）恽应翼续辑	1937	4
14	清凉山志	释镇澄（明）修、释阿王老藏（清）重修	1933	2	30	续纂淮关统志	（清）元成撰	1906	6
15	汉口紫阳书院志略	（清）董桂敷辑	1806	6	31	琉球国志略	（清）周煌编	1895	6
16	杭州八旗驻防营志略	（清）张大昌编	1875—1908	6	32	庐山志	吴宗慈主编	1933	14

续表

序号	题名	编著者	出版年	藏书量/册	序号	题名	编著者	出版年	藏书量/册
33	罗浮山志会编	（清）宋广业纂辑	1716	10	47	武林灵隐寺志	（清）孙治初辑、（清）徐增重修	1911	8
34	茅山志	（清）笪蟾光审编	［不详］	6	48	武夷志略	（明）徐表然纂辑	1619	8
35	明州阿育王山志	（明）郭子章撰	清乾隆年间	6	49	西湖志	（清）李卫修	1731	40
36	南雁荡山志	周喟撰	1918	8	50	西湖志纂	（清）沈德潜、（清）傅王露辑、（清）梁诗正纂	1758	8
37	南岳志	（清）高自位编、（清）旷敏本纂	1753	6	51	仙严山志	张扬纂	1933	4
38	盘山志	（清）释智朴纂	1872	4	52	续金山志	（清）卢见曾撰、（清）释秋崖续纂	1901	2
39	盘山志	（清）蒋溥等纂修	1755	10	53	续修大岳太和山志	赵夔等纂、熊宾等修	1922	8
40	普陀山志	（清）许琰编辑	1739	4	54	灵峰志	周庆云辑	1912	2
41	齐山岩洞志	（清）陈蔚纂辑	1901	8	55	豫河三志	陈汝珍编	1932	6
42	齐云山志	（明）鲁点辑	1811	5	56	豫河续志	陈善同编	1926	13
43	寒山寺志	（清）叶昌炽纂	1922	4	57	豫河志	陈善同编	1923	8
44	广雁荡山志	（清）曾唯纂	1790	10	58	招隐山志	缪潜辑	1925	4
45	天童寺志	（清）释德介纂	1644—1911	4	59	理安寺志	（清）释实月撰	1878	4
46	乌石山志	（清）郭柏苍纂、（清）刘永松纂	1842	7	60	重修昭觉寺志	（清）释中恂修	1896	4

③ 报纸、期刊类文献

戈公振在《中国报学史》的自序中曾言："欧美人有不读书者，无不读报者。盖报纸者，人类思想交通之媒介也。夫社会为有机体之组织，报纸之于社会，犹人类维持生命之血，血行停滞，则立陷于死状；思想不交通，则公共意识无由见，而社会不能存在。"[①]据海关统计，1912 年至 1924 年期间，上海输入洋纸不断增加，1924 年洋纸重量 49 431 477 磅，价值 20 108 678（海关）两[②]（如表 3－9 所示）。

表 3－9　　1912—1924 年上海进口洋纸情况

序号	年份	价值/海关两
1	1912	4 323 712
2	1913	7 169 195
3	1914	6 670 261
4	1915	6 335 045
5	1916	9 528 637
6	1917	6 294 293
7	1918	7 243 564
8	1919	10 212 652
9	1920	14 159 186
10	1921	15 311 873
11	1922	13 687 258
12	1923	16 626 519
13	1924	20 108 678

社会发展的需求及进口纸张的增加，促进了当时社会文化的繁荣，大量的期刊报纸孕育而生。据统计，1915 年到 1918 年创刊的期刊共计 303 种，年均新出期刊 75.75 种。1919—1923 年新出期刊 863 种，年均 172.6 种；1924 年至 1927 年共计 1 219 种，年均 304.75 种[③]。这为当时刚成立的海关图书馆报纸、期刊的收藏提供了大量的馆藏来源。

海关图书馆在 1931 年《中华民国海关图书馆章程》中就把本国商业、财政、经济及农工业各种中外杂志、报章收藏作为主要的目标之一[④]。在近 20 年的发展过程中，海关图书馆形成了较为完整和系统的文献收藏体系。其中，不同时期、不同种类的中文报刊共收藏了 160 余种，外文报刊约 150 种，都完整有序装订成册且装置函套中，函套做工结实，详细著录了题目、年代、卷次等基础信息（如图 3－6 所示）。

① 戈公振. 中国报学史［M］. 北京：生活 读书 新知三联书店，2011：自序.

② 戈公振. 中国报学史［M］. 北京：生活 读书 新知三联书店，2011：222－223.

③ 叶再生. 中国近代现代出版通史：第二卷［M］. 北京：华文出版社，2002：6.

④ 《中国海关通志》编委会. 中国海关通志：第一分册：近代卷［M］. 北京：方志出版社，2012：323.

图 3-6　海关图书馆期刊报刊类藏书装订成册

中文报刊中记述国内外大事、介绍新学术与新知识的时政新闻，主要有《东方杂志》，从 1904 年到 1937 年各时期的合订本共计 135 册；梁启超主编的《时务报》，从 1896 年至 1898 年合订本共计 67 册；反映中国近现代发展的财政、税收、商业贸易，主要有《中央银行月报》1932 年至 1946 年合订本 21 册；《中行月刊》1930 年至 1938 年合订本 12 册；反映现代学术意义上的中国历史地理学科建立的《禹贡半月刊》合订本 6 册；中国近代史上第一份科普期刊《格致汇编》等，具体如表 3-10 所示。

表 3-10　海关图书馆所藏中文报刊内容分类

序号	分类	题名	收藏年份	序号	分类	题名	收藏年份
1	时政新闻类	庸言报	1913	12	时政新闻类	观察	1946
2		昌言报	1898	13		审计院公报	1928—1930
3		新生命	1928—1930	14		译林	1901
4		新青年	1915—1921	15		翻译新闻纸	1890—1896
5		新中华	1933—1948	16		现代评论	1925—1928
6		新民丛报	1902—1905	17		汇报	1898—1910
7		新月月刊	1928—1932	18		学衡	1922—1933
8		行政院公报	1928—1945	19		民权素	1914—1916
9		湘学报	1898	20		益智新录	1876—1877
10		不忍杂志	1886—1887	21		国闻周报	1931—1936
11		国民政府公报	1927—1945	22		大中华杂志	1915—1916

续表

序号	分类	题名	收藏年份	序号	分类	题名	收藏年份
23	时政新闻类	东方杂志	1904—1937	54	工业民生类	矿业联合会季刊	1923—1926
24		独立评论	1932—1937	55		江苏实业月志	1920—1924
25		独立周报	1912—1913	56		国际劳工消息	1931—1933
26		经世报	1897	57		工业安全	1933—1936
27		改造	1921—1922	58		国际劳工通讯	1936—1940
28		新华日报	1945—1946	59		国际劳工	1934
29		解放与改造	1919—1920	60		中华国有铁路统计月刊	1933—1936
30		国风报	1910—1911	61		铁路月刊津浦线	1933
31		时务报	1896—1898	62		浙江建设月刊	1927—1928
32		外交部公报	1928—1937	63		中华实业界	1914—1916
33		外交月报	1932—1934	64		铁路月刊南浔线	1931
34		甲寅杂志	1914	65		铁路月刊湘鄂线	1930—1931
35		建设	1919—1935	66		铁路月刊粤汉南段（附广三线）	1933
36	财政税务类	财政公报	1927—1936	67		航业月刊	1935—1936
37		京师税务月刊	1923—1927	68		太湖流域水利季刊	1927—1942
38		湖南财政汇刊	1920—1921	69		上海市水产经济月刊	1932—1937
39		财政评论	1943—1948	70		观海事分类编月刊	1931
40		财政学报	1942—1943	71		华北水利月刊	1932—1936
41		财政月刊	1917—1927	72		中国建设	1930—1937
42		会计杂志	1933—1936	73		交通杂志	1932—1937
43		财政经济汇刊	1931—1932	74		浙江建设厅月刊	1927—1934
44		税务月刊	1914—1916	75		交通公报	1930—1933
45		北平税务监督公署月刊	1928	76		江苏实业月志	1919—1927
46		江苏财政汇报	1927	77		实业公报	1931—1936
47		江苏省财政公报	1927—1929	78		实业部月刊	1936—1937
48		税务学校季报	1919—1925	79		铁道公报	1928—1933
49	工业民生类	实业统计	1933—1935	80	商业贸易类	经济汇报	1942—1945
50		工业标准与度衡量	1934—1937	81		会计杂志	1933—1936
51		水利	1931—1937	82		经济周报	1946—1948
52		公路	1935—1936	83		中农月刊	1943—1947
53		矿业周报	1930—1937	84		国际贸易导报	1930—1937

续表

序号	分类	题名	收藏年份	序号	分类	题名	收藏年份
85	商业贸易类	钱业月报	1921—1937	113	商业贸易类	统计月报	1932—1934
86		实业部月刊	1936—1937	114		湖北商务报	1899—1900
87		国民经济	1937	115		商务官报	1906—1909
88		银行周报	1917—1946	116		工商公报	1930
89		银行月刊	1921—1928	117		商标公报	1928—1937
90		金融周报	1936—1949	118		商业月报	1928—1941
91		经济半月刊	1927—1928	119		工商半月刊	1929—1935
92		中央经济月刊	1941—1945	120		工商通讯	1936—1937
93		金融物价月报	1936	121		中行月刊	1930—1938
94		统计学报	1932—1934	122		中外经济统计汇报	1940—1943
95		经济学季刊	1930—1936	123		经济半月刊	1927—1928
96		工商管理月刊	1934—1936	124		中农经济统计	1941—1945
97		工商半月刊	1929—1936	125		中联银行月刊	1941—1943
98		统计季报	1935—1936	126		证券市场	1946—1947
99		上海总商会月报	1921—1927	127		社会经济月报	1934—1937
100		中外商业金融汇报	1934—1938	128		中央经济月刊	1945
101		中央银行月刊	1932—1941	129	其他综合类	冀察调查统计丛刊	1934—1935
102		上海物价月报	1933—1934	130		安徽教育行政周刊	1930
103		统计月刊	1934—1936	131		河南教育	1937
104		申时经济情报	1934—1937	132		人文月刊	1930—1937
105		国际贸易情报	1936—1937	133		立法专刊	1928—1935
106		申报月刊	1932—1934	134		行政效率	1934—1935
107		东洋贸易研究	1937—1940	135		安徽教育	1929—1931
108		钱业月报	1921—1937	136		图书季刊	1935—1947
109		中央银行月报	1932—1946	137		图书评论	1932—1934
110		经济旬刊	1933—1937	138		社会科学季刊	1942
111		银行通讯	1946—1947	139		日语指南	1941—1942
112		政治经济学报	1934—1937	140		立法专刊	1928—1935

续表

序号	分类	题名	收藏年份	序号	分类	题名	收藏年份
141	其他综合类	农村复兴委员会汇报	1933—1935	154	其他综合类	中德学志	1940—1943
142		中和月刊	1940—1943	155		复兴月刊	1932—1933
143		国外情报选编	1936—1937	156		人物杂志	1936
144		史地论丛	1939	157		教育杂志	1909—1937
145		学林杂志	1925—1926	158		国学丛刊	1941—1942
146		国立华北编译馆馆刊	1942—1943	159		禹贡半月刊	1934—1937
147		社会月刊	1929—1930	160		法政杂志	1914—1915
148		格致汇编	1891—1892	161		农学杂志	1928
149		社会科学杂志	1929—1937	162		法令周刊	1930—1946
150		社会科学季刊	1942	163		上海市通志馆期刊	1933—1934
151		大上海教育	1933—1935	164		禁烟半月刊	1936
152		行政研究	1936	165		清华学报	1924—1935
153		法学杂志	1932—1939				

中文报刊中比较知名的有：

①《京师税务月刊》于 1923 年 7 月创刊于北京，属于地方行政刊物，出版周期为月刊，由京师税务公署编辑并发行，所刊内容充实丰富，既有历史图像，又有文字记录。该刊详细记录了京师税务公署及其下属机构的政策实施、税务计划等相关内容，不仅涉及税务公署自身，还有当时北京城内大小行业企业的税收情况和征税办法，是研究民国时期北平的税务系统和社会经济情况的重要资料[①]。据统计，海关图书馆收藏了 10 册合订本（如图 3－7 所示）。

②《国际贸易导报》于 1930 年 4 月在上海创刊，停刊于 1937 年 7 月第 9 卷第 7 期。工商部上海商品检验局编辑并发行，工商部上海商品检验局出版。该刊为月刊，是民国不可多得的贸易商业刊物。主要撰稿人有何炳贤、蔡无忌、李安、刘仲温、姚方仁、孙梓敬、陈庚孙、张剑萍等。设有图画、选述、调查、统计、工商消息、特载、局务纪要等主要栏目。办刊目的为发展对外贸易，提高国际信用；指导国产商品改良，促进对外贸易发展。刊载关于国际贸易方面的有价值的论文，调查国产商品及生产，全国工商问题等内容[②]。据统计，海关图书馆收藏了 18 册合订本（如图 3－8 所示）。

① 全国报刊索引．京师税务月刊［EB/OL］.［2023－03－05］. https://www.cnbksy.com/literature/literature/8adf022e69565e8e041a7765d632f564.

② 全国报刊索引．国际贸易导报［EB/OL］.［2023－03－05］. https://www.cnbksy.com/literature/literature/7ca2614631c19fb7713e2443956dc6bf

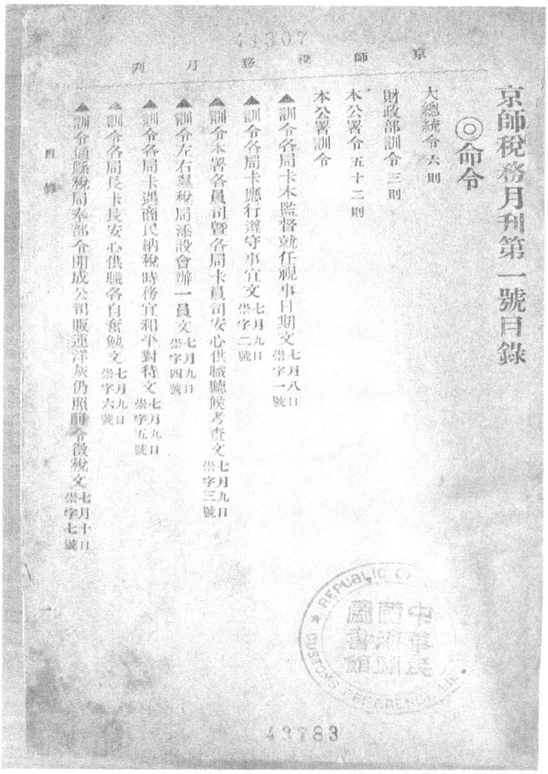

43307

京師稅務月刊

京師稅務月刊第一號目錄

◎命令

大總統令六則

財政部訓令三則

本公署令五十二則

本公署訓令

▲訓令各局卡本監督就任視事日期文 七月八日 祟字一號

▲訓令各局卡應行遵守事宜文 七月九日 祟字二號

▲訓令本署各員司暨各局卡員司安心供職聽候考查文 七月九日 祟字三號

▲訓令左右翼稅局添設會辦一員文 七月九日 祟字四號

▲訓令各局卡遇商民納稅時務宜和平對待文 七月九日 祟字五號

▲訓令各局長卡長安心供職各自奮勉文 七月九日 祟字六號

▲訓令通縣稅局奉部令朋成公司販運洋灰仍照前令徵稅文 七月十日 祟字七號

目錄

图 3－7　海关图书馆所藏《京师税务月刊》（部分）

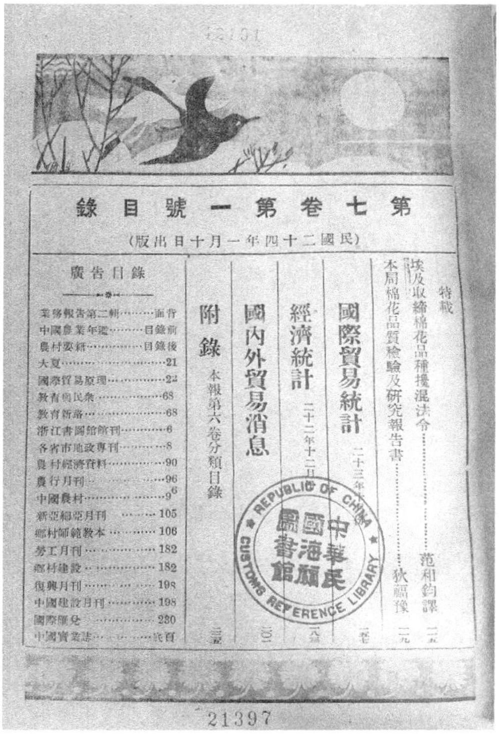

第七卷第一號目錄

（民國二十四年一月十日出版）

特載

埃及取締棉花品種攙混法令……范和鈞譯

本局棉花品質檢驗及研究報告書……狄福豫

國際貿易統計 二十三年

經濟統計 二十二年十二月

國內外貿易消息

附錄 本報第六卷分類目錄

廣告目錄

業務報告第二輯……面背

中國農業年鑑……目錄前

農村要籍……目錄後

大夏……21

國際貿易原理……22

教育與民衆……68

教育新路……68

浙江書圖館館刊……6

各省市地政專刊……8

農村經濟資料……90

農行月刊……96

中國農村……96

新亞細亞月刊……105

鄉村師範教本……106

勞工月刊……182

鄉村建設……182

復興月刊……198

中國建設月刊……198

國際匯兌……230

中國實業誌……底頁

图 3－8　海关图书馆所藏期刊《国际贸易导报》（部分）

③《外交月报》（*The Foreign Affairs*）于 1932 年 7 月创刊于北平，月刊，由外交月报社编辑并发行，馆址位于北平府右街运料门里中海宝光门。馆藏 1932 年 7 月至 1937 年 7 月发行的 60 余期。该刊属外交刊物，以记载国际情报、阐明国际法理、研究国际条约、讨论外交政策、考证外交史实、便利外交研究为主旨。内容略分论说、批评、译丛、记事、资料、公文、杂纂、通信各栏。该刊对 1932 年至 1937 年间的外交大事均有涉及，丰富了我国在外交研究上的资料数据，提供了大量的第一手文件，是研究近代外交史和近代外交理论发展的珍贵资料（如图 3－9 所示）[①]。

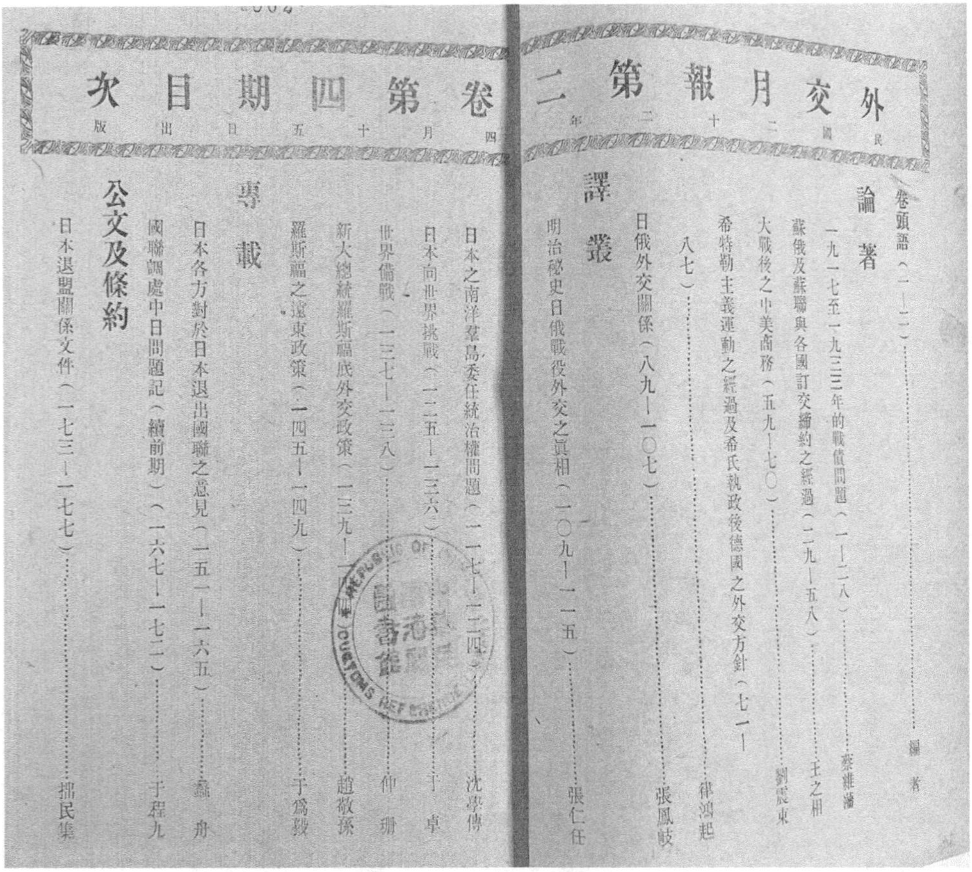
外交月報第二卷第四期目次
民國二十二年四月十五日出版

卷頭語（一—二）……編者

論著

一九一七至一九三三年的戰債問題（一一—二八）……蔡維藩

蘇俄及蘇聯與各國訂交締約之經過（二九—五八）……王之相

大戰後之中美商務（五九—七〇）……劉震東

希特勒主義運動之經過及希氏執政後德國之外交方針（七一—八七）……律鴻起

譯叢

日俄外交關係（八九—一〇七）……張鳳岐

明治秘史日俄戰役外交之眞相（一〇九—一一五）……張仁任

專載

日本之南洋羣島委任統治權問題（一一七—一二四）……沈學傳

日本向世界挑戰（一二五—一三六）……于卓

世界備戰（一三七—一三八）……仲珊

新大總統羅斯福底外交政策（一三九—[illegible]）……趙敬孫

羅斯福之遠東政策（一四五—一四九）……于爲毅

日本各方對於日本退出國聯之意見（一五一—一六五）……蠡舟

國聯調處中日問題記（續前期）（一六七—一七二）……于程九

公文及條約

日本退盟關係文件（一七三—一七七）……搢民集

图 3－9　海关图书馆所藏期刊《外交月报》（部分）

④《国风报》于 1910 年 1 月 11 日创刊于上海，旬刊，时事政治类刊物，由何国桢编辑、国风报馆发行，地址在上海福州路。该刊的发行人为何国桢，创办人为梁启超，主要撰稿人有春冰、沧江、尧生等。最终停刊于 1911 年 6 月。该刊是立宪派的重要刊物，它积极鼓吹君主立宪，阐述君主立宪理论，筹划立宪方案；同时抨击君主专制统治和民主共和，希望清政府实行自上而下的改革，要求速开国会、建立责任政府，反对暴力革

① 全国报刊索引. 外交月报［EB/OL］.［2023－03－05］. https://www.cnbksy.com/literature/literature/b330431ad559e0a0d7b15f02dfd87989.

命。该刊涉及范围广，包括政治、经济、军事、社会等各个方面，为研究中国近代社会提供了丰富的资料。而且，该刊是当时的时代背景下立宪派最主要的舆论阵地，一方面，它积极鼓吹君主立宪，促进了当时的立宪运动，另一方面，它抨击民主共和，对革命运动的发展起到了一定的阻碍作用（如图 3－10 所示）①。

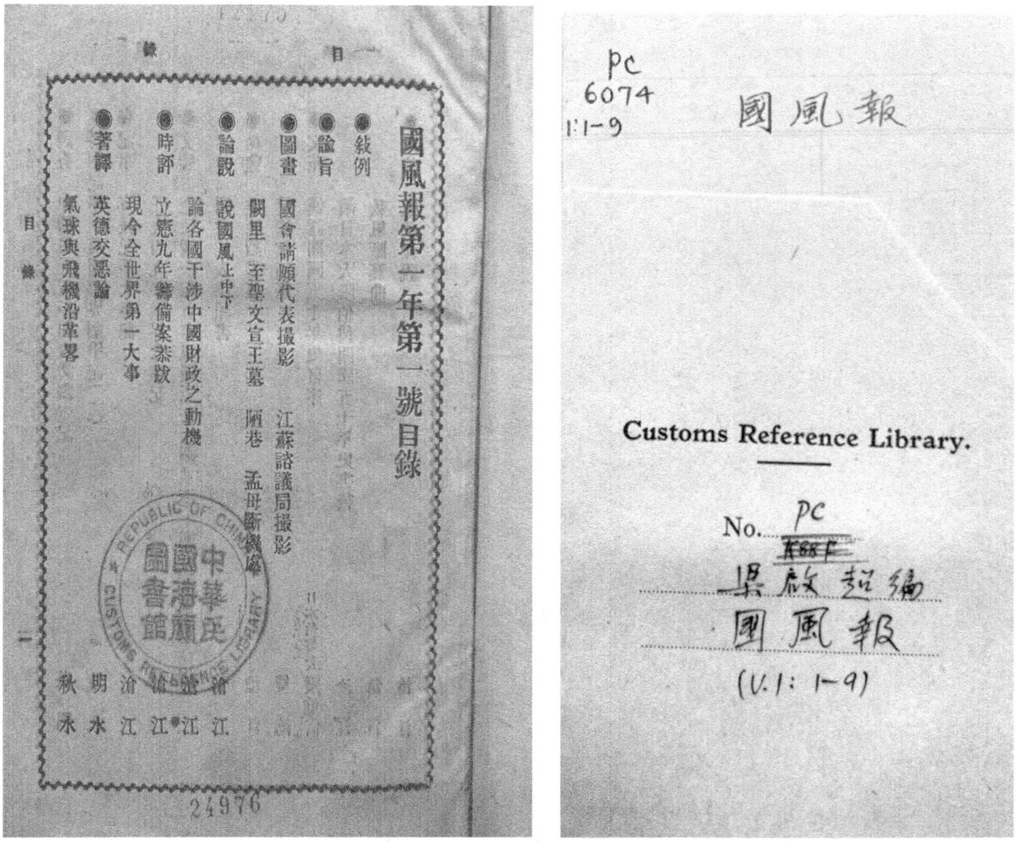

图 3－10　海关图书馆所藏期刊《国风报》（部分）

外文报刊中比较知名的有：

①《教务杂志》（*The Chinese Recorder and Missionary Journal*，简称 *CR*）。19 世纪，来华的传教士认为西方的知识和技术能和福音一起传播，于 1867 年创办了《传教士记录》（*The Missionary Recorder*），这份仅维持一年的刊物便是《教务杂志》的前身。1868 年《教务杂志》创刊，虽然中间曾于 1873 年停刊一年，最后因为第二次世界大战而停刊，该刊在动荡中国出版的英文刊物中持续时间最长。此刊物创办之初乃为提供来华传（宣）教士一个交换信息的平台，以协助彼此对中国文化的了解与工作推行；然因其记录翔实，辅以许多手绘图片与照片、精密统计数字，不但是超过半世纪西方管窥、了解中国的重要窗口，更因记载内容旁及亚非美欧洲，不仅为研究 19 世纪到 20 世纪的重要

① 全国报刊索引. 国风报［EB/OL］.［2023－03－05］. https://www.cnbksy.com/literature/literature/b2eba3ce94ae32eacffc1c901b4b78e9.

文本，更是研究中国近代史不可或缺的重要史料①。据统计，海关图书馆收录了《教务杂志》75 册合订本（如图 3－11 所示）。

图 3－11　海关图书馆所藏《教务杂志》（部分）

②《中国丛报》（*The Chinese Repository*）被称为中国的第一份英文刊物，由美部会的传教士裨治文（Elijah Coleman Bridgman）创办于 1832 年 5 月，主要发行地点是广州。裨治文在该报的创刊词中，阐述了其办刊的目的是关注外国出版书籍对中国的评论，不仅要关注中国的气候、温差、风向变化、雨量、土壤的健康程度、矿物等自然环境资讯，而且还要对商业、社会关系等任何感兴趣的话题发起调查②。这些内容与海关也息息相关。《中国丛报》在鸦片战争期间一度搬到澳门及香港，1845 年再移回广州。除了创办者裨治文之外，1833 年美部会另一位传教士卫三畏（Samuel W.Williams）开始在广州负责处理《中国丛报》的刊行事项。1847 年之后，该刊的编撰即由卫三畏代裨治文负责，1851 年 12 月停刊③。据统计，海关图书馆收藏了《中国丛报》59 册合计本（如图 3－12 所示）。

① 台湾大学出版中心推出影印版《教务杂志》（*The Chinese Recorder*）[EB/OL].[2023－02－22]. https://blog.sina.com.cn/s/blog_606528bf0100yd50.html.

② 吴青，林江峰. 晚清粤海关医员与博济医院的交流互动——以《海关医报》为中心［J］. 文化杂志，2023（117）：124－136.

③ 百度百科. 中国丛报［EB/OL］.［2023－02－22］. https://baike.baidu.com/item/%E4%B8%AD%E5%9B%BD%E4%B8%9B%E6%8A%A5/7161590？fr=aladdin#reference－［2］－1127606－wrap.

图 3-12 海关图书馆所藏《中国丛报》(部分)

③《密勒氏评论报》(*Millard's Review&Weekly Review of the Far East*)由美国人密勒于 1917 年 6 月在上海创办。1941 年 12 月太平洋战争爆发后，遭日军查封停刊。1945 年 10 月在上海复刊，1953 年 6 月停刊。《密勒氏评论报》在中国出版时间前后长达 36 年，是新中国成立后唯一一份仍在大陆出版的美商报刊。该刊从多个层面反映了 20 世纪上半叶中国社会的发展情况，是研究中国近现代史和远东国际关系史的珍贵资料[①]。据统计，海关图书馆收藏了《密勒氏评论报》158 册合订本（如图 3-13 所示）。

④《北华捷报 最高法庭与领事公报》(*North-China Herald and Supreme Court & Consular Gazette*)由英国商人亨利·奚安门（Henry Shearman）于 1850 年 8 月 3 日在上海英租界创办周刊《北华捷报》(*North-China Herald*)；1856 年后，随着商业广告增多，《北华捷报》开始增出英文广告日刊《每日航运新闻》(*Daily Shipping News*)。1862 年后更名为《每日航运与商业新闻》(*Daily Shipping News and Commercial News*，又译为《航务商业日报》)。自 1859 年起，《北华捷报》被英国驻沪领事馆指定为公署文告发布机关，得到上海工部局的资助和优先刊载工部局文告和付费广告的特权，因而一定程度上也反映英国政府的观点，被视为“英国官报”(*Official British Organ*)。

① 豆瓣读书.《密勒氏评论报》总目与研究［EB/OL].［2023-03-05]. https://book.douban.com/subject/26443444/.

1864 年 7 月 1 日，《北华捷报》将《每日航运与商业新闻》改为综合性日报独立出版。这时，该报馆改组为字林洋行，因而当时的中国人将这份“*North China Daily News*”英文日报译作《字林西报》。《字林西报》创刊后，《北华捷报》成为《字林西报》的星期附刊继续出版，其地位与影响力日益下降，1867 年 4 月 8 日后增加商情并易名为《北华捷报与市场报道》（*North China Herald and Market Report*）继续出版。1870 年 1 月 4 日，《北华捷报与市场报道》增出期刊《最高法庭与领事公报》（*The Supreme Court and Consular*），不久后两报合并，更名为《北华捷报　最高法庭与领事馆杂志》（*North China Herald and Supreme Court and Consular Gazette*）继续出版，并一直出版到 1941 年 12 月。据统计，海关图书馆收录了《北华捷报 最高法庭与领事公报》168 册合订本（如图 3－14 所示）。

MILLARD'S
REVIEW
報論評氏勒密

中華郵政特准掛號認爲新聞紙類　　大正六年六月九日第三種郵便物認可

VOLUME I　　SHANGHAI, CHINA, SATURDAY, JUNE 9, 1917　　NUMBER 1.

Contents

CHINA is again in the throes of one of the recurring political crises which periodically threaten to disrupt the nation, and which are so discouraging to her foreign friends. The issue is, as usual, somewhat indistinct, both as to principle and expediency; but the chief elements can be discovered. At bottom, it is a struggle for control of the Government between Chinese political parties — or factions is a better term, for a real Chinese political party, as these are understood in western countries, has not yet come into existence. Roughly, these factions are described as the Military Party, and the so-called Liberal Party — the latter being named the Kuomingtang. The Military Party is chiefly composed of the Tuchuns, or military commanders of the various provinces and districts. Nearly all the troops now under arms in China are controlled by the Tuchuns, and this gives them such political power as they possess. The Liberal Party has a majority in the Parliament, a Parliament which was elected, or selected by factional caucuses, prior to the last rebellion, and which was dissolved by Yuan Shih K'ai. The Military Party has, since the death of Yuan Shih K'ai, and the assumption of the Presidency by Li

under General Tuan Chi Jui, recently Premier. General Tuan took office when the State seemed to be crumbling, after the sudden death of Yuan, and managed to organize a Government, such as it was. Parliament, when it reassembled, became the center of opposition to the Premier's Government, as it had been in Yuan Shih K'ai's administration. There is little in this contest between Parliament and the Executive branches of Government to distinguish it, in principle, from similar contests in other countries since the struggle for democratic government began. There are the usual disputes over rights, precedence, power and privileges, as between the two branches of Government. A difficulty is that, in China, there is no recognized Constitution; a temporary instrument exists, but its legality and application are matters of dispute.

HERE are all the elements for political friction, and of course the friction developed. This was not unexpected; it even was not altogether undesirable in a republic, academically, provided it was restrained within proper bounds. But, when Parliament and the Premier disagreed—and they usually did disagree—there was a deadlock which frequently blocked the wheels of administration. An old story. The Premier tried to have his way, and Parliament, while obstructing him, sought opportunities to put the Premier in a hole. Between the factions, President Li Yuan Hung has tried to be neutral, and to shape his course by the provisional constitution, and the advice of foreign constitutional lawyers. His course has always been moderate, and conciliatory, and he has continually striven to preserve peace, and to work out a solution on republican lines. As the schism widened, the Premier drew to him the Tuchuns, and they formed a partial solidarity as opposed to the majority in Parliament. The quarrel developed into a complete breach, and the Premier induced the President to summon the

图 3－13　海关图书馆所藏《密勒氏评论报》（部分）

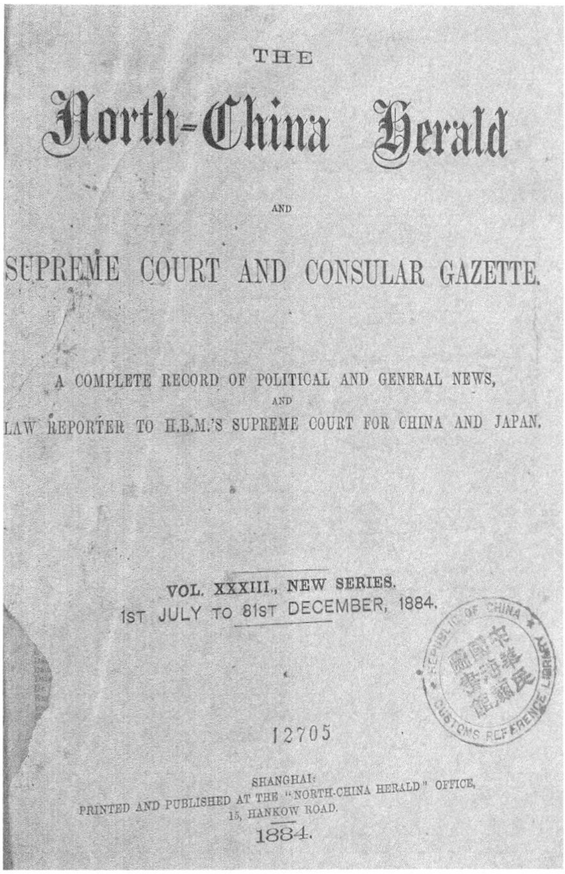
THE

North-China Herald

AND

SUPREME COURT AND CONSULAR GAZETTE.

A COMPLETE RECORD OF POLITICAL AND GENERAL NEWS,
AND
LAW REPORTER TO H.B.M.'S SUPREME COURT FOR CHINA AND JAPAN.

VOL. XXXIII., NEW SERIES.
1ST JULY TO 81ST DECEMBER, 1884.

12705

SHANGHAI:
PRINTED AND PUBLISHED AT THE "NORTH-CHINA HERALD" OFFICE,
15, HANKOW ROAD.
1884.

图 3-14　海关图书馆所藏《北华捷报 最高法庭与领事公报》(部分)

其他所藏外文报刊如表 3-11 所示。

表 3-11　　海关图书馆所藏外文报刊(部分)

序号	报刊名称	收藏量/册	序号	报刊名称	收藏量/册
1	*The China Reconstruction & Engineering Review* (新中国建设月报)	3	6	*The Asiatic Review* (亚洲评论)	10
2	*Publications of the American Economic Association Quarterly* (美国经济协会季刊出版物)	11	7	*Transactions of the Asiatic Society of Japan* (日本亚洲协会会刊)	10
3	*The American Economic Review* (美国经济评论)	5	8	*Bankers' Magazine* (银行家杂志)	8
4	*The American Journal of International Law* (国际法律美国期刊)	18	9	*The Commercial and Financial Chronicle* (商业与金融编年)	47
5	*The American Statistical Association* (美国统计协会)	4	10	*Eastern Engineering* (东方建设)	1

续表

序号	报刊名称	收藏量/册	序号	报刊名称	收藏量/册
11	*Eastern Engineering and Commerce*（东方建设与商业）	3	22	*Statistical Summary*（统计摘要）	2
12	*Bulletin de L'Ecole Francaise D'Extreme-Orient*（法国远东学院学刊）	42	23	*Board of Trade Journal*（贸易部杂志）	35
13	*Library Journal*（图书馆杂志）	69	24	*British Chamber of Commerce Journal*（上海英商会报）	22
14	*The Far Eastern Review*（远东时报）	32	25	*Journal of the North-China Branch of the Royal Asiatic Society*（皇家亚细亚文会北中国分会报）	38
15	*The China Medical Journal*（中国医学杂志）	51	26	*The New China Review*（新中国评论）	16
16	*The Chinese Economic& Statistical Review*（经济统计月志）	7	27	*The China Journal of Science and Arts*（中国科学美术杂志）	44
17	*Bulletin of International News*（国际法律通讯）	9	28	*Notes and Queries on the Far East*（远东释疑）	24
18	*Burma Trade Journal*（缅甸贸易杂志）	2	29	*Mesny's Chinese Miscellany*（华英会通）	7
19	*The Chamber of Commerce Journal*（商会杂志）	9	30	*The East of Asia Magazine*（东亚杂志）	10
20	*Commerce Reports*（商业报告）	25	31	*The Ceylon Trade Journal*（锡兰贸易杂志）	20
21	*Foreign Commerce Weekly*（国外商业周刊）	46	32	*Chinese Economic Journal*（中国经济杂志）	21

综上，海关图书馆在收藏报刊方面除了突出专业性特色以外，还非常注重当下最具代表性的内容。胡适在 1923 年时曾说：“二十五年来，只有三个杂志可以代表三个时代，一是《时务报》，一是《新民丛报》，一是《新青年》。”[①]这些内容海关图书馆都有收藏。此外，1936 年李小缘的《中国图书馆事业十年来之进步》中曾指出国内一些图书馆对期刊管理不善，不注意保持过刊，经过多年发展之后馆藏的期刊竟无一种有完整收藏[②]。值得一提的是，海关图书馆非常重视期刊报纸的收藏与管理的完整性、特色性、系统性。

④ 调查报告、公报类文献

调查报告与公报类文献能为读者及时全面、专业、深入了解某一专题的内容，海

① 郝振省，乔还田，范军. 中国近代编辑出版史［M］. 杭州：浙江教育出版社，2020：80.

② 李小缘. 中国图书馆事业十年来之进步［J］. 图书馆学季刊，1936（4）：507－549.

关图书馆收藏了不少的报告、公报类文献。调查报告（如表 3－12 所示）主要有：河北盐山县一百五十农家之经济及社会调查（金陵大学农林科，1929）、山西考察报告书（全国经济委员会，1932）、全国实业调查报告（实业部国际贸易局，1933—1937）、江苏省农村调查（行政院农村复兴委员会，1934）等。如宋希尚的《欧美水利调查录》是其考察欧美日回国后于 1924 年出版的图书，书中对商埠选址、商埠组织及其管理方法、商埠经营等都有所涉及，还对汉堡、鹿特丹、阿姆斯特丹、安第纳商埠的规划建设有所涉及①。

表 3－12　　海关图书馆所藏调查报告类藏书（部分）

序号	题名	编著者	出版年	出版者
1	包宁线包临段经济调查报告书	铁道部财务司调查科编	193?	铁道部
2	察哈尔经济调查录	李延墀、杨实编	1933	新中国建设学会出版科
3	调查琼崖实业报告书	彭程万等编	1926	琼州海口海南书局
4	广西凌云猺人调查报告	颜复礼、商承祖编	1929	国立中央研究院社会科学研究所
5	贵州省棉业调查报告摘要	全国经济委员会棉业统制委员会编	193?	全国经济委员会
6	国联调查团报告书	上海申社编	1932	上海申社
7		中日问题研究社编	1932	中日问题研究社
8	杭州市经济调查	建设委员会调查浙江经济所统计课编	1932	建设委员会调查浙江经济所
9	河南省农村调查	行政院农村复兴委员会编	1934	商务印书馆
10	吉林省之林业	南满铁路调查课编	1930	商务印书馆
11	江苏无锡县农村经济调查第一集第四区	朱云泉等编	1931	江苏省农民银行总行
12	解放后运价调查	招商局编	1949	不详
13	京粤京湘两线安徽段芜湖市县经济调查报告书	铁道部财务司调查科编	193?	铁道部
14	京粤线安徽段经济调查总报告书 京粤支线浙江段杭州市县经济调查报告书			
15	精盐调查录	林振翰	1931	南京印书馆

① 于海漪. 南通近代城市规划建设［M］. 北京：中国建筑工业出版社，2005：171－172.

续表

<table>
<tr><th>序号</th><th>题名</th><th>编著者</th><th>出版年</th><th>出版者</th></tr>
<tr><td>16</td><td>六朝陵墓调查报告</td><td>中央古物保管委员会编辑委员会编</td><td>1935</td><td>中央古物保管委员会</td></tr>
<tr><td>17</td><td>苗族调查报告</td><td>鸟居龙藏（日本）著</td><td>1936</td><td>国立编译馆</td></tr>
<tr><td>18</td><td>南京缎锦业调查报告</td><td>国民经济建设委员会总会编</td><td>1937</td><td>国民经济建设委员会总会</td></tr>
<tr><td>19</td><td>农村调查</td><td>黄枯桐编</td><td>1934</td><td>商务印书馆</td></tr>
<tr><td>20</td><td>欧美水利调查录</td><td>宋希尚著</td><td>1924</td><td>商务印书馆</td></tr>
<tr><td>21</td><td>平汉沿线农村经济调查</td><td>陈伯庄著</td><td>1936</td><td>交通大学研究所</td></tr>
<tr><td>22</td><td>全国报馆刊社调查录</td><td>许晚成编</td><td>1936</td><td>龙文书店</td></tr>
<tr><td>23</td><td>全国工人生活及工业生产调查统计总报告</td><td>工商部编</td><td>1930</td><td>工商部</td></tr>
<tr><td>24</td><td>全国农业推广实施状况调查录（第壹集）</td><td>中央农业推广委员会编</td><td>1936</td><td>中央农业推广委员会</td></tr>
<tr><td>25</td><td>全国专门人才调查报告，第一号：矿冶</td><td>军事委员会资源委员会调查处编</td><td>1937</td><td>商务印书馆</td></tr>
<tr><td>26</td><td>陕西省农村调查</td><td>行政院农村复兴委员会编</td><td>1934</td><td>商务印书馆</td></tr>
<tr><td>27</td><td>陕西实业考察</td><td>陕西实业考察团编</td><td>1933</td><td>陇海铁路管理局</td></tr>
<tr><td>28</td><td>上海港口将来进步之报告（译件）</td><td>上海浚浦总局编</td><td>192?</td><td>上海浚浦总局</td></tr>
<tr><td>29</td><td>上海国货工厂调查录：民国二十三年调查</td><td>刘铁孙编</td><td>1934</td><td>中国经济统计研究所</td></tr>
<tr><td>30</td><td>田赋附加税调查</td><td>中央大学经济资料室编</td><td>1935</td><td>商务印书馆</td></tr>
<tr><td>31</td><td>浙江经济调查：建德 临安 云和 富阳 松阳</td><td rowspan="2">建设委员会调查浙江经济所统计课编</td><td rowspan="2">1931</td><td rowspan="2">建设委员会调查浙江经济所</td></tr>
<tr><td>32</td><td>浙江经济调查：青田 临海 寿昌 淳安 余姚</td></tr>
<tr><td>33</td><td>中国工业调查报告（上册）</td><td rowspan="4">刘大钧编著</td><td rowspan="4">1937</td><td rowspan="4">经济统计研究所</td></tr>
<tr><td>34</td><td>中国工业调查报告（中册）</td></tr>
<tr><td>35</td><td>中国工业调查报告（下册）</td></tr>
<tr><td>36</td><td>中国工业调查报告（上中下册合订）</td></tr>
</table>

民国期间，部有部公报，省有省公报，一省之内，厅局又各有公报，其名不胜枚举，亦是时势所要求。公报主要有国民政府公报（国民政府秘书处，1927—1945）、行政院公报（行政院秘书处，1928—1945）、外交部公报（外交部，1928—1934）等（如表 3-13 所示）。这些文献对探索当时社会实业发展、政治生态等有较高的研究价值。

表 3-13　海关图书馆所藏公报文献（部分）

序号	题名	责任者	出版年
1	财政公报	国民政府财政部	1927
2	成都市市政公报	成都市政府秘书处	1929
3	工商公报	工商部秘书厅公报室	1930
4	国民政府公报	国民政府秘书处	1928
5	监察院公报	国民政府监察院秘书处	1932
6	江苏省财政公报	江苏省政府财政厅公报处	1928
7	交通公报	交通部参事厅	1930
8	汕头市政公报	汕头市市政厅	1930
9	商标公报	全国注册局秘书处公报股	1929
10	审计院公报	国民政府审计院	1928
11	实业部公报	实业部总务司	1936
12	铁道公报	铁道部铁道公报	1932
13	外交部公报	外交部公报编辑所	1928
14	行政院公报	行政院秘书处	1928

⑤ 丛书、丛编类文献

中国编印丛书，始自宋代，盛于明清，所刻印近 3 000 种。经专家鉴定，海关图书馆所藏丛书非常丰富（如表 3-14 所示），有综合性和专题性两大类，综合性有中央图书馆筹备处编辑、商务印书馆出版的《四库全书珍本初集》，收录文渊阁《四库全书》231 种珍稀典籍，分装 1 960 册，还有丁丙辑印的《武林往哲遗著》、阎锡山主持编辑的《山右丛书初编》、安徽丛书编审会编的《安徽丛书》、卢靖编辑的《湖北先正遗书》、孙文昱编辑的《湖南丛书》、金毓黻编辑的《辽海丛书》、张寿镛编辑的《四明丛书》等地方文献丛书，谢国桢编辑的《国立北平图书馆善本丛书》、故宫博物院编辑的《宛委别藏》等古籍收藏单位的古籍丛书。为保护古籍，以郑振铎为首的"文献保存同志会"秘密收购 10 万余册古籍，包括 4 800 多部、48 000 多册的善本古籍，包括郑振铎编辑的《玄览堂丛书》。收购之后，郑振铎担心书籍会毁于战乱，便把其中价值重大的部分古籍影印成“玄览堂丛书”。专题性丛书有湖北崇文书局编印的《百子全书》，江南总农会编印的《农学丛书》，质学会编印的《质学丛书初集》，张伯行辑、左宗棠校正的《正谊堂全书》。

表 3－14　　海关图书馆所藏丛书概况

序号	题名	编著者	收藏量/册
1	园丛书	张慎仪撰	14
2	安徽丛书	安徽丛书编审会编	102
3	半厂丛书初编	（清）谭献辑	19
4	抱经堂丛书	（清）朱遂翔辑	24
5	忏华盦丛书	（清）宋泽元辑	64
6	晨风阁丛书	沈宗畸辑	16
7	春晖堂丛书	（清）徐渭仁辑	11
8	春雨楼丛书	（清）朱士端辑	6
9	岱南阁丛书	（清）孙星衍辑	20
10	待时轩丛刊	罗福颐辑	8
11	丁氏韵学丛书	（清）丁显撰	8
12	二思堂丛书	（清）梁章巨撰	14
13	蜚云阁凌氏丛书	（清）凌曙撰	24
14	古逸丛书	（清）黎庶昌编	49
15	国立北平图书馆善本丛书	谢国桢辑	70
16	汗筠斋丛书	（清）秦鉴辑	12
17	湖南丛书	孙文昱编	32
18	槐庐丛书	（清）朱记荣	80
19	皇朝藩属舆地丛书	（清）文瑞楼主人辑	34
20	蕙风丛书	（清）况周颐撰	12
21	畿辅河道水利丛书	（清）吴邦庆辑	10
22	吉林探源丛书	（宋）陈安卿等	38
23	吉石庵丛书	罗振宇辑	24
24	集虚草案丛书	（清）李国松辑	24
25	渐学庐丛书	（清）胡祥鑅辑	11

续表

序号	题名	编著者	收藏量/册
26	江都汪氏丛书	秦更年等辑	16
27	彊村丛书	朱孝臧校辑	15
28	焦氏丛书	（清）焦循著	40
29	结一庐朱氏剩余丛书	（清）朱澄辑	22
30	泾川丛书	（清）赵绳祖	30
31	聚德堂丛书	陈伯陶	22
32	丽廔丛书	叶德辉辑	8
33	辽海丛书	金毓黻辑	100
34	六译馆丛书	廖平撰并辑	80
35	蒙学丛书	（清）汪钟霖纂	40
36	明辨斋丛书	（清）金肇钧辑	32
37	木犀轩丛书	（清）李盛铎辑	40
38	南菁书院丛书	（清）王先谦辑、（清）缪荃孙（辑）	32
39	农学丛书	上海农学会翻译	82
40	峭帆楼丛书	赵诒琛辑	24
41	青照堂丛书	（清）刘际清编	126
42	求实斋丛书	（清）蒋德钧辑	10
43	如皋冒氏丛书	（清）冒广生	20
44	王怡堂丛书	张凤台辑	64
45	山右丛书初编	阎锡山	100
46	邵武徐氏丛书	（清）徐幹编	40
47	师伏堂丛书	（清）皮锡瑞著	40
48	石遗室丛书	（清）陈衍撰	40
49	实用法律丛书	王云五、徐百齐主编	23
50	士礼居丛书	（清）黄丕烈辑	40
51	四明丛书	张寿镛辑	268
52	苏斋丛书	（清）翁方纲撰	40

续表

序号	题名	编著者	收藏量/册
53	粟香室丛书	金武祥辑	34
54	台州丛书七种	（清）宋世荦编	22
55	太平天国丛书	谢兴尧辑	3
56	铁华馆丛书	（清）蒋凤藻辑	6
57	铁砚斋丛书	宛平桑著	8
58	汪双池先生丛书	（清）汪绂撰	158
59	文选楼丛书	（清）佚名辑	10
60	问影楼舆地丛书	（清）戴震等	10
61	惜阴轩丛书	（清）李锡龄辑	124
62	啸园丛书	（清）葛元煦等辑	48
63	修本堂丛书	（清）林伯桐撰	16
64	玄览堂丛书	郑振铎编	96
65	学寿堂丛书	徐绍桢编	26
66	永嘉丛书	孙衣言编	56
67	云自在龛丛书	（清）缪荃孙辑	24
68	择是居丛书	张钧衡辑	56
69	张氏丛书	（清）张澍辑	10
70	章氏丛书	章炳麟著	24
71	振绮堂丛书	（清）汪康年辑	14
72	正觉楼丛书	（清）李瀚章辑	20
73	正谊堂丛书	（清）张伯行辑、（清）左宗棠校正	140
74	政艺丛书	上海政艺通报社编	86
75	知服斋丛书	（清）龙凤镳辑	12
76	质学丛书初集	（清）汤寿潜辑	38
77	重栞拜经楼丛书	（清）吴骞编	8
总计：3 169 册			

⑥ 水利类文献

随着国家越来越重视黄河、长江、运河文化的保护与传承，古代水利文献越来越受到社会的重视，海关图书馆收藏大量的古代水利文献，如《河防一览》（20 册）、《行水金鉴》（36 册）、《再续行水金鉴》（15 册）、《治河方略》（8 册）、《河源纪略》（8 册）、《长江图说》（1 册）、《浙江海塘揽要》（12 册）、《直隶水道图》（1 册）、《中国江海险要图说》

（15 册）、《楚漕江程》（16 册）、《钦定户部漕运全书》（48 册）、《畿辅安澜志》（30 册）、《江北运程》（41 册）、《湖南省水陆道里记》（5 册）、《黄河志》（3 册）、《江苏海塘新志》（4 册）、《山东黄河南岸十三州县迁民图说》（2 册）、《蜀水考》（4 册）、《武阳河工征信录》（10 册）、《续纂江苏水利全案正编》（16 册）、《扬州水道记》（4 册）、《豫河志》（8 册）、《豫河续志》（13 册）、《豫河三志》（6 册）等。《安澜纪要》（上下卷）、《回澜纪要》（上下卷）号称清代河工技术文献之双璧，汇集黄河应急抢险、汛期防护、日常修守及各项管理制度等。张鹏翮是清代名臣、治河专家，康熙三十九年（1700）就任河道总督，历经八载，黄、淮大治，漕运通达，人民安居乐业。其《张公奏议》二十四卷，内容多为治河奏稿，传世孤罕，非常珍贵。

知名水利专家武同举曾言，他寓居上海期间，念及编修水利史志，关系国计民生，总结治水经验，为后世提供借鉴之益书。1939 年春，他侨寓上海后，仍时时不忘私纂稿《江苏水全书》未完编的写作任务。每日赴海关图书馆查阅江南各州、县志及有关图籍。最终，全书 150 万字，它叙述了自公元前 2286 年的夏朝至 1937 年，这 4 000 年上下江苏的水道变迁，湖海沧桑，这是江苏省历史上空前的一部水利史专著[①]。值得一提的是，海关图书馆收藏的《再续行水金鉴》作者即为武同举。

⑦ 总税务司署刻本

根据《中英通商章程善后条约》，总税务司署于咸丰九年（1859 年）在上海设立，同治二年（1863 年）迁北京。英国人赫德（1835—1911 年）担任总税务司长达半个世纪之久，他不但创建了税收、统计、浚港、检疫等一整套严格的海关管理制度，而且在光绪十二年（1886 年）编辑刻印了《辨学启蒙》（6 册）、《地理质学启蒙》（6 册）、《地学启蒙》（7 册）、《地志启蒙》（8 册）、《动物学启蒙》（7 册）、《格致总学启蒙》（7 册）、《化学启蒙》（4 册）、《罗马志略》（6 册）、《身理启蒙》（1 册）、《希腊志略》（6 册）、《植物学启蒙》（7 册）、《欧洲史略》（7 册），光绪十二年（1886 年）总税务司署还刻印了哲分斯编辑的《富国养民策》（7 册），清光绪二十五年（1899 年）税务司署造册处刻印了戴乐尔编辑的《理财节略》（2 册）、《付还洋款本息书目盈绌表》（1 册）等西学东渐的启蒙读物。这些古籍存世较少，非常珍贵，是研究总税务司署刻书活动的重要资料（如表 3－15 所示）。

表 3－15　　海关图书馆所藏总税务司署出版物概况（中文）

序号	题名	出版年	收藏量/册
1	民国以来关税纪实	1927	1
2	民国三十年至三十四年中国贸易概况	1945	1
3	议草约第十一款办法节略	不详	1
4	各国海关行政制度类编	1937	2
5	关税纪实	1936	1

① 谭其骧主编. 中国历代地理学家评传 第 3 卷 清、近现代［M］. 济南：山东教育出版社，1993：366.

续表

序号	题名	出版年	收藏量/册
6	海关罚则评议会章则议案汇编	1936	1
7	海关法规汇编	1933、1935、1937	4
8	输出税输入税暂行改正案	1943	1
9	中日对照海关用语教材	1943	3
10	海关法规汇编	1937	1
11	中国沿海灯塔志	1933	2
12	关税纪实：自民国元年起至二十三年止	1937	1
13	海关自卫枪炮教练法	1934	1
14	中国海关人事管理制度	不详	1
15	中华民国海关出口税税则	1946	1
16	最近十年各埠海关报告：民国 11 年至 20 年	1934、1935	2
17	进出口贸易统计月报	1946、1947	2
18	海关制度概略丛刊	1949	1
19	海关中外贸易统计年刊	1944、1945、1948、1950	4
20	海关职员临时题名录	1944	1
21	海关职员录	1942、1943、1945	6

此外，从藏书分类号可以看出，海关图书馆藏书中政治、法律类，经济类，历史类等主题占大部分，中外文藏书类型保持较为一致。就中文藏书而言，藏书分布在经、史、子、集各类，对比《中国图书分类法》共涉及政治、法律类占比 12.60%，如《大清律例根源》（1871 年）；历史类占比 26.4%，如《中国文化史》（1932 年）、《明清史料》（1936 年）；其他综合性图书占到 35.66%，主要包含词典、字典、百科全书，如《新时代汉英军事词典》（1932 年）（如表 3－16 所示）。

表 3－16　　海关图书馆所藏各类中文藏书概况

序号	类号	中图法分类	收藏量/册	占比/%
1	B	哲学、宗教类	521	1.75
2	C	社会科学总论类	212	0.71
3	D	政治、法律类	3 642	12.60
4	E	军事类	1 251	4.21
5	F	经济类	2 572	8.66
6	G	文化、教育类	277	0.93

续表

序号	类号	中图法分类	收藏量/册	占比/%
7	H	语言、文字类	554	1.86
8	I	文学类	1 438	4.84
9	J	艺术类	74	0.24
10	K	地理、历史类	7 842	26.40
11	N	自然科学总论类	11	0.04
12	O	数理科学类	60	0.21
13	P	天文、地球科学类	110	0.37
14	Q	生物科学类	57	0.19
15	R	医药、卫生类	24	0.08
16	S	农业科学类	151	0.51
17	T	工业技术类	278	0.94
18	U	交通运输类	29	0.10
19	X	环境科学、安全科学类	12	0.04
20	Z	综合性图书类	10 593	35.66
合计	**29 708 册**			

注：表中统计的藏书不包含破损严重不能识别的藏书。

外文藏书，政治、法律类藏书占比 18.87%，如 *Manual of International Law*（国际法手册，1884）；历史类占比 12.18%，如 *History of France*（法国历史，1862），综合类藏书占比 7.83%，如 *A Chinese and English Dictionary*（英汉字典，1896）等（如表 3－17 所示）。

表 3－17　　海关图书馆所藏各类外文藏书概况

序号	类号	中图法分类	收藏量/册	占比/%
1	B	哲学、宗教类	170	1.12
2	C	社会科学总论类	541	3.56
3	D	政治、法律类	2 870	18.87
4	E	军事类	53	0.3
5	F	经济类	6 427	42.26
6	G	文化、教育类	219	1.44
7	H	语言、文字类	399	2.62
8	I	文学类	113	0.73

续表

序号	类号	中图法分类	收藏量/册	占比/%
9	J	艺术类	122	0.8
10	K	地理、历史类	1 852	12.18
11	N	自然科学总论类	63	0.41
12	O	数理科学类	11	0.07
13	P	天文、地球科学类	138	0.09
14	Q	生物科学类	39	0.03
15	R	医药、卫生类	142	0.93
16	S	农业科学类	74	0.48
17	T	工业技术类	600	3.95
18	U	交通运输类	177	1.16
19	V	航天航空类	4	0.026
20	X	环境科学、安全科学类	5	0.03
21	Z	综合性图书类	1 191	7.83
合计	**15 210 册**			

注：表中统计的藏书不包含破损严重不能识别的藏书。

（3）馆藏出版时间分布

海关图书馆馆藏出版时间横跨明朝到新中国的近 400 年（如表 3－18 所示）。其中，52.9%的中文藏书出版时间早于 1911 年，最早的中文藏书是《少微通鉴节要》（三函二十一卷，明正德九年司礼监刻本）。明清朝期间出版的藏书数占了一半以上，主要涵盖“光绪、宣统、道光”等年份，如光绪年间的滇黔奏议（10 册）、宣统年间的大清法规大全（续编）（48 册）等。1912—1948 年期间出版的中文藏书占到 46.7%，其他少量中文藏书出版时间在 1949 年之后。在解放军接管期间，海关图书馆顺应时代发展，采购了《资本论》（上海三联出版社，1950 年）、《列宁文选》（莫斯科外文出版局，1950 年）、《中苏关系史料》（上海新华出版社，1950 年）等藏书。

外文馆藏早于 1911 年的藏书占了 23.3%，收藏最早的图书为 *Chinese Immigration 1653—1873 Correspondence with the Superintendent of British Trade in China*，出版时间为 1653 年。早于 18 世纪的藏书主要有 14 种/45 册，主要涉及政治、地理、历史类，有英文、法文等多个语种。其他的有早期的《中国沿海及内河航路标识总册》（*List of the Chinese Lighthouses，Lightvessels，Buoys And Beacons*），收录了 1872—1889 年、1890—1899 年、1900—1906 年等年份；1876—1910 年的《总税务司通令》（*Inspector General's Circulars*）；1875—1911 年的《海关职员录》（*Service List*）等。这些藏书为系统了解海关运转、管理制度等方面的内容提供较为丰富的资料基础与保障。

表 3-18 海关图书馆馆藏出版时间分布

馆藏分类	藏书出版年代	藏书量/册	占比/%
中文藏书	1911 年以前	14 942	52.9
	1912—1948 年	13 186	46.7
	1949 年之后	121	0.4
外文藏书	1911 年以前	3 505	23.3
	1912—1948 年	11 220	74.8
	1949 年之后	274	1.9

注：出版年代不详的藏书不在统计之列。

3.3 海关图书馆藏书特点

3.3.1 注重保存国粹与保存文化

从文物价值上看，海关文献中心珍藏刻印于明代的古籍有 21 部，刻印于清乾隆六十年（1795）以前的清刻本共有 56 部，这 77 部古籍都属于善本古籍，有非常高的文物价值、文献价值和艺术价值①。

从文献价值上看，海关文献中心的古籍善本特藏文献经、史、子、集四部皆备，其主体部分属于古代典籍中的要籍，是从事中国传统学问的骨干性典籍。经部如清嘉庆二十至二十一年（1815—1816 年）南昌府学刻阮元的《重刊宋本十三经注疏附校勘记》，清乾隆四年（1739 年）武英殿刻十三经注疏本《仪礼注疏》《周礼注疏》《左传注疏》。史部如商务印书馆的“百衲本”《二十四史》被史学界公认为“中国最佳全本正史”，是中国史学上的一座丰碑，具有极高的版本价值、学术价值。特别是在 1932 年“一·二八”事变中，日本帝国主义蓄意摧毁中国文化，日军飞机轰炸商务印书馆上海总部，焚毁已经印制好的大量图书、印版。张元济带领商务印书馆同仁全力以赴、共克时艰，全书至 1936 年出版完成，是文化抗战的成果。子部如《农政全书》《佩文韵府》《佩文斋广群芳谱》《北堂书抄》等。集部如《乐府诗集》《李太白文集》《宋六十名家词》《宋元名家词》等。这些古籍都是承载中国传统文化的要籍。

从完缺情况看，海关文献中心古籍特藏都属于保存完整的古籍善本。古籍善本，特别是大部头的类书、丛书，经过兵燹、虫蛀，以及长期递藏使用，大部分都有残破不全

① 以上内容为原国家图书馆古籍保护中心林世田研究员、天津师范大学古籍保护研究院常务副院长姚伯岳等专家鉴定结果。

的现象，而这批古籍善本则保存完整、品相完好，非常难得。海关图书馆还藏有部分初刻本或精刻本、通用版本。如徐弘祖《徐霞客游记》一直以抄本传世，错讹较多，乾隆四十一年（1776 年）徐霞客族孙徐镇重加校订，刻板付印，这是《徐霞客游记》第一个刻本，以后各本均据此翻刻。“百衲本”《二十四史》的底本来自张元济耗费巨资搜访的宋元善本，因而是研究二十四史的最好版本。版本较为丰富，艺术价值比较高。如清乾隆三年（1738 年）内府刻朱墨套印本《雍正朱批谕旨》；清末北京琉璃厂半松居士活字印本《南疆绎史》《明季北略》《明季南略》；清道光十二年（1832 年）刊印的《新评绣像红楼梦全传》，为流传最广的《红楼梦》评本，在红学史上影响深远，书中刊刻精美绣像 64 幅，笔画简洁，神态自然，是清代版画代表作之一[①]。

3.3.2 特色性强、专业性突出

与同一时期上海其他图书馆不同的是，海关图书馆的最大特色之一在于其馆藏的专业性，主要涉及海关的沿革、邮政事务、贸易报告、统计年刊、关税纪实、海关舆图等[②]，除此以外，还采购了大量经济、商贸类等藏书。经济类文献，如商业、金融、贸易等方面调查报告、研究论文和专著尤为集中，在上海同一时期的图书馆中，形成了较为鲜明的特色收藏规模与体系（如表 3－19 所示）。海关的各种统计材料、图表更是完整齐全，另有部分中国政治、外交、历史相关参考书籍。

表 3－19　　1920—1930 年代上海公共图书馆概况（部分）[③]

图书馆名称	馆藏总量/万册	藏书特色
海关图书馆	1.4⁺	特藏关于商业、财政等国内外图书等，保存海关一切档案
上海中国国际图书馆	2⁺	文学、史地、社会科学等
上海市立图书馆	1.9⁺	中文为主，西文不多
上海市立流通图书馆	1⁺	中文普通特藏为主
上海市商会商业图书馆	6⁺	特藏商业图书较多，江南制造局之科学书籍较多
上海明复图书馆（中国科学社附设）	5⁺	科学方面图书，西文为主

在专业性上，如前所述，以 1935 年对外发布的《中外贸易书目录选》为例，结合对外经济贸易大学图书馆实际馆藏资料发现，《中外贸易书目录选》中的外文图书 *British*

① 以上内容为原国家图书馆古籍保护中心林世田研究员、天津师范大学古籍保护研究院常务副院长姚伯岳等专家鉴定结果。

② 海关总署《旧中国海关总税务司署通令选编》编译委员会. 旧中国海关总税务司署通令选编（第三卷，1931—1942年）［M］. 北京：中国海关出版社，2003：67.

③ 陈祖怡. 上海各图书馆概览［M］. 上海：中国国际图书馆，1934.

Trade with China（中英贸易，1915 年）、*Statistics of China's Foreign Trade*，1912—1930（中国对外贸易统计，1912—1930 年）、*Report of the Mission to China of the Blackburn Chamber of Commerce*（布莱克本商会访华考察报告，1898 年）。

中文藏书藏有至今仍奉为经典的武堉干《中国国际贸易史·民 18 年》（商务印书馆，1927 年）、黄序鹓《海关通志》（共和印刷局，1917 年、1921 年）、何思源《国际经济政策》（商务印书馆，1931 年）、陶希圣《西汉经济史》（商务印书馆，1930 年）；外文期刊中 *The Chinese Economics Bulletin*（《中国经济简报》）、*Finance and Commerce*（《商业与金融》）、*British Chamber of Commerce Journal*（《上海英商会报》），中文《上海物价月报》《国际贸易导报》《银行周报》等均在收藏之列。

正是由于其藏书特色性，1937 年 6 月 22 日，当时农业部图书馆给海关图书馆发函称：受一些国际粮食组织委托代为征集国内书刊，并将收藏的国外贸易统计类藏书全份资料转寄。之后，海关图书馆提供了上海中外图书公司（The International Book Company）出具的有关国际贸易类书目，并标识这些书为当时绝版书（如表 3－20 所示）。这些书在今日而言也是珍贵无比。

表 3－20　海关图书馆向农业部图书馆提供的国际贸易类书目（部分）

作者	题名
Wright	*Economic History of the U.S*
Willis H.P，Beckhart B.H	*Foreign Banking System*
Von Haberler	*The Theory of International Trade*
Taussing E.W	*Principles of Economics*
Sohacht H	*Stabilization of the Mark*
Robinson J	*An Essay on Marxian Economics*
Robertson D H	*Banking Policy and Price Level：An Essay in the Theory of the Trade Cycle*
Pigou A C	*Exchange Value of Legal Tender Money*
Marshall A	*Money Credit and Commerce*

3.3.3 馆藏建设紧跟时代发展与读者需求

上海城市经济的繁荣和开放的格局对当时图书馆的发展产生了积极影响[①]。在融入社会现代化，实现向现代化图书馆转变过程中，海关图书馆不断加强藏书建设，采购了大量符合当时读者需求的藏书，如入藏了当时有关中国经济、对外贸易等领域的专业典

① 王世伟. 图书馆服务创新与发展论丛［M］. 上海：上海社会科学院出版社，2005：61.

藏[①]等。这些藏书在当时发挥了重要作用。正因如此，海关图书馆在抗日战争时期，在保证专业研究读者需求的同时，还能与校方联系，为在校学生有针对性地提供课题文献服务[②]。

一方面，海关图书馆重视税收、统计、检疫等与海关业务相关的图书资料搜集，如前所述，海关图书馆还特别重视收藏具有西学东渐性质的启蒙性读物，如《地理质学启蒙》《地学启蒙》《地志启蒙》《动物学启蒙》等。另一方面，在较为充足的经费保障下以及总税务司伦敦办事处的接洽下，海关图书馆得以购买英国政府档案与皇家造册办公室（His <Her> Majesty's Stationery Office）的380余册图书、英国议会办公室（British Parliamentary Office）的《印度的进步（1895—1913）》（*Progress of India，1895—1913*）系列报告、W.Heffer and Sons，Ltd.的《世界经济规划的社会特征》（*Some Social Aspects of World Economic Planning*）等具有国际视野的藏书。

① 佚名. 传世珍籍背后的坚守［J］. 教书育人，2013（6）：21.

② 朱庆祚. 上海图书馆事业［M］. 上海：上海社会科学院出版社，1996：78.

4 海关图书馆特色藏书

4.1 政治与经济类藏书

1912 年是中国社会发展的历史转折点，社会处在重大转型时期。如何建设现代社会，如何将西方的理论与经验为我所用，成为探索本国经济和社会发展模式的重要主题。这时期也是中国现代经济学研究的开创及发展时期[①]。相应地，海关图书馆中文馆藏主要聚焦在“经济、盐法、律例、外交、税则、财政”等方面，主要有《河东盐法备览》《湖北荆州常关暂行税则》《近代中国外交史资料辑要》等。外文藏书主要围绕“Trade（贸易）、Commerce（商业）、Customs（海关）、Economy（经济）”等内容，主要藏书有 *World Trade and Its Future*（《世界贸易与未来》）、*A History of Commerce*（《商业史》）、*The Chinese Customs Service*（《中国海关服务》）等。

海关图书馆作为近代海关重要的信息中心，为了满足海关在中国财政、商业诸多方面的需求，收藏了大量政治与经济类藏书，这些藏书能为总税务司署开展财税改革提供知识保障。其中，经济类藏书完备且大部分具有长久保存的价值，以至于当时有人称“研究经济财政金融的人……海关图书馆是解救你们精神食粮惟一的去处”[②]。目前，对外经济贸易大学海关文献中心所藏关于海关图书馆政治与经济类藏书约有 15 000 余册，约占全部藏书的 1/4。其中，外文藏书有被称为“政治与财政之周刊”的《密勒氏评论报》（*Weekly Review of the Far East*，1917—1948 年）；“研究中国社会问题之季报”的《东亚杂志》（*The East of Asia Magazine*）（1902—1906 年）、“商业工程金融之月刊”的《远东时报》（*Far Eastern Review*）（1908—1942 年）[③]等。中文藏书主要有《中国税制论》（李权时，1929 年）、《中国货币沿革史》（侯厚培，1930 年）、《我国创办所得税之理论与实施》（胡毓杰，1937 年）等可以了解税务运行等各项管理制度。尤为值得一提的是，当时的税专关税研究会主编的《关税论文提要》，是对税专学校图书馆、北平图书馆、社

① 乐平. 民国海关图书馆现存经济类藏书评介［M］//李景瑜. 马克思主义中国化研究. 北京：对外经济贸易大学出版社，2011：215－227.

② 吕绍虞. 最近之上海图书馆［M］. 上海：上海图书馆服务社，1938：6.

③ 戈公振. 大师讲堂学术经典：戈公振讲中国报学史［M］. 南京：河海大学出版社，2019：73.

会调查所图书馆、清华大学图书馆、北平政治晋级学会图书馆所藏杂志及日报登载的有关关税著作进行提要编辑。采集资料自清朝起始至1934年，分为三编，共8册。《关税论文提要》编辑历时两年，得到税专校方的嘉奖，并允诺交付印刷成书。后因学校校长变动，未能出版，赠予海关图书馆并完整收藏①。在中国的国际贸易方面，武堉干是负有盛名的国际贸易学者之一，其所著《中国国际贸易概论》（1932年）、《中国关税问题》（1936年）、《中国国际贸易史》（1927年）等著作海关图书馆均有收藏（如4－1所示）。

表4－1　海关图书馆现存财政税务、经济、贸易类藏书（部分）②

研究领域	藏书名称	编著者	出版年	类型
财政税务问题研究	中国税制论	李权时	1930	图书
	我国创办所得税之理论与实践	孔庸之	1937	图书
	半年来之吴县赋	吴县赋税管理处	1943	财政报告
	县财政问题	朱博能	1946	财政报告
	财政部部长孔祥熙任内政绩交代比较表	财政部	不详	内部刊物
	广西财政沿革利弊说明书	广西财政清理局	1910	图书
	中国财政统计大纲	杨寿标	1946	图书
	中国财政制度史	常乃德	1930	图书
	财政月刊	财政部	1917年起	期刊
	Trade of Canada（加拿大贸易）	Canada Department of Trade and Commerce	1931—1945	期刊
经济研究	发展福建全省经济之具体计划	林荣向	1933	图书
	江苏无锡县农村经济调查	朱云泉等	1931	调查报告
	美国现今的经济革命	嘉惠尔（T.N.Carver）（美）	1928	图书
	平汉沿线农村经济调查	陈伯庄	1936	图书
	世界政治经济年鉴	孔君佐编述	1942	年鉴
	西汉经济史	陶希圣编	1930	图书
	经济地理与中国问题	韩亮仙	1934	图书
	经济汇报	中央银行经济研究处	1942—1945	期刊
	Japan's War Economy（日本战争经济）	Bisson，T.A	1945	图书
	The Journal of Political Economy（政治经济期刊）	The University of Chicago Press	1931—1948	期刊

① 乐平．民国海关图书馆现存经济类藏书评介［M］//李景瑜马克思主义中国化研究．北京：对外经济贸易大学出版社，2011：215－227.

② 乐平．民国海关图书馆现存经济类藏书评介［M］//李景瑜马克思主义中国化研究．北京：对外经济贸易大学出版社，2011：215－227.

续表

研究领域	藏书名称	编著者	出版年	类型
贸易研究	唐宋时代上海在中日对外贸易中的地位观	武堉干	1936	图书
	中国实业志	实业部国际贸易局	1933—1937	调查报告
	对外贸易基础理论和业务知识（基础理论部分）	对外贸易政策理论教研室	1955	图书
	各解放区对外贸易管理办法及出入口税则	中央财政经济委员会编	不详	图书
	今世中国贸易通志	陈重民	1927	图书
	民国三十年至三十四年中国贸易概况	海关总税务司署统计科	1945	图书
	中国国际贸易史	武堉干	1927	图书
	最近中国对外贸易统计图解：1912—1930	唐有壬等	1931	图书
	World Trade and Its Future（世界贸易与未来）	Salter，A	1936	图书

在这些藏书中，安子介的《国际贸易实务》、钱俊瑞等人的《中国经济概论》、杨汝梅的《民国财政论》、巫宝三的《民国所得税概论》、何廉等人的《财政学》、刘盛荣的《政府会计》等为早期相关领域的重要教材。

4.2　“中国问题研究”西方出版物

“中国问题研究”西方出版物既具有学术价值又具有史料价值，对于中国近现代史、中外交通史等研究有重要意义[①]，海关图书馆非常注重此类文献收集。据申报报道，中国统计学社年会（1932 年）闭幕之后到海关图书馆参观，对海关图书馆相关情况进行了解之后，盛赞海关图书馆藏书“以中国问题为最多……”[②]。

从年代上来看，海关图书馆收藏的“中国问题研究”西方出版物主要有 1738 年杜赫德（Jean-BaptistruHalde，1674—1743）的 *A Description of the Empire of China and Chinese-Tartary*（《中华帝国全志》）[③]、1799 年斯当东爵士的 *An Authentic Account of an*

① 周旖. 岭南大学图书馆藏书研究［M］. 广州：广东人民出版社，2018：267.

② 中国统计学社年会. 第二日记［N］. 申报，1932-9-15，第 21352 号.

③ 据资料显示，1738 年英文版的《中华帝国全志》目前在国外图书馆十分罕见，只有美国杨百翰大学图书馆（Brigham Young University Library）、加利福尼亚大学圣芭芭拉分校（University of California，Santa Barbara）、纽约大都会博物馆（Metropolitan Museum of Art）等少数机构收藏（资料来源：周旖. 岭南大学图书馆藏书研究［M］. 广州：广东人民出版社，2018：272.）。

Embassy from the King of Great Britain to the Emperor of China（《英使谒见乾隆纪实》）、1805年马戛尼访华使团总管约翰·班尼所作 *Travels in China*（《中国之行》）、1852年福钧（Robert Fortune，1812—1880年）的 *A Journey to the Tea Countries of China*（《中国茶乡之行》）、1911年迈耶（Frank.N.Meyer，1875—1918）的 *Chinese Plant Names*（《中国植物名录》）、1934年莫尔思（Morse，William R，1874—1939）的 *Chinese Medicine*（《中国医学》）等。

从出版物形式上看，*The New China Review*（《新中国评论》）、*The Chinese Repository*（《中国文库》）等入选了哈佛燕京社编制的《关于中国的重要西文书籍选目》（*Check List of Important Western Books on China，2nd ed.1936*）①。

从文献价值上看，《皇家亚洲文会北华支会会刊》（*Journal of the North-China Branch of the Royal Asiatic Society*）自1858年出版第一期，至1948年停刊，历时近百年，共出版75卷计109册，以调查和研究中国为主，间及朝鲜、日本、泰国、越南、柬埔寨、马来西亚、印度尼西亚以及俄国等邻近国家，所刊之文章，涉及汉学研究的各个方面，包括动植物及矿产资源调查、水文气候分析、地理物产调研、政治经济评述、风土人情介绍、时局动态跟踪、艺术宗教以及历史文化研究等，是19世纪中期至20世纪前半期具有重要影响的汉学杂志，对于促进西方世界了解中国、推动近代欧美汉学的发展发挥了重要作用，具有很高的史料价值及学术价值②。

一般认为中国被西方所认知并纪之以书，大抵应从《马可·波罗游记》算起，此后随着航海技术的发展，尤其是16世纪以后，西方航海家、探险家、旅游家、传教士等陆续来到中国，并将大量有关中国的认知传到整个欧洲，西方有关中国的作品不断出版，这一数量难以统计。1939年美国学者马森（Mary Getrude Marson）撰写的《西方的中华帝国观》（*Western Concepts of China and the Chinese：1840—1876*）在美国纽约出版，该书所附有关中国的西文著作目录达4 000多条。比照哈佛燕京学社编撰的《关于中国的重要西文书籍选目》（*Check List of Important Western Books on China，2nd ed.1936*），其书目上所列的17种期刊海关图书馆收录了7种（如表4－2所示）③。

表4－2　海关图书馆所藏《关于中国的重要西文书籍选目》情况（部分）

序号	名称	收藏起始年份	收藏数量（合订本）/册
1	*The Chinese Repository*（中国文库）	1832—1851	20
2	*Bulletin of the School of Oriental Studies*（东方研究学院通讯）	1917—1938	11
3	*The New China Review*（新中国评论）	1919—1922	4
4	*The China Year Book*（中国年鉴）	1912—1946	21

① 周旖. 岭南大学图书馆藏书研究［M］. 广州：广东人民出版社，2018：264.

② 上海科学技术文献出版社.《皇家亚洲文会北华支会会刊（1858—1948）》正式出版［EB/OL］.［2023－02－22］. http://www.sstlp.com/news/Detail.aspx？Id=181.

③ 周旖. 岭南大学图书馆藏书研究［M］. 广州：广东人民出版社，2018：263－264.

续表

序号	名称	收藏起始年份	收藏数量（合订本）/册
5	*The Bulletin of Museum of Far Eastern Antiquities*（远东古物博物馆学报）	1935	1
6	*Journal of the North-China Branch of the Royal Asiatic Society*（皇家亚洲文会北华支会会刊）	1868—1935	38
7	*T'oung Pao Archives*（*Ⅰ*，*Ⅱ*）（通报）	1890—1940	55

除此之外，被当时誉为绝版书的 *Chinese Researches*（《中国研究》）（1897）、*Past and Future of British Relations in China*（《英国对华关系之过去与未来》）（Osbone，1860）、*Among the Sons of Han*（Hughes T.F，1881）、*China from the Medical Point of View*（《一个英国军医的中国观察实录》）（Gordon C.A）等书海关图书馆均有收藏（如表 4－3 所示）。

表 4－3　海关图书馆所藏珍贵的“中国问题研究”西方出版物

序号	名称	出版年	作者	备注
1	*Chinese Researches*	1897	Alexander Wylie	
2	*Past and Future of British Relations in China*	1890	Sherard Osborn	英国对华关系之过去与未来
3	*Among the Sons of Han*	1881	Thomas Francis Hughes	
4	*China from the Medical Point of View*		Charles Alexander Gordon	一个英国军医的中国观察实录
5	*A Description of the Empire of China and Chinese-Tartary*	1738	Du Halde，J.B.	中华帝国及华属鞑靼全志
6	*An Authentic Account of an Embassy from the King of Great Britain to the Emperor of China*	1799	Gorge Staunton	详细记录马嘎尔尼来华使团出使中国的活动，包括使团与清政府的外交往来以及作者对中国政治、文化、历史、地理、生活方式和社会习俗的记录
7	*Western Concepts of China and the Chinese: 1840—1876*	1939	Mason M.G.	中国和中国人的西方观念：1840—1876
8	*A Journey to the Tea Countries of China*	1852	Robert Fortune	不仅对研究中国茶叶有重要的参考价值，更从另外一个角度反映出鸦片战争后西方人对中国的兴趣所在以及资本主义经济对中国封建主义经济的渗透
	Two Visits to the Tea Countries if China and the British Tea Plantations in the Himalaya	1853	Robert Fortune	
9	*Chinese Medicine*	1934	Morse，W.R.	中国医学

续表

序号	名称	出版年	作者	备注
10	*A Study of Chinese Alchemy*	1928	Obed Simon Johnson	中国炼丹术，主要是研究中医西传及中西医学交流史的重要文献
11	*Chinese Plant Names*	1911	Meyer，F.N.	中国植物名称
12	*Travels in China*	1805	Barrow John Sir	主要是马嘎尔尼使团在华的主要活动及作者的在华见闻。内容涉及中国的政治、法律、财政、税收、对外贸易等
13	*A Narrative of the British Embassy to China in the Years 1792 1793 and 1794*	1795	Anderson Aeneas	以日志形式叙述了 1792—1795 年马嘎尔尼使团的在华活动，较为详细记录乾隆皇帝接见使团的具体过程及在中国境内的航行见闻
14	*Chine*	1821	Pauthier M G	
15	*Studies in Chinese Economic Botany*	1931	Shih C.Y	中国经济植物研究
16	*An Account of the Cultivation and Manufacture of Tea in China：Derived from Personal Observation*	1848	Samuel Ball	中国茶叶的耕种与加工：个人观察
17	*Chinese Forest Trees and Timber Supply*	1914	Norman Shaw	中国的林业与木材供应
18	*Chinese Farm Economy：A Study of 2866 Farms in Seventeen Localities and Seven Provinces in China*	1930	John Lossing Buck	美国著名农业经济学家卜凯的《中国农场经济:对7省17个地区2866个农场的调查》
19	*Industrial Capital and Chinese Peasants：A Study of the Livehood of Chinese Tobacco Cultivators*	1939	Chen H.S	中国著名农业经济学家陈瀚笙的《工业资本与中国农民：中国烟草种植者生计调查》
20	*A Handbook of the Birds of Eastern China（Chihli，Shantung，Kiangsu，Anhwei，Kiangsi，Chekiang，Fohkien，and Kwangtung Provinces）*	1920、1930、1934	J.D.D.La Touche	中国东部的鸟类手册（直隶、山东、江苏、安徽、江西、浙江、福建、广东）
21	*The Mammals of China and Mongolia*	1938	Glover M.Allen	中国和蒙古国的兽类，作者是执教于哈佛大学的美国著名兽类学家埃伦，这部著作在当时被视为综合了此前欧美其他学者研究中国兽类学术成果的总结性著作，其扉页上有“美国博物馆中亚调查记”的中文题名，分为 2 册，第一册 620 页，1938 年出版；第二册 730 页，于 1940 年出版

续表

序号	名称	出版年	作者	备注
22	*Mineral Enterprise in China*	1918	William F.Collins	中国的矿产业
23	*Country Life in South China*	1925	Daniel; Harrison Kulp	葛学溥是严格意义上首位以田野工作方法对中国乡村社会进行人类学研究的学者，其曾任上海沪江大学社会学教授，于 1918—1923 年间指导学生在广东潮安县归湖镇的凤凰村开展调查，《华南的农村生活》是此次调查报告，由美国哥伦比亚大学 1925 年出版，详细记录凤凰村的经济、家庭、教育、宗教、人口及社区组织的情况以及以体质测量工具进行的体质人类学研究部分，该书被认为是较早从人类学、社会学的角度研究中国汉民族社会的重要著作
24	*Anthropology of Eastern China and Kwangtung Province*	1923、1925	S.M.Shirokogoroff	《华东和广东人类学》为史禄国代表作之一，商务印书馆 1925 年出版后，1936 年被收入哈佛燕京学社编制的《关于中国的重要西文书籍选目》，具有重要的学术价值
25	*The Flood Problem of Kwangtung*	1923	G.W.Olivercrona	《广东洪灾问题》，为数不多西方人专门研究广东自然灾害问题的重要文献之一
26	*Agrarian Problem in Southernmost China*	1936	Chen Han-Seng	陈瀚笙的《南中国农村社会》，关注广东社会变化与发展问题
27	*The Cross and the Dragon or Light in the Broad East*	1885	Henry B.C	香便文的《基督教与中国》，有关基督教新教早期在华南地区传教历史的文献
28	*Across Chryse：Being the Narrative of a Journey of Exploration through the South China Borderlands from Canton to Mandalay*	1883	Colquhoun A.R	柯乐洪《通过华南边疆从广州到曼德勒旅行记事》，为西方人在中国的亲身经历、所见所闻，反映了不同阶层、身份的西方人对中国的认识，是研究中国近代社会生活方方面面的重要一手材料

资料来源：(1)马少甫. 徐家汇藏书楼清代英文珍本述要[J]. 图书馆理论与实践，2006(2)：50－52；(2) 周大鸣. 凤凰村的变迁：《华南的乡村生活》追踪研究 [M]. 社会科学文献出版社，2006；(3) 周旖. 岭南大学图书馆藏书研究 [M]. 广州：广东人民出版社，2018.

4.3 海关出版物

按照吴松弟的研究，“海关出版物”主要是“旧海关内部出版物”，是指海关总税务司署的造册处刊印，或由总税务司署请人撰写的出版物。由于是用铅字排印，以书本形式出版的出版物，因此不同于保持原始面貌的其他海关报告、文献、资料或原始档案。撰写和出版这些出版物的主要目的，是为了满足海关工作的需要，并非为了向公众出售。尽管这样，仍有一定数量的海关出版物，通过出售、赠送等多种形式，为海关以外的个人和机构所拥有[①]。

海关总税务司署 1882 年的第 179 号规定“唯有统计、专著、杂项类出版物向公众发售”，并且为了海关自身的工作，只有在海关内部赠送和造册处留存以后剩余部分才可以在部分固定的书店内发售[②]。海关图书馆利用其得天独厚的关系获得了大量造册处出版的关册。造册处编印成册的贸易报告，包括年报、季报、月报及各种分类统计表、通令、报表、调查报告、税则等书刊表册出版后，除分发各部门、各关和有关机关参考外，其余都留存在海关图书馆内[③]。但是，中国旧海关出版物复杂、种类繁多，在其发展过程中各种报告名称多次变更，很难统计其出版数量[④]。

根据 1936 年海关总税务司署统计科印行的《海关出版图书目录》（第六版）对于海关出版物的分类[⑤]，分别是统计系列（*Statistical Series*）、特种系列（*Special Series*）、杂项系列（*Miscellaneous Series*）、关务系列（*Service Series*）、办公系列（*Office Series*）、总署系列（*Inspectorate Series*）、邮政系列（*Postal Series*）和其他刊物。每个系列之下又分为若干系统，这些名称和内容随着时间的变化而有所变化。规模最为庞大的是统计系列，在这些出版物中，统计系列常用来研究近代中国进出口贸易数据，被认为是海关最主要的出版物，是“研究我国经济之唯一可靠而系统的资料”，该系列中又以贸易统计和贸易报告最为重要，“缺少海关贸易报告，海关将处于瘫痪状态”[⑥]。可见贸易统计和贸易报告对当时研究或实践的重要性。按照 *Native Customs Trade Returns* 第三卷的扉页显示，统计系统包括 *Shanghai Daily Returns*（上海每日贸易册）、*Customs Gazette*（海关公报）、*Returns of Trade*（贸易统计）、*Report of Trade*（贸易报告）、*Chinese Vision*（中文译本）、*Decennial Reports*（十年报告）、*Native Customs Trade Reports*（国内贸易册），共 7 个系统[⑦]。目前，郑友揆[⑧]、詹庆华[⑨]等人都已经对海关贸易报告的标志方法及其内容进行了详细介绍，本研究主要着眼于目前对外经济贸易大学海关文献中心所藏海关图书馆海关出版物的现状（如图 4－1 所示）。

---

① 以下无特殊说明，资料均来源于吴松弟所著《中国近代经济地理与旧海关资料研究集》。

② 吴松弟. 旧海关出版物与近代中国研究 [J]. 社会科学家，2014（12）：141－146.

③ 上海市文史馆，上海市人民政府参事室文史资料工作委员会编. 上海地方史资料（3）[M]. 上海：上海社会科学院出版社，1984：97.

④ 吴松弟. 中国旧海关出版物的形成、结构与学术价值 [J]. 史林，2020（6）：14－22，216.

⑤ 海关出版图书目录（第六版）[M]. 上海：海关总税务司署统计科印行，1936.

⑥ 郑友揆. 我国海关贸易统计编制方法及其内容之沿革考 [J]. 社会科学杂志，1934（3）：264－296.

⑦ 吴松第，方书生. 一座尚未充分利用的近代史资料宝库——中国旧海关系列出版物评述 [J]. 史学月刊，2005（3）：83－92.

⑧ 郑友揆. 我国海关贸易统计编制方法及其内容之沿革考 [J]. 社会科学杂志，1934，3（5）：264－296.

⑨ 詹庆华. 中国近代海关贸易报告述论 [J]. 中国社会经济史研究，2003（2）：65－73.

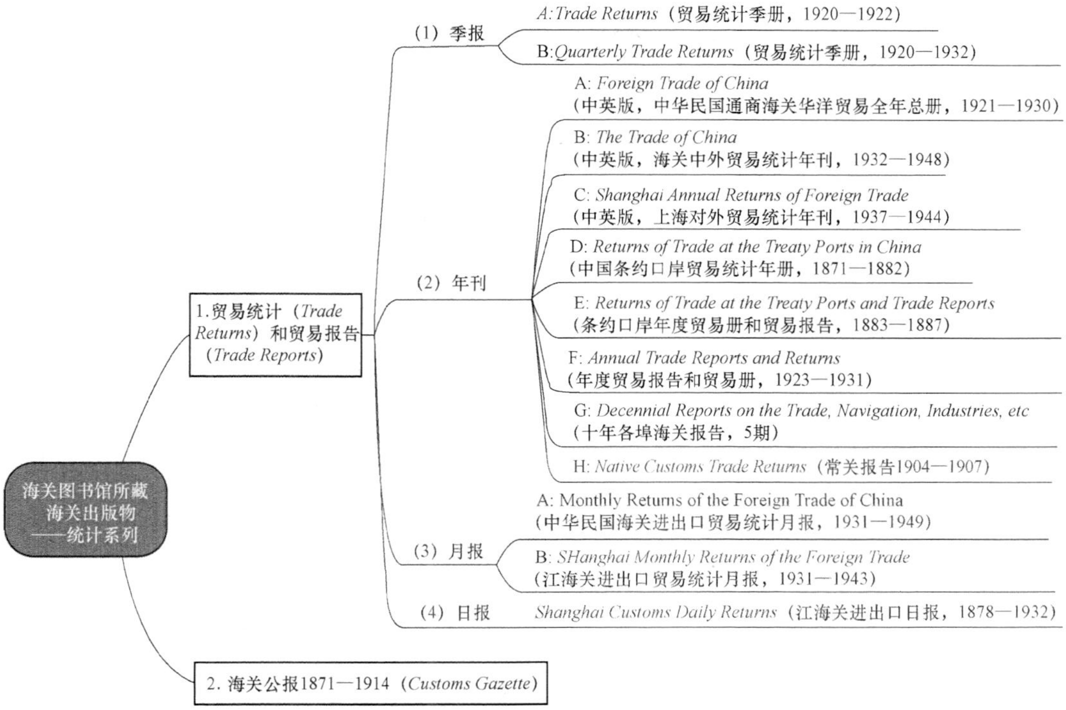

图 4-1　海关图书馆馆藏海关出版物——统计系列（部分）

4.3.1　统计系列

该系列报告主要由邮政工作报告、各港口的贸易报告和统计、中国外贸的总报告、北方港口贸易报告、南方港口与邮局工作报告、对外贸易分析（进口）和对外贸易分析（出口）等组成。据考证，从统计方法、统计度量、文本结构以至表述格式上，海关报告随着统计手段的更新和贸易内涵的变化，均进行了一系列的规范与革新，使内容变得更加科学、系统、完备、精确[①]。海关图书馆具体收藏有：

（1）年刊（*Annual Report*）

年刊由多个系列组成，有些系列又由多种文献组成，比较复杂，作为统计系列中的主体部分，海关图书馆收藏的年刊主要有：

① 条约口岸贸易年度报告（*Reports on Trade at the Treaty Ports for the Year*）

此为各海关贸易的年度报告，使用表格的形式说明概括全国和各地区的贸易状况，同时使用大量的文字，说明全国和各地的贸易进展、影响贸易的内外因素，以及口岸城市及其所在地区从自然、经济到政治、文化的多方面情况，“对各该埠商业、政治、社会情形，叙述颇详，足资参考”[②]。1867 年更名为《中国条约口岸贸易报告，1867 年》

① 吴松弟，方书生. 中国旧海关出版物的书名、内容和流变考证：统计丛书之年刊系统［J］. 上海海关学院学报，2013（1）：1－17.

② 吴松弟，方书生. 一座尚未充分利用的近代史资料宝库——中国旧海关系列出版物述评［J］. 史学月刊，2005（3）：83－92.

（*Report on Trade at the Treaty Ports in China，for the Year 1867*），该名沿用到 1881 年。海关图书馆收藏不同类型的出版物，合订成 21 册（如图 4－2 所示）。

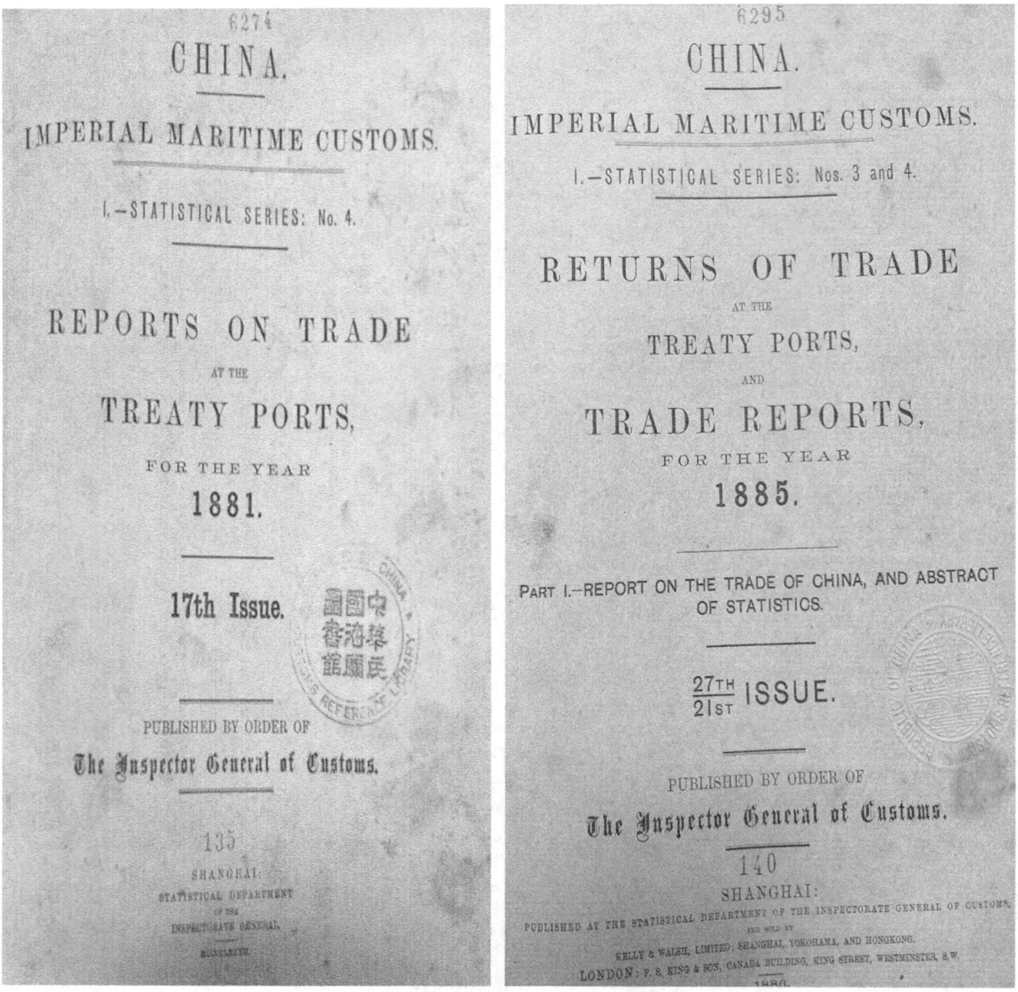
6274
CHINA.
IMPERIAL MARITIME CUSTOMS.
I.—STATISTICAL SERIES: No. 4.
REPORTS ON TRADE
AT THE
TREATY PORTS,
FOR THE YEAR
1881.
17th Issue.
PUBLISHED BY ORDER OF
The Inspector General of Customs.
135
SHANGHAI:
STATISTICAL DEPARTMENT
OF THE
INSPECTORATE GENERAL.

6295
CHINA.
IMPERIAL MARITIME CUSTOMS.
I.—STATISTICAL SERIES: Nos. 3 and 4.
RETURNS OF TRADE
AT THE
TREATY PORTS,
AND
TRADE REPORTS,
FOR THE YEAR
1885.
PART I.—REPORT ON THE TRADE OF CHINA, AND ABSTRACT OF STATISTICS.
27TH / 21ST ISSUE.
PUBLISHED BY ORDER OF
The Inspector General of Customs.
140
SHANGHAI:
PUBLISHED AT THE STATISTICAL DEPARTMENT OF THE INSPECTORATE GENERAL OF CUSTOMS,
AND SOLD BY
KELLY & WALSH, LIMITED: SHANGHAI, YOKOHAMA, AND HONGKONG.
LONDON: P. S. KING & SON, CANADA BUILDING, KING STREET, WESTMINSTER, S.W.
1886.

图 4－2　海关图书馆所藏《条约口岸贸易年度报告》（部分）

A. 中国条约口岸贸易报告（*Reports on Trade at the Treaty Ports in China，for the Year X*），海关图书馆收藏的年份分别是 1870 年、1871—1872 年、1873 年、1874 年、1875 年、1876 年，共 6 册；

B. 条约口岸贸易报告（*Reports on Trade at the Treaty Ports for the Year X*），统计系列的第 4 号，海关图书馆收藏的年份分别是 1877 年、1878 年、1879 年、1880 年、1881 年，共 5 册；

C. 条约口岸贸易报告（*Returns of Trade at the Treaty Ports for the Year X*），统计系列的第 3 号，海关图书馆收藏的年份分别是 1879 年、1880 年、1881 年，共 3 册；

D. 条约口岸贸易报告（*Report of Trade at the Treaty Ports for the Year X*），1870—1876 年，共 1 册；

E. 条约口岸贸易报告（*Reports on Trade at the Treaty Ports for the Year X*），统计系列的第 3 号和第 4 号，海关图书馆还藏有 1882—1887 年的内容，共 6 册。

② 年度贸易册和贸易报告（*Returns of Trade and Trade Report*）

该系列报告属于统计系列，1882—1915 年属于第 3 号和第 4 号，1916—1919 年属于第 3 至第 5 号。海关图书馆收藏了 1887—1919 年的内容，装订成 54 册。

1919 年 12 月 16 日海关总税务司署规定从 1920 年开始，原先作为年刊系列的《年度贸易册和贸易报告》（*Returns of Trade and Trade Report*）不再出版（如图 4－3 所示）。其全国性的总论载入继之而起的《中华民国通商海关华洋贸易全年总册》（*Foreign Trade of China*）。

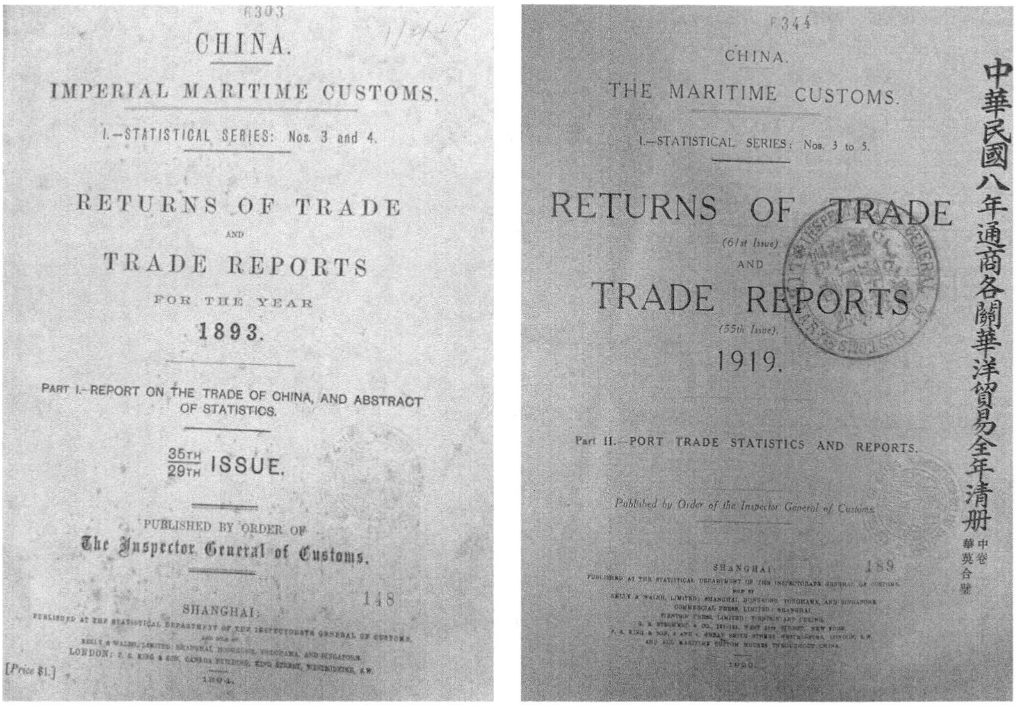

图 4－3　海关图书馆所藏《年度贸易册和贸易报告》（部分）

③ 中华民国通商海关华洋贸易全年总册总论

从时间前后上由两个专刊组成：

一是，1920—1931 年出版的《中华民国通商海关华洋贸易全年总册总论》。该专刊属于统计系列，1920—1922 年为第 2 至第 5 号，1923—1930 年为第 3 至第 5 号，最初中文名为《中华民国 X 年通商海关华洋贸易全年总册总论》，1925 年改成《中国海关民国 X 年华洋贸易总册》，英文名一直延续 *Foreign Trade of China*，并从 1920 年开始同时使用了中文和英文书写的华英合璧的形式。海关图书馆收藏 1923—1931 年的内容，装订成 12 册（如图 4－4 所示）。

6346

CHINA.

THE MARITIME CUSTOMS.

I.—STATISTICAL SERIES: Nos. 2 to 5.

FOREIGN TRADE OF CHINA, 1921.

PART I: REPORT AND ABSTRACT OF STATISTICS.

Published by Order of the Inspector General of Customs.

191

SHANGHAI:

PUBLISHED AT THE STATISTICAL DEPARTMENT OF THE INSPECTORATE GENERAL OF CUSTOMS

SOLD BY

KELLY & WALSH, LIMITED: SHANGHAI, HONGKONG, YOKOHAMA, AND SINGAPORE.

COMMERCIAL PRESS, LIMITED: SHANGHAI.

TIENTSIN PRESS, LIMITED: TIENTSIN AND PEKING.

P. S. KING & SON, LIMITED, 2 AND 4, GREAT SMITH STREET, WESTMINSTER, LONDON, S.W.

AND ALL MARITIME CUSTOM HOUSES THROUGHOUT CHINA

1922.

[C 82.]

中華民國十年通商海關華洋貿易全年總册總論 上卷 華英合璧

图 4－4　海关图书馆所藏《中华民国通商海关华洋贸易全年总册总论》（部分）

二是，1931 年“华洋贸易总册”停止出版后，由《海关中外贸易统计年刊》接续。当年仍采用英文名 *Foreign Trade of China*，1932 年起英文名改成 *The Trade of China*，统计系统中的编号由 *Foreign Trade of China* 的第 3 至第 5 号变成第 1 号。期间，1943 年至 1945 年停止出版，1946 年恢复出版，1949 年停止出版。该系列为当时中国贸易概况的重要参考资料，海关图书馆装订成 28 册，分为 1932 年的 1 到 5 卷，1933 年的第 1 到 5 卷成 1 册；1934 年的第 1 到 5 卷成 1 册；1935 年的 1 到 4 卷各成 1 册；1936 年的第 1 卷，1936 年的第 2 到 4 卷，各成 1 册；1937 年的第 1 卷，1937 年的第 2 到 4 卷，各成 1 册；1938 年的第 1 卷，1938 年的第 2 到 4 卷，各成 1 册；1939 年的第 1 卷，1939 年的第 2 到 4 卷，各成 1 册；1940 年的第 1 卷，1940 年的第 2 到 4 卷，各成 1 册；1941 年的第 1 卷，1941 年的第 2 到 4 卷，各成 1 册；1942 年的第 1 卷，1942 年的第 2 到 4 卷，各成 1 册；1943 年 1 册；1946 年 1 册。

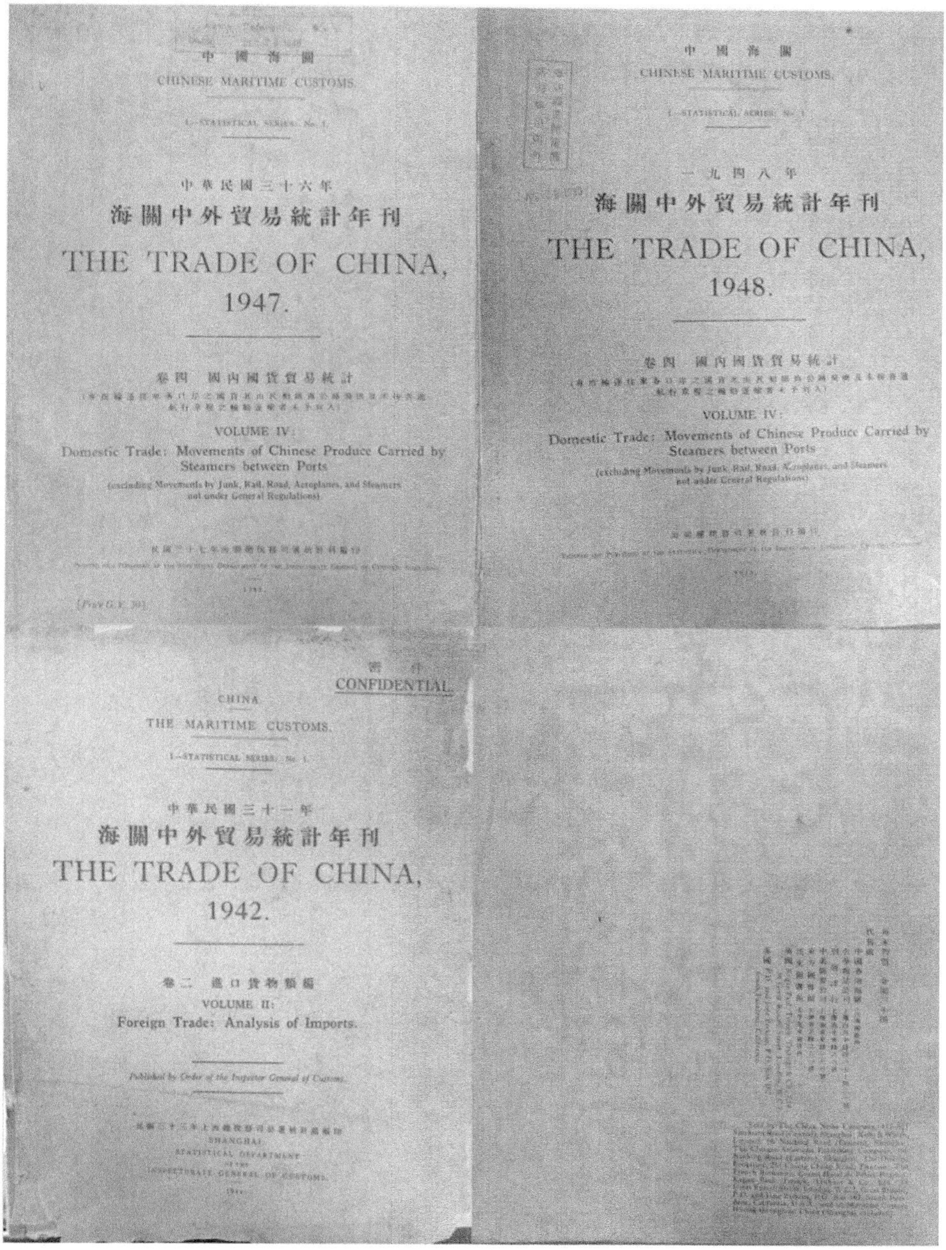

图 4-5 海关图书馆所藏《海关中外贸易统计年刊》(部分)

④ 各关年度贸易册和全年册论，**1923—1931**（***Annual Trade Report and Returns, 1923—1931***）

属于统计系列的第 3-5 号，1924—1931 年之间出版，简称“各关年度贸易册”，记录当时海关贸易值、地图等重要内容。海关总税务署交由各关自行编辑，并无统一的书名，而是在中文书名《贸易册……全年册论》和英文名 *Annual Trade Report and Returns* 上加关名和年度。海关图书馆完整收藏了 1923—1931 年的内容，装订成 9 册（如图 4-6 所示）。

图 **4-6** 海关图书馆所藏《海关贸易册》(部分)

⑤ 十年各埠海关报告(*Decennial Reports on the Trade, Navigation, Industries, etc.*)

该报告对各关所在省区十年间各方面的经济文化社会变化进行描述，被誉为“区域百科全书”，属于统计系列的第 6 号。始编于 1882 年，10 年一期，共发行了 1882—1931 年的 5 期报告。十年报告的特色之一是插入了大量的地图，内容繁多，绘制时间较早，均采用西方的科学方法绘制或改绘，具有极大的学术价值。海关图书馆分别收藏了 1882—1891 年、1892—1901 年(卷 1 和卷 2)、1902—1911 年、1912—1921 年、1922—1931 年的内容，装订成 6 册。此外，海关图书馆还收藏了《最近十年各埠海关报告》(上下卷)，各 2 册，时间为 1922 年至 1931 年(如图 4-7 所示)。

⑥ 常关贸易报告(*Native Customs Trade Returns, 1904—1907*)

共三卷，分别刊载了福州、天津和全国各常关 20 世纪的贸易统计，是研究晚清常关必不可少的核心资料，前两卷出版于 1904 年，第 3 卷出版于 1907 年，列入统计系列的第 7 号。海关图书馆收藏了出版于 1904—1907 年的内容，装订成 1 册。

综上，与较为完整的哈佛大学图书馆、《中国旧海关史料》等 10 种收藏相比，海关图书馆收藏的统计系类年刊系统有 6 种，其中，口岸贸易统计年册(1859—1881)、通商各关华洋贸易总册(1875—1919)、1935 年粤海关进出口贸易统计年报特刊、“伪满洲国”外国贸易统计年报并无收藏。具体对比情况如表 4-4 所示。

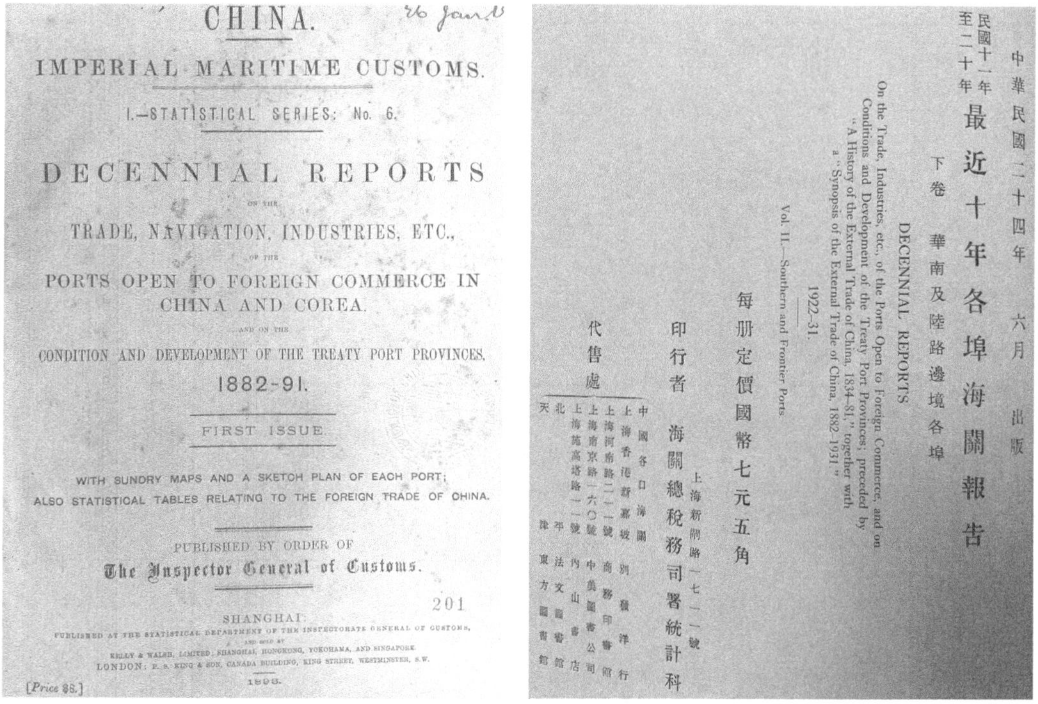

图 4-7 海关图书馆所藏《十年各埠海关报告》（左英文、右中文）

表 4-4 海关图书馆统计系列年刊系统的收藏概况①

年刊完整出版物目录		收藏年份	馆藏量/册
口岸贸易统计年册（1859—1881）	进出口贸易统计年册 1859—1866（*Returns of the Import and Export Trade, 1859—1866*）	无	无
	中国条约口岸贸易统计年册 1867—1881（*Returns of Trade at the Treaty Ports in China 1867—1881*）	1867、1868、1869、1870、1872、1873、1874、1875、1877、1878、1881	统计系列第4号，11册
条约口岸贸易年度报告		1871、1874、1875、1876 1877、1878、1879、1880 1881	10册
年度贸易册和贸易报告 *Returns of Trade and Trade Reports for the Year ...*		1888、1889、1890、1891、1892、1893、1894、1895、1896、1897、1898、1899、1900、1901、1902、1903、1904、1905、1906、1907、1908、1909、1910、1911、1912、1913、1914、1915、1916、1917、1918、1919、1920	54册

① 《中国海关百科全书》编纂委员会. 中国海关百科全书［M］. 北京：中国大百科全书出版社，2004：194.

续表

年刊完整出版物目录		收藏年份	馆藏量/册
通商各关华洋贸易总册（1875—1919）		无	无
中华民国通商海关华洋贸易全年总册总论（1920—1948）	中华民国通商海关华洋贸易全年总册总论	1921、1922、1923、1924、1925、1926、1927、1928、1929、1930	12
	海关中外贸易统计年刊	1931、1932、1933、1934、1935、1936、1937、1938、1939、1940、1941、1942、1944、1947、1948	28
各关年度贸易册和全年册论（1923—1930）		1924、1925、1926、1927、1928、1929、1930、1931、1932	9
十年各埠海关报告		1893、1904、1913、1924、1933	6
常关贸易统计		1904—1907	1
中华民国二十四年粤海关进出口贸易统计年报特刊		无	无
“伪满洲国”外国贸易统计年报		无	无
总计：131 册			

此外，年报中的 *Report on the Working of the Imperial Post Office 33rd Year of Kuang Hsu*，属于统计系列的第 3 和第 4 号，海关图书馆收藏了 1 册。*Reports and Returns of Trade Chinese Version*（《贸易总册（中文版）》），海关图书馆收藏的年份分别合订成 1881—1888 年、1889—1891 年、1892—1894 年、1895—1897 年、1989—1899 年、1900—1901 年、1902—1903 年、1904—1905 年、1906—1907 年、1908—1909 年、1910—1911 年、1912 年，共计 12 册合订本。*Shanghai Annual Returns of Foreign Trade*（《上海对外贸易统计年刊》），属于统计系列第 2 号，海关图书馆分别收藏了 1937 年、1938—1939 年、1940 年、1941 年，共 4 册合订本。

（2）季报（*Quarterly Return*）

根据总税务司署通令，《海关华洋贸易统计册》早期称为“关册”，于 1868 年取代 1866 年首发的《中国各通商口岸贸易月报》而出版；1931 年 7 月总税务司署统计科税务司建议按照国际联盟公约之建议大纲，出版《来往外洋货物统计月报》，取代按季度出版的《海关华洋贸易统计册》。因《海关华洋贸易统计册》按季度出版，又被称为“季报”，季报属于统计系统第 2 号。季报的英文名称多次变化，可分为 4 个时期，海关图书馆有不同的收藏（如表 4－5、图 4－8 所示）。

表 4–5　　海关图书馆有关季报的收藏情况

名称	时期	收藏量/册	备注
Customs Gazette	1869—1915	50	1869—1915 年之间完整收藏，其中 1886—1888 年、1889—1891 年、1892—1894 年、1895—1898 年、1899—1902 年为合订本。
Quarterly Returns of Trade	1914—1919	5	统计系列第 2 号，1914—1919 之间完整收藏。
*Trade Returns**	1920—1922	13	统计系列第 2 至第 5 号，1920—1923 年之间完整收藏。
*Quarterly Trade Returns***	1924—1931	32	统计系列第 2 号，1924—1931 年之间完整收藏。
Hong Kong Trade Returns	1930—1940	11	分别为：1930 年、1931 年、1932 年、1934 年、1935 年、1932—1933 年、1934—1935 年、1940 年。
总计：111 册			

注：* 海关图书馆藏书目录标识为 *Quarterly Trade Returns*，中文为《海关贸易册中华民国九年第一季度华英合璧》。

**海关图书馆收藏了 6 册季报与年报合订本（*Quarterly Trade Returns and Annual Trade Reports*）。

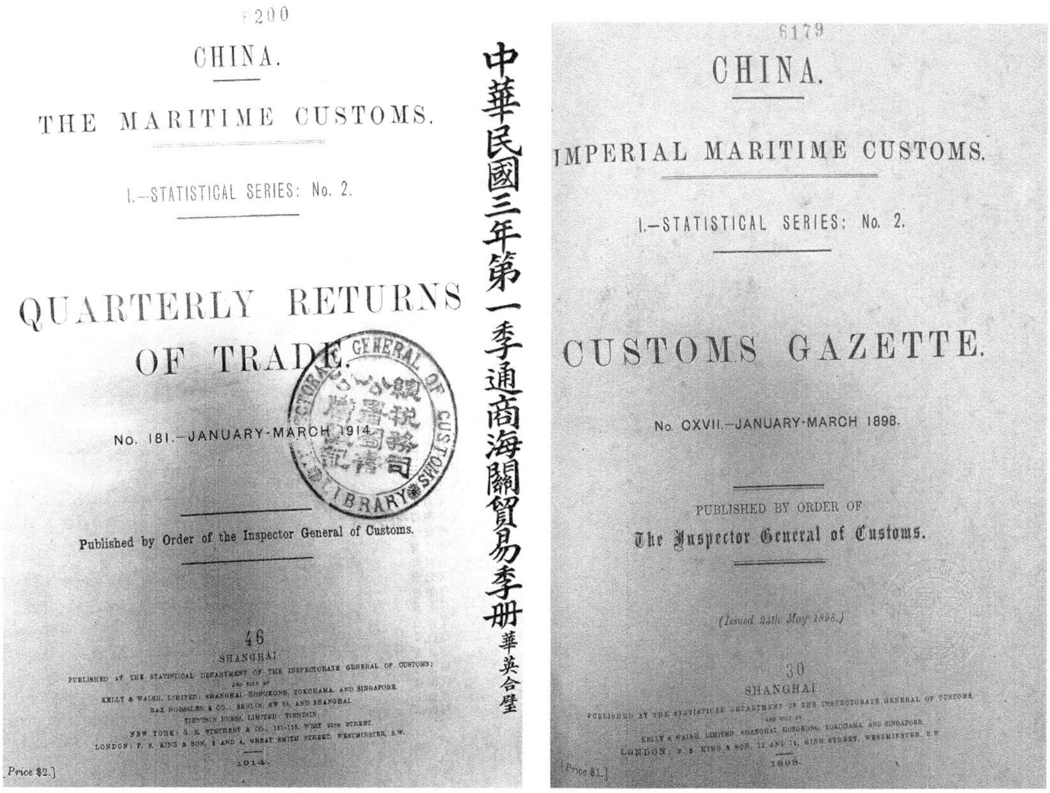

图 4–8　海关图书馆所藏不同时期的季报（部分）

此外，海关图书馆还收藏了1930—1940年之间的香港贸易统计册 *Hong Kong Trade Returns*，共计11册。值得一提的是，哈佛大学图书馆未收录季报的1882年、1883年、1930年、1931年及1929年的第二至第四季度，其他都有。香港中文大学图书馆收录了1929年第四季度、1930年第四季度和1931年第一季度的季报。可见，目前对外经济贸易大学海关文献中心有较为全面与完整的收藏。

（3）月报（*Monthly Return*）

① 中华民国海关进出口贸易统计月报（*Monthly Returns of the Foreign Trade of China，1932—1948*）

在《中国各通商口岸贸易月报》（*Monthly Reports on Trade at the Ports in China Open by Treaty to Foreign Trade*）停止出版60多年以后，1932年1月海关总税务司署重新出版月报，名为《中华民国海关进出口贸易统计月报》（*Monthly Returns of the Foreign Trade of China*），属于统计丛书第8号。由于月报原来没有编号，全书用中文和英文出版，书名也同样。该书是全国性的进出口货物、金银的进出口价值以及往来外洋的商船数量的按月详细统计。自1936年1月起，月报提前到下个月的月初出版，其他内容不变，但进口货物增加来源地，出口货物增加运销地，但仍无任何分海关报告。海关图书馆收藏了出版于1932—1945年的内容，装订成29册（如图4–9所示）。

图4–9 海关图书馆所藏中华民国海关进出口贸易统计月报（部分）

② 江海关进出口贸易统计月报（*Monthly Returns of the Foreign Trade of Shanghai*）

《江海关进出口贸易统计月报》为江海关的贸易统计月报，属于统计系列的第 9 号。本月报按照《中华民国海关进出口贸易统计月报》的做法，详细列出进出口 1 月至本月的累积数字，并另刊载进出口金银价值暨往来外洋与各通商口岸船只吨位各表。自 1936 年 1 月起，本月报提早到下月初出版。海关图书馆收藏了出版于 1932—1943 年的内容，装订成 28 册（如图 4－10 所示）。

CHINA.

THE MARITIME CUSTOMS.

I.—STATISTICAL SERIES: No. 9.

Shanghai Monthly Returns of Foreign Trade.

SEPTEMBER 1941.

SHANGHAI:

Printed and Published at the Statistical Department of the Inspectorate General of Customs.
Sold by Kelly & Walsh, Limited, Shanghai, Hongkong, and Singapore; The Commercial Press, Limited, 211 Honan Road, Shanghai; The Chinese-American Publishing Company, 160 Nanking Road, Shanghai; The Uchiyama Bookstore, 11 Scott Road, Shanghai; The French Bookstore, Peiping; The Oriental Bookstore, Tientsin; P. S. King & Son, Limited, 14 Great Smith Street, Westminster, London, S.W.; and all Maritime Custom Houses in China (Shanghai and Tientsin excluded).

图 4－10　海关图书馆所藏江海关进出口贸易统计月报（部分）

除了江海关月报，其他一些海关也有月报。1931 年以后天津、上海、胶州、广州等四个主要海关都有自己的贸易月报。其中，《津海关月报》（*Monthly Returns of the Foreign Trade of Tientsin*）始于 1932 年 3 月，海关图书馆收藏了出版于 1932—1939 年的内容，装订成 10 册。《粤海关月报》（*Monthly Returns of the Foreign and Interport Trade of Canton*）始于 1932 年 4 月，海关图书馆收藏了出版于 1932—1937 年的内容，装订成 9 册。《华北月报》（*Monthly Returns of the Foreign Trade of North China*）海关图书馆收藏了出版于

1939—1945 年的内容，装订成 21 册。具体如表 4－6 所示。

表 4－6　　海关图书馆有关月报的收藏情况

名称	年份	收藏量/册	备注
中国各通商口岸贸易月报	1866—1868	无	为我国近代海关最早的出版物之一，仅维持两年就停止出版
中华民国海关进出口贸易统计月报	1932—1948	39	《中国旧海关史料》未收录，哈佛大学图书馆收录 1946 年 11 月、12 月两卷
江海关进出口贸易统计月报	1932—1943	48	《中国旧海关史料》未收录，哈佛大学图书馆收录 1936 年、1937 年、1938 年、1947 年等四年的全部册数以及 1946 年的第 3 册、第 4 册和 1948 年的一册（1 月至 5 月），共 19 册
津海关月报	1932—1939	10	
粤海关月报	1932—1937	9	
华北关月报	1939—1945	21	
总计：127 册			

（4）日报（*Daily Return*）

吴松弟在对中国旧海关出版物的日报进行考证时，认为《江海关进出口日报》（*Shanghai Customs Daily Returns*）是统计丛书的第 1 号，1866 年开始出版，1932 年停止出版，且哈佛大学图书馆和《中国旧海关史料》并未收集这些内容。海关图书馆目前收录的日报从 1877 年到 1932 年 3 月，合订成册共计 24 册，海关图书馆有较为完整的收藏（如表 4－7 所示）。

表 4－7　　海关图书馆日报收藏概况

年份	收藏概况
1877	1—12 月，1 册
1878	1—12 月，1 册
1879	1—12 月，1 册
1880	1—12 月，1 册
1881	1—12 月，1 册
1882	1—12 月，1 册
1923	1—6 月，1 册；7—12 月，1 册
1924	1—6 月，1 册；7—12 月，1 册
1925	1—6 月，1 册；7—12 月，1 册

续表

年份	收藏概况
1926	1—6月，1册；7—12月，1册
1927	1—6月，1册；7—12月，1册
1928	1—6月，1册；7—12月，1册
1929	1—6月，1册；7—12月，1册
1930	1—6月，1册；7—12月，1册
1931	1—6月，1册
1931—1932	1931年7月—1932年3月，1册

4.3.2 特种系列

特种系列中最大的门类是医学报告或海关医报（*Medical Report*），属于第2号（如图4-11所示）。内容涉及土产鸦片、东北大豆等商品进出口情况的调研，此外还包括中国内地市场状况和交通的调查等。1870年12月，海关总税务司署以赫德的名义公布了第19号通令，要求各海关医员每半年交一次医学报告。海关医报的宗旨不仅是为了调查中国的疾病详细情况，还旨在推进“中国和英国医学界”的发展，为研究和观察各种流行病提供了一个绝佳的窗口。自1871年至1910年结束，共计80期。1881年，总税务司署将海关出版物划分为统计、特种、公务、办公等6类，统计、特种、杂项可以对外销售，海关医报虽然属于特种系列，但也可以销售。除了部分被赠送及留在造册处外，其余海关出版物会被送往上海、香港以及国外，如日本、伦敦等地销售。这使得海关医报可以在国际上流通，不少欧美学校、医院、图书馆等机构都能目睹西方医学人员在东亚的观察研究。其内容甚至得到了医学权威期刊《柳叶刀》（*The Lancet*）的认可，以及一些国际流行期刊、报告的引用。该报告成为东西方医学交流的窗口，正如赫德所设想的海关医报理应成为人类事业“普遍的福祉”[①]。

海关图书馆藏有合订本共计6册，时间分布在1871—1875年、1876—1880年、1881—1885年、1886—1890年、1891—1895年、1896—1910年。*Notice to Mariners* 是特种系列的第5号，海关图书馆收藏了1862—1882年、1888—1889年、1900—1909年、1910—1909年、1910—1916年、1917—1922年、1923—1928年、1929—1936年，共计7册合订本。海关图书馆特种系列收藏丰富，其他内容如表4-8所示。

① 中华人民共和国海关总署办公厅. 中国近代海关总税务司通令全编：总税务司通令（第1卷）[M]. 北京：中国海关出版社，2012：643.

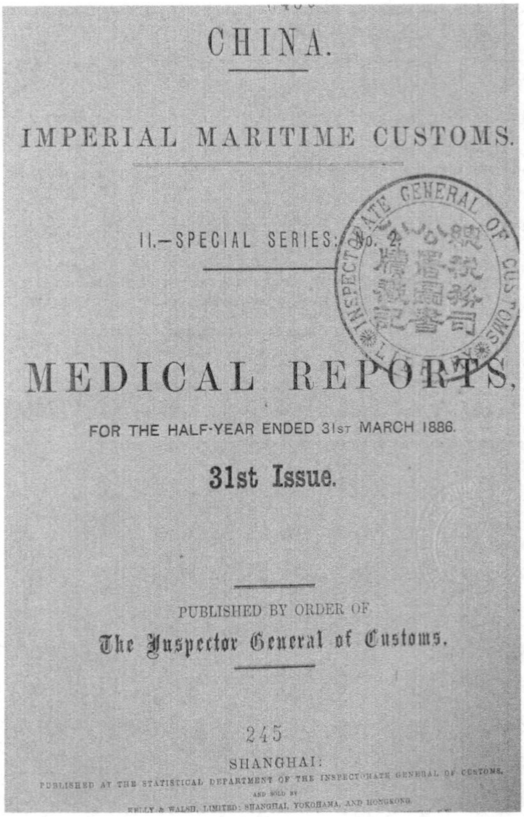

CHINA.

IMPERIAL MARITIME CUSTOMS.

II.—SPECIAL SERIES: No. 2.

MEDICAL REPORTS,

FOR THE HALF-YEAR ENDED 31ST MARCH 1886.

31st Issue.

PUBLISHED BY ORDER OF

The Inspector General of Customs.

245

SHANGHAI:

PUBLISHED AT THE STATISTICAL DEPARTMENT OF THE INSPECTORATE GENERAL OF CUSTOMS.

AND SOLD BY

KELLY & WALSH, LIMITED: SHANGHAI, YOKOHAMA, AND HONGKONG.

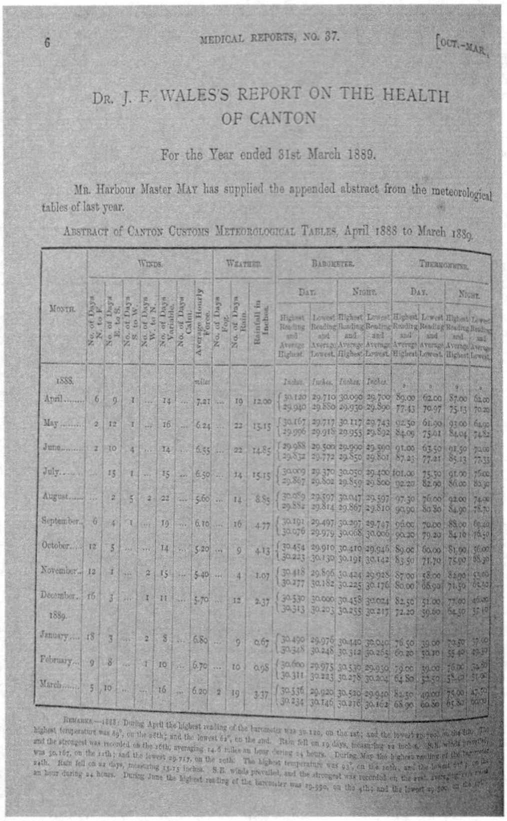

6 MEDICAL REPORTS, NO. 37. [OCT.-MAR.

DR. J. F. WALES'S REPORT ON THE HEALTH OF CANTON

For the Year ended 31st March 1889.

MR. Harbour Master MAY has supplied the appended abstract from the meteorological tables of last year.

ABSTRACT OF CANTON CUSTOMS METEOROLOGICAL TABLES, April 1888 to March 1889.

图 4-11　海关图书馆所藏医学报告（部分）

表 4-8　　海关图书馆特种系列收藏概况（部分）

名称	收藏概况
The Principal Articles of Chinese Commerce	第 38 号，2 册
Native Opium	第 1 号，1 册
Handbook for the Guidance of Shipmasters on the Ichang—Chungking Section of the Yangtze River	第 34 号，2 册
Contents of a Portable Sample Case	第 37 号，1 册
The Lungchow Region：Its Frontier Rivers，Roads，Towns，and Marts	第 39 号，1 册
Record of Trip North-East Kiangsu	第 35 号，1 册
Notes on Sericulture in Chekiang	第 36 号，1 册
Sungari Aids Service：A Descriptive Report	第 43 号，1 册
*The Collection Disposal of the Maritime and Native Customs Revenue since the Revolution of 1911**	第 41 号，1 册
Dangerous Cargo	第 40 号，4 册

注：* 另外一版归入了总署系列第 6 号。

4.3.3 杂项系列

主要有中国早期历史世界博览会的展品报告、各海关关区地名录、海关内部出版物名称、海关法规和条例等（如图 4－12 所示）。具体有：《中国沿海及内河航路标识总册》（*List of Lighthouses，Light-Vessels，Buoys，and Beacons on the Coast and Rivers of China*），杂项系列的第 6 号，海关图书馆收藏了 1900—1906 年、1907—1912 年、1913—1918 年、1919—1923 年、1949 年的内容，合订本共计 5 册；第 2 号 1873 年出版的《通商口岸贸易统计》（*Trade Statistics of the Treaty Ports*），海关图书馆藏有 1 册；第 46 号《海关出版物目录》（*Catalogue of Customs Publication*），海关图书馆藏有 2 册，出版时间为 1936 年。第 30 号的《海关中外条约》（*Treaties，Conventions，etc. China and Foreign States*），1 册。

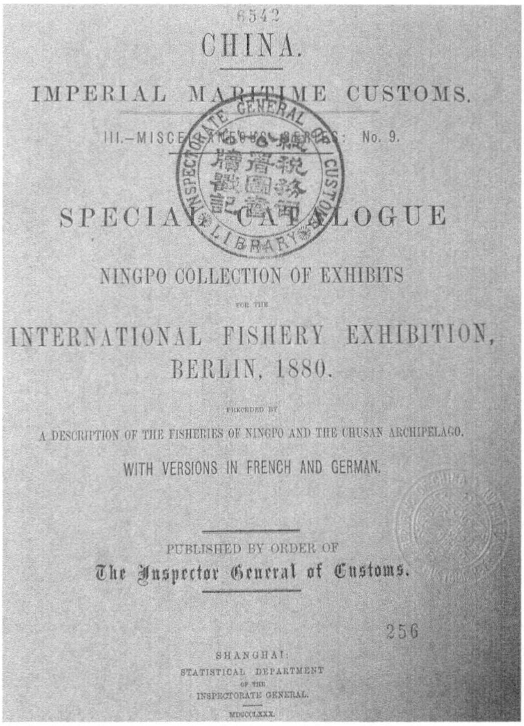
6542
CHINA.
IMPERIAL MARITIME CUSTOMS.
III.—MISCELLANEOUS SERIES: No. 9.
SPECIAL CATALOGUE
NINGPO COLLECTION OF EXHIBITS
FOR THE
INTERNATIONAL FISHERY EXHIBITION,
BERLIN, 1880.
PRECEDED BY
A DESCRIPTION OF THE FISHERIES OF NINGPO AND THE CHUSAN ARCHIPELAGO.
WITH VERSIONS IN FRENCH AND GERMAN.
PUBLISHED BY ORDER OF
The Inspector General of Customs.
256
SHANGHAI:
STATISTICAL DEPARTMENT
OF THE
INSPECTORATE GENERAL.
MDCCCLXXX.

CHINA.
THE MARITIME CUSTOMS.
III.—MISCELLANEOUS SERIES: No. 38.
REPORT
OF THE
MARINE DEPARTMENT,
1936.
Published by Order of the Inspector General of Customs.
SHANGHAI:
Printed and Published at the Statistical Department of the Inspectorate General of Customs. Sold by Kelly & Walsh, Limited, Shanghai, Hongkong, and Singapore; The Commercial Press, Limited, 211 Honan Road, Shanghai; The Chinese-American Publishing Company, 160 Nanking Road, Shanghai; The Uchiyama Bookstore, 11 Scott Road, Shanghai; The French Bookstore, Peiping; The Oriental Bookstore, Tientsin; P. S. King & Son, Limited, 14 Great Smith Street, Westminster, London, S.W., and all Maritime Custom Houses throughout China.
1937.

图 4－12 海关图书馆所藏杂项系列（部分）

4.3.4 关务系列

关务系列主要是为了某一方面的工作而长期发行的专刊（如图 4－13 所示）。数量最多的是《总税务司通令》（*Inspector General's Circulars*），第 1 刊发行于 1861 年，截至 1938 年。海关图书馆收藏了 1861—1875 年、1882—1885 年、1885—1889 年、1889—1893 年、1893—1897 年、1897—1901 年、1902—1904 年、1904—1906 年、1907—1909 年、1909—

1911 年、1911—1913 年、1913—1914 年、1915—1916 年、1916—1919 年、1919—1921 年、1921—1924 年、1924—1928 年、1928—1930 年、1930—1931 年、1931—1932 年、1932—1933 年、1933—1934 年、1934—1935 年[①]，合订本共计 24 册。此外，专刊《海关职员名录》（*Service List*）收录的时间为 1875—1937 年，合订本共计 19 册；《指导外办工作人员的临时说明》（*Provisional Instructions for the Guidance of the Out-door Staff*）收录的时间为 1870 年，1 册；《新关班诫程》（*Provisional Instructions for the Guidance of the In-door Staff*）收录的时间为 1877 年，1 册；《灯塔说明》（*Lighthouse Instructions*）收录的时间为 1870 年，1 册；《编制贸易表格和关税收入的说明》（*Provisional Instructions for Preparing Returns of Trade and Revenue*）收录的时间为 1927 年，1 册；《中国近代海关历史文件汇编》（*Documents Illustrative of the Origin，Development，and Activities of the Chinese Customs Service*），共计 7 册，时间分布在 1937 年、1938 年、1939 年、1940 年。

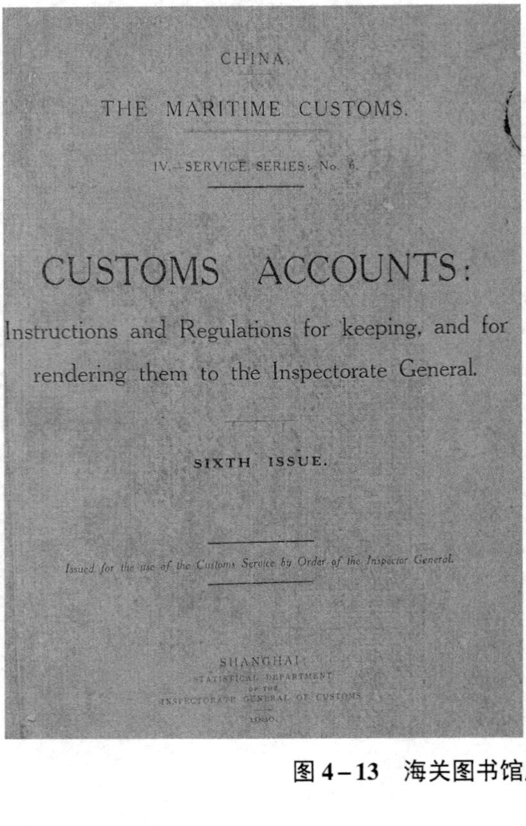

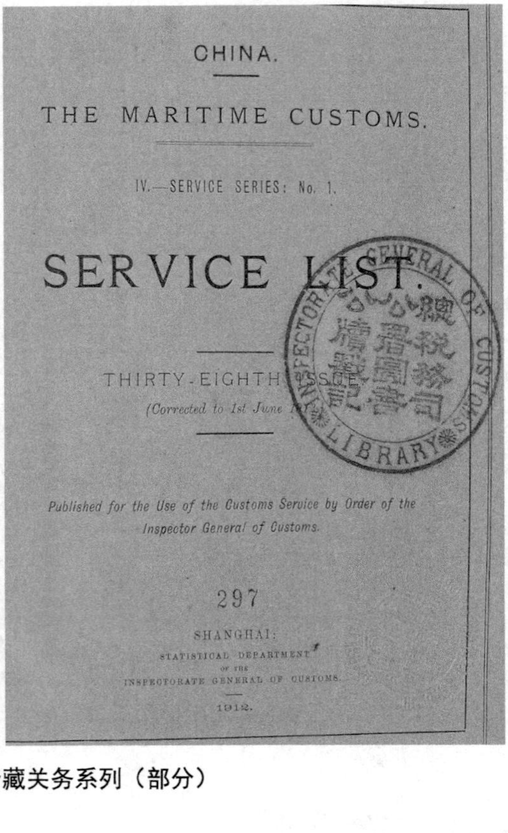

图 4-13　海关图书馆所藏关务系列（部分）

① 海关图书馆还收藏了 1936 年之后的 Inspector General's Circulars.Vol.25 Second Series（Nos.5101 to 5300），1935 to 1936；Inspector General's Circulars.Vol.26 Second Series（Nos.5301 to 5500），1936 to 1937；Inspector General's Circulars.Vol.26 Second Series（Nos.5501 to 5700），1937 to 1938；Inspector General's Circulars.Vol.26 Second Series（Nos.5701 to 5868），1938 to 1942；Inspector General's Circulars.Vol.34 Second Series（Nos.6901 to 7100），1946 to 1947；Inspector General's Circulars.Vol.36 Second Series（Nos.7301 to 7500），1948 to 1949。

4.3.5 办公系列

海关解决历年工作所遇到的问题和文献、与商业和贸易规则相关的文献、一些与灯塔灯船、关员名录、关员组织等相关的报告，如通商口岸的鸦片贸易和香港、广东沿海的鸦片走私与海关对策、通商口岸海关银号和本地货币等（如图 4－14 所示）。办公系列的《盐的生产和税收》（*Salt: Production and Taxation*），海关图书馆藏有 1 册，出版时间为 1906 年。《中国昔日航海的“加的斯”：1877 年北京的外交行动》（*Chinkiang: China Navigation Company's Hulk "Cadiz" Diplomatic Action at Peking*，1877），海关图书馆藏有 1 册。

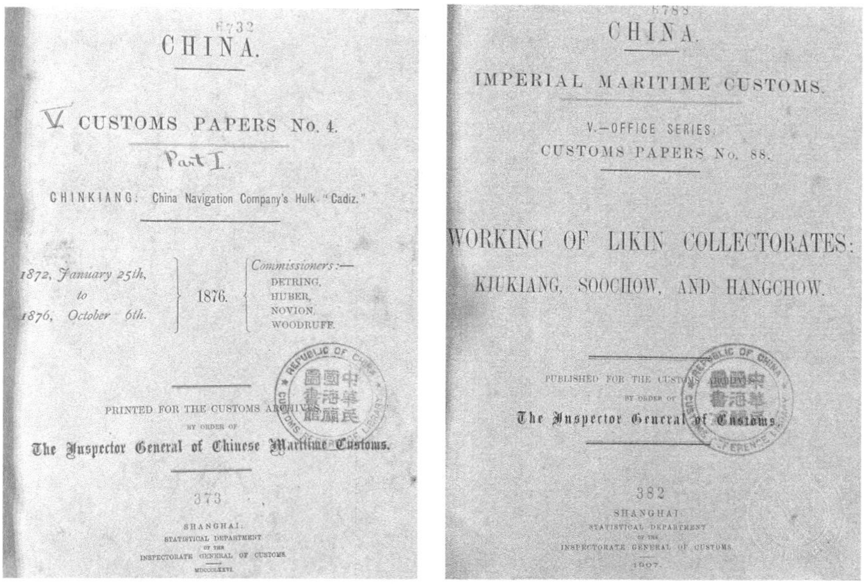
CHINA.
V CUSTOMS PAPERS No. 4.
Part I.
CHINKIANG: China Navigation Company's Hulk "Cadiz."
1872, January 25th, to 1876, October 6th. | 1876. | Commissioners:— DETRING, HUBER, NOVION, WOODRUFF.
PRINTED FOR THE CUSTOMS ARCHIVES
BY ORDER OF
The Inspector General of Chinese Maritime Customs.
373
SHANGHAI:
STATISTICAL DEPARTMENT
OF THE
INSPECTORATE GENERAL OF CUSTOMS.

CHINA.
IMPERIAL MARITIME CUSTOMS.
V.—OFFICE SERIES:
CUSTOMS PAPERS No. 88.
WORKING OF LIKIN COLLECTORATES:
KIUKIANG, SOOCHOW, AND HANGCHOW.
PUBLISHED FOR THE CUSTOMS
BY ORDER OF
The Inspector General of Customs.
382
SHANGHAI:
STATISTICAL DEPARTMENT
OF THE
INSPECTORATE GENERAL OF CUSTOMS.
1907.

图 4－14 海关图书馆所藏办公系列（部分）

4.3.6 总署系列

总署系列主要包括电报码文件、海关出版物名单、关于修改长江通航条例的建议、1854 年海关建立过程的回忆、1911 年辛亥革命以来海关和常关税收的征收和支出、香港和内地海关以及总税务司的通告等。海关图书馆较为完整地收藏了从 1876—1948 年间的总税务司通令，共有 26 册合订本。

4.3.7 邮政系列

邮政系列主要有第 6 号《邮政地图地名索引》（*Index to the Postal Working Maps*）收

录的是1904年出版的内容，共1册；第10号《邮政指南》（*Postal Guide*）收录了1914年、1920年、1922年、1923年、1926年的内容，共5册（如图4-15所示）。

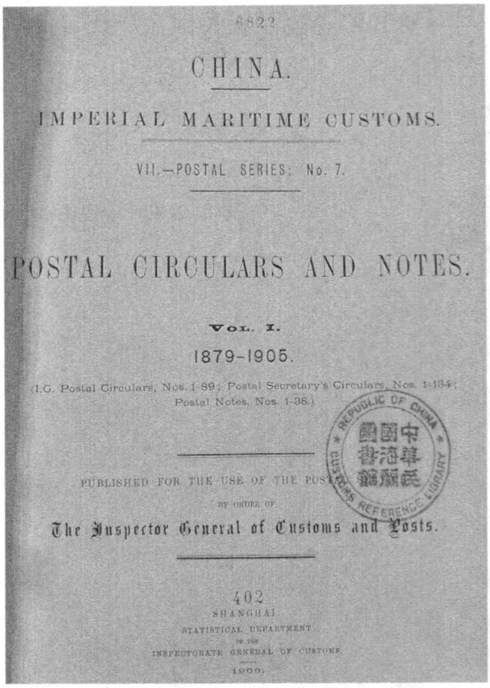
8822

CHINA.

IMPERIAL MARITIME CUSTOMS.

VII.—POSTAL SERIES: No. 7.

POSTAL CIRCULARS AND NOTES.

VOL. I.

1879-1905.

(I.G. Postal Circulars, Nos. 1-89; Postal Secretary's Circulars, Nos. 1-134; Postal Notes, Nos. 1-38.)

REPUBLIC OF CHINA 中華民國 海關圖書館 CUSTOMS REFERENCE LIBRARY

PUBLISHED FOR THE USE OF THE POST... BY ORDER OF The Inspector General of Customs and Posts.

402

SHANGHAI:
STATISTICAL DEPARTMENT OF THE INSPECTORATE GENERAL OF CUSTOMS.
1906.

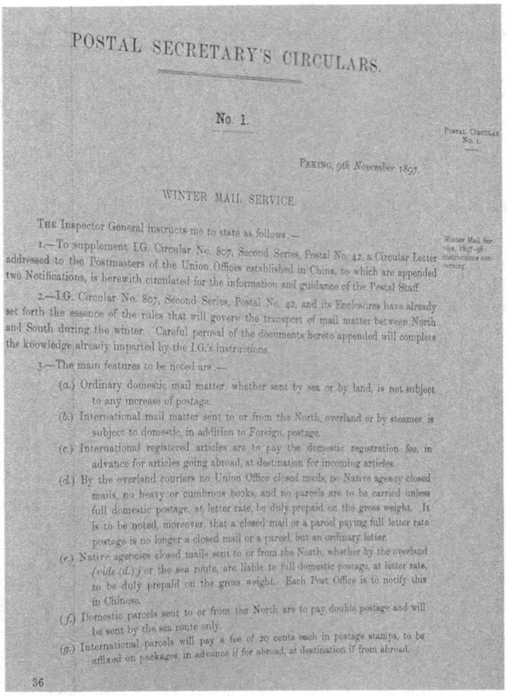
POSTAL SECRETARY'S CIRCULARS.

No. 1.

POSTAL CIRCULAR No. 1.

PEKING, 9th November 1897.

WINTER MAIL SERVICE.

THE Inspector General instructs me to state as follows:—

1.—To supplement I.G. Circular No. 807, Second Series, Postal No. 42, a Circular Letter addressed to the Postmasters of the Union Offices established in China, to which are appended two Notifications, is herewith circulated for the information and guidance of the Postal Staff.

Winter Mail Service, 1897-98: instructions concerning.

2.—I.G. Circular No. 807, Second Series, Postal No. 42, and its Enclosures have already set forth the essence of the rules that will govern the transport of mail matter between North and South during the winter. Careful perusal of the documents hereto appended will complete the knowledge already imparted by the I.G.'s instructions.

3.—The main features to be noted are:—

(a.) Ordinary domestic mail matter, whether sent by sea or by land, is not subject to any increase of postage.

(b.) International mail matter sent to or from the North, overland or by steamer, is subject to domestic, in addition to Foreign, postage.

(c.) International registered articles are to pay the domestic registration fee, in advance for articles going abroad, at destination for incoming articles.

(d.) By the overland couriers no Union Office closed mails, no Native agency closed mails, no heavy or cumbrous books, and no parcels are to be carried unless full domestic postage, at letter rate, be duly prepaid on the gross weight. It is to be noted, moreover, that a closed mail or a parcel paying full letter rate postage is no longer a closed mail or a parcel, but an ordinary letter.

(e.) Native agencies closed mails sent to or from the North, whether by the overland (vide (d.)) or the sea route, are liable to full domestic postage, at letter rate, to be duly prepaid on the gross weight. Each Post Office is to notify this in Chinese.

(f.) Domestic parcels sent to or from the North are to pay double postage and will be sent by the sea route only.

(g.) International parcels will pay a fee of 20 cents each in postage stamps, to be affixed on packages, in advance if for abroad, at destination if from abroad.

36

图4-15　海关图书馆所藏邮政系列（部分）

4.3.8　他类系列

旧海关出版物中还有部分未列入任何系列之书，称为他类之书（*Customs Publications not Included in Any of the Foregoing Series*）。就主题而言，他类之书和杂项系列有重叠，可以看作是杂项系列的续编而进行的补充。在《美国哈佛大学图书馆藏未刊中国旧海关史料（1860—1949）》中编为257—283册。本研究据此划分以探析海关图书馆此类藏书情况，共计56册（如表4-9所示）。

表4-9　　海关图书馆他类之书收藏概况（部分）

序号 *	出版物名称	收藏概况	备注
257册	*Chinese Currency*（中国的通货）	3册，1901年	Joseph Edkins著，上海长老会出版社（Persbyterian Mission Press）
	The Revenues and Taxation of the Chinese Empire（中国财政论）	3册，1903年	
	Banking and Prices in China（中国的银行与物价）	3册，1905年	

续表

序号 *	出版物名称	收藏概况	备注
258—259 册		无	
260—261 册	*The Nanking Kuan Hua*（南京方言指南）	2 册，1902 年	Hemeling K
	A Dictionary from English to Colloquial Mandarin Chinese（中国官话英汉口语辞典）	2 册，1905 年	George Carter Stent
262—264 册	*English-Chinese Dictionary of the Standard Chinese Spoken Language*（英汉国语辞典）	2 册，1916 年	Hemeling K
265 册	*A Manual of Chinese Metaphor*（中国隐喻手册）	2 册，1920 年	Williams C.A
265—267 册	*Text Book of Documentary Chinese*	9 册，1883—1910 年	Hirth F
268—269 册	*Code of Customs Regulations and Procedure*（关务署核定海关法规彙编）	17 册，1933—1937 年	
270 册		无	
270—272 册		无	
272 册	*Handbook of Customs Procedure at Shanghai*	4 册，1921 年、1926 年	
273 册		无	
274—278 册		无	
279 册	中华民国海关进口税税则	1 册，1922—1934 年	
	中华民国海关出口税税则	1 册，1946 年	
280—281 册		无	
282 册	*The Corean Government: Constitutional Changes, July 1894 to October 1895, with an Appendix on Subsequent Enactments to 30th June 1896*（1894 年 7 月至 1895 年 10 月朝鲜政府的宪法改变，附 1896 年 6 月 30 日以前的成文法）	2 册，1897 年	Wilkinson W.H
	大清邮政舆图	4 册，1907 年	
	The Origin and Development of the Chinese Customs Service, 1843—1911. An Historical Outline（中国海关的起源与发展，1843—1922）	1 册，1939 年	魏尔特（Stanley Fowler Wright）
283 册		无	
总计：56 册			

注：* 此处采用《美国哈佛大学图书馆藏未刊中国旧海关史料（1860—1949）》编号。

5 海关图书馆藏书来源及去向

5.1 藏书来源

5.1.1 订购

海关图书馆藏文献订购的文献主要包括国内外知名的出版社、报社、杂志社等。现存资料中对藏书征订的方式、原则等记录较少，此部分根据海关图书馆藏书目录的出版信息进行汇总。按照国别进行划分，主要有英国、美国、中国、日本、德国等；按出版社类型区分，主要有图书类、杂志报刊类；按出版内容划分，主要有社科类、教育类、文艺类、大学类等。这些藏书来源中有直接向出版商采购，也有部分从书店和书刊代理机构选购，如商务印书馆在 20 世纪 30 年代是芝加哥大学出版社出版物在中国的总代理商[①]，海关图书馆也收藏了该出版社的藏书（如表 5－1 所示）。

表 5－1　海关图书馆藏书主要订购来源（部分）

序号	出版商名称	出版地	备注
1	British Parliamentary Office（英国议会办公室）	英国	机构
2	Her（His）Majesty's Stationery Office-Hmso（皇家出版局）	英国	机构
3	Government of India Central Publication Branch（英属印度中央出版社）	英国	机构
4	Oxford University Press（牛津大学出版社）	英国、中国	出版社
5	上海英国商会	中国上海	机构
6	Kelly & Walsh（别发印书馆）	中国上海等	出版社

① 周旖. 岭南大学图书馆藏书研究［M］. 广州：广东人民出版社，2018：164.

续表

序号	出版商名称	出版地	备注
7	North-China Daily News and Herald Ltd.（北华捷报公司）	中国上海	杂志社/报社，海关图书馆主要订购《中国洋行名录》（*China Hong list*，1877—1941）
8	The H.W.Wilson Company（威尔逊公司）	美国纽约	出版社
9	W.Heffer & Sons Ltd	英国剑桥	出版社
10	Tientsin Press Ltd（天津印字馆）	中国天津	出版社
11	Methuen & Co Ltd.（梅休因出版公司）	英国	属于联合图书出版公司
12	查普曼和霍尔出版公司（Chapman & Hall Ltd.）	英国	属于联合图书出版公司
13	霍德（与）斯托顿（Hodder and Stoughton）	英国伦敦	成立于1868年，出版综合性图书和小说、儿童图书、学校用书、技术图书等
14	麦克唐纳（与）埃文斯公司	英国	出版高等院校水平的教育图书，如会计业务、商业、经济等，海关图书馆藏有工业管理基础（*Fundamentals of Industrial Administration*）等图书
15	费伯与费伯公司（Faber and Faber Ltd.）	英国	于1929年在伦敦创立，出版英国文学界及社会科学等方面的书籍，如《战争金融和后果》（*War Finance and Its Consequences*）等
16	约翰·默里出版公司（John Murray）	英国	于1768年成立，主要出版一般图书和教育用书 海关图书馆收藏该方面书籍较为多样，如1903年的《马可·波罗游记》（*Travels of Marco Polo*）、《英国商业历史》（*History of British Commerce*，1763—1870）、《铂金属》（*The Platinum Metals*）等
17	劳特利奇（George Routledge & Sons）	英国	
18	泰勒（与）弗朗西斯出版公司（Taylor & Francis Ltd.）	英国	
19	约翰·威利父子公司（John Wiley & Sons Limited）	美国	成立于1807年，为英文科技资料的主要出版社之一 海关图书馆藏有《氨基酸化学》（*Chemistry of the Amino Acids*）

续表

序号	出版商名称	出版地	备注
20	美国政府印刷局	美国华盛顿	成立于1861年，最初是为满足国会的要求而设立，后来逐渐扩大，发展成为印刷出版国会、联邦政府及其各部出版物的专门机构
21	哈珀兄弟出版社（Harper & Brothers）	美国纽约	1833年由J.&J.Harper更名为此。海关图书馆收藏了《哈泼斯月刊》（*Harpers Magazine，1947—1949*）、1869年的《中国和中国人》（*China and the Chinese*）等
22	商务印书馆	中国	
23	中华书局	中国	

具体而言，英国和美国的藏书主要由政府出版机构、商业出版社和大学出版社组成。具体内容如下：

（1）英国

1874年，赫德正式授命成立中国海关驻伦敦办事处，撤销原在伦敦的商人代理机构，任金登干为办事处主任。办事处的公开任务是为中国海关采购各种物资和用品，招考洋员等。金登干除了为赫德经办海关公事之外，还为赫德本人购买书籍等①。由于得天独厚的优势，海关图书馆收藏来自英国的出版物主要有：

一是政府出版物。如英国议会办公室（British Parliamentary Office）的藏书有：印度进度系列丛书（*Progress of India*），分别为1895—1910年、1901—1907年、1902—1908年、1907—1913年、1908—1913年等；英国皇家出版局（Her（His）Majesty's Stationery Office—HMSO）1786年创立，专门出版英国政府及其所属各部门的官方资料和报告以及英国议会文件。除了这些出版内容以外，还出版范围广泛、品种繁多的图书。海关图书馆收藏了大量该机构的藏书，主要有 *Commercial Reports*（《商业报告》，1869—1883）、*Consular Reports*（《领事报告》，1865—1898）、*Board of Trade Journal*（《贸易委员会期刊》，1931—1952）等。

二是商业性出版社。在这些藏书中，不乏新兴的出版社，如爱德华·阿诺德出版公司（Edward Arnold Publishers Ltd），该出版社成立于1890年，创建于英国伦敦的贝德福街（Bedford Street）②，该出版社的藏书内容主要集中在科学、医学、学生阅读丛书等系列。海关图书馆收藏其最早的图书为1902年出版的 *Siam in the 20th Century*，该出版社当时刚成立了十余年，这充分展示了海关图书馆世界范围内采选图书的能力。

① 陈霞飞. 中国海关密档［M］. 北京：中华书局，1990：677－678.

② 世界图书编辑部. 世界出版业 第1卷 英国［M］. 北京：中国图书进出口总公司，1982：25.

表 5－2　　海关图书馆收藏爱德华·阿诺德出版公司的图书（部分）

题名	作者	出版年	备注
A Text-book of Geology	Lake，P.	1919	
This Tariff Question	Brooks Collin	1931	2 册
Europe & China	Hudson G.F.	1931	2 册
The Twentieth Century the Far East	Kent P.H.R.	1937	2 册
Through Tibet to Everest	Noel，J.B.L.	1927	
Letters From the Far East	Eliot C.	1907	
Railway Enterprise in China	Kent P.H.	1907	6 册
Siam in the 20th Century	Campbell，J.G.D.	1902	
The Unveiling of Lhasa	Candler，E.	1905	

此外，成立于 1843 年的麦克米伦出版公司（Macmillan Publisher Ltd.）为英国大型商业出版集团，拥有麦克米伦出版社（Macmillan Press Ltd.）、麦克米伦参考服务（Macmillan Reference Ltd.）、自然出版集团（Nature Publishing Group）等公司。海关图书馆收藏了该出版社社会、政治、经济、文学、地理等多个领域的内容，形式多样、内容丰富（如表 5－3 所示）。

表 5－3　　海关图书馆收藏麦克米伦出版公司的图书（部分）

分类	题名	作者	出版年
社会、政治类	*The Statesman's Year-book*	Keltie，J.S.	1905
	First Essay on Population 1798	Peizer K.J.	1926
	The Conflict of Colour	Weale，B.L.P.	1910
	My Twenty Five Years in China	Powell John B.	1944
	Why China Sees Red	Putnam Weale，B.L.	1926
	The Round Table	—	1917
	The Capital Question of China	Curtis Lionel	1932
	Janpan Speaks on the Sino-Janpanese Crisis	Kawakami，Kiyoshi	1932
	Russia，Mongolia，China	Baddeley，J.F.	1919
	American Policy and the Chinese Revolution，1925—1928	Borg，Dorothy	1947
	Janpan's Pacificmandate	Clyde，Paul Hibbertl	1935
	The Student's Guide to the Bar	Ball，W.W.R.	1895
	Official Papers by Alfred Marshall	Marshall Alfred	1926
经济类	*Some Relations between Political and Economic Theory*	Cole，G.D.H.	1934
	Economic Problems of the Next War	Einzig Paul	1939
	Economics in Practice	Pigou A. C.	1935
	An Essay on Economy & Value	Macfie A. L.	1936

续表

分类	题名	作者	出版年
经济类	*The Economics of Welfare*	Pigou A. C.	1932
	The Economic System in a Socialist State	Hall，R.L.	1937
	Papers Relating to Political Economy	Edgeworth，F.Y.	1925
	Studies in World Economics	Cole，G.D.H.	1934
	The World Economic Crisis 1929—1931	Einzig Paul	1932
	The Economic War	Peel Geoge	1930
	Socialism in Western Europe	Heaton，H.	1948
	Studies in Economic History：The Collected Papers of Geoge Unwin	Tawney R. H.	1927
	Principles of Economics	Marshall Alfred	1927
	Japanese Trade and Industry	—	1936
	An Economic History of Soviet Russia	Lawton，L.	1933
	The Economic Evolution in England	Milner，F.	1931
	Industry and Politics	Mond，A.	1928
	The Economic Journal	Keynes，J.M.	1913
	Index to the Economic Journal	Edgeworth，F.Y.	1922
	Economic History	Keynes J.M.，Macgregor D.H.	1929
	International Commercial Policies	Fisk G.M. and Peirce P.S.	1930
	Hints on the Conduct of Business	Boyle，C.	1900
	Interest and Prices	Wicksell，K.	1936
	Soviet Trade and Distribution	Hubbard，L.E.	1938
	Trade and Credit	Ellinger，B.	1934
	The Theory of International Trade	Bastable，C.F.	1903
	Trade and Travel in the Far East	Davidson G.F.	1934
	Protective & Preferential Import Duties	Pigou，A.C.	1906
	Credit and International Trade	Ellinger，B.	1934
	Taking Your Car to Europe	Bigham C.	1901
	A Guide to the Import and Export Trade of the United Kingdom	Hooper，F.	1931
	Public Finance	Bastable，C.F.	1927
	Taxation Its Incidence and Effects	Silverman，H.A.	1931
	Science of Public Finance	Shirras，G.F.	1936
	Soviet Money and Finance	Hubbard，L.E.	1936
	The Fundamental Principles of Taxation in the Light of Modern Developments	Stamp Josiah	1936

续表

分类	题名	作者	出版年
经济类	*Monetary Stability*	Bellerby，J.R.	1925
	The General Theory of Employment Interest and Money	Keynes，J.M.	1936
	A Tract on Monetary Reform	Keynes，J.M.	1929
	International Gold Movements	Einzig，P.	1931
	Gold Standard for China	Hsu，U.Y.	1910
	The Monetary Problem of India	Jain，L.C.	1933
	Great Britain and the Gold Standard	Fraser，H.F.	1933
	Exchange Control	Einzig，P.	1934
	The Theory of the Foreign Exchange	Finzig，P.	1937
	The Problems of the Foreign Exchanges	Angas，L.L.B.	1935
	Foreign Balances	Finzig，P.	1938
	The Bank for International Settlements	Einzig paul	1932
	The Banking Systems of Great Britain，France，Germany & The United States of America	Mackenzie Kenneth	1932
	Chart of London Silver & Shanghai Exchange Rates during the Year 1934	—	1935
	Marine Insurance a Handbook	Gow William and King-Paged	1931
文学、地理类	*Ordeal by Battle*	Oliver，F.S.	1915
	The Pentecost of Calamity	Wister，O.	1916
	Tales of Old Japan	Redesdale G.C.V.O.	1915
	Pipers and a Dancer	Benson Stella	1924
	The Great Globe Itself	Bullitt，W.C.	1947
	The Chinese，Their History and Culture	Latourette，Kenneth Scott	1934
	The Vanished Empire	Putnam Weale，B. L.	1926
	China in Law and Commerce	Jernigan，T.R.	1905
	The Coming Struggle in Eastern Asia	Weale B.L.P.	1908
	Life in Carea	Carles，W.R.	1888
	Truce in the East and its Aftermath	Weale B.L.P.	1907
	The Second Belgian Grey Book	—	1915
	The Statesman's Year-book 1910	Keltie J.S.	1910
	The Life of Sir Harry Parkes	Lane-Poole，S.	1894

续表

分类	题名	作者	出版年
文学、地理类	*King Edward Ⅶ*	Lee，S.	1927
	Gordon in China	Allen，B.M.	1933
	King Edward Ⅶ a Biography	Lee Sidney	1925
	Civitas Dei	Curtis Lionel	1937
	Trans-Himalaya	Hedin，S.	1910
	China Cycle	Dobson，R.P.	1946
	The Attache at Peking	Mitford，A.B.F.	1900
	A Year in China 1899—1900	Bigham C.	1901
	The Re-Shaping of the Far East	Weale B.L.P.	1905
	The Continent of Asia	Lionel W. Lyde	1933
	Through Deserts and Oases Central Asia	Sykes，E.	1920
	Foundations of Biology	Woodruff L. L.	1946
其他类	*Diseases of Tropical Climates*	Maclean W. C.	1886
	Industry and Trade	Marshall，A.	1920
	The Far Eastern Engineer	—	1938
	The Weights and Measures of International Commerce Tables and Equivalents	Hatch F.H. & Vallentine E.J.	1907
	The Structure of the Cotton Fibre	Bowman. F.H.	1908
	Dictionary of Political Economy	Palgrave，R.H.I.	1926
	Familiar Quotations	Bartlett，J.	1937

三是大学出版社。英国全球知名的大学出版社主要有剑桥大学出版社和牛津大学出版社。剑桥大学出版社创办于 12 世纪，1534 年 7 月 20 日被亨利八世授予出版专利，出版内容广泛，包括学术和教育图书、学术期刊等。该出版社以印刷出版剑桥大学出版物为主，也承担着知名机构组织和学院的印刷工作，如为皇家学会印刷其出版物。海关图书馆收藏剑桥大学出版社的藏书与当时社会发展需求紧密相关，涉及英国、德国、法国等经济问题，如《现代大不列颠经济史》(*An Economic History of Modern Britain*)、《现代英国经济史，1820—1850 年的早期铁路时代》(*An Economic History of Modern Britain the Early Railway Age 1820—1850*) 等，出版时间分布在 1874—1937 年间。牛津大学出版社作为世界级的出版社，主要以出版词典、参考书、英语教材及各种学术性图书而闻名，如《国家人物传记大辞典》(*Dictionary of National Biography*)、《世界农业》(*World Agriculture*)、《国际投资问题》(*The Problem of International Investments*) 等（如表 5－4 所示）。

表 5-4　　海关图书馆所藏大学出版社出版物

序号	大学出版社名称	主要藏书
1	Cambridge University Press（剑桥大学出版社）	*An Economic History of Modern Britain*（《现代大不列颠经济史》）、*An Economic History of Modern Britain the Early Railway Age 1820—1850*（《现代英国经济史，1820—1850 年的早期铁路时代》）、*A Bibliography of Economics*（《经济目录》）、*The Growth of English Industry and Commerce in Modern Times*（《近代英国工商业的发展》）、*The Economic Development of France and Germanny*，1815—1914（《法国和德国的经济发展，1815—1914》）、*The Development of Transportation in Modern England*（《现代英国的交通发展》）
2	Oxford University Press（牛津大学出版社）*	*Problems of the Pacific*、*Soviet Trade from the Pacific to the Levant*、*A Pageant of Asia*、*A Miniature History of the War*、*China and England*、*China and Foreign Powers an Historical Review of Their Relations*、*China and Japan*、*China and the West*、*Conscription System in Japan Consolidated Index*、*Survey of International Affairs 1920—1930 and Supplementary Volumes*、*Dictionary of National Biography*、*Japan in Defeat*、*Labour in Agriculture*、*Slump and Recovery 1929—1937*、*Sound & Symbol in Chinese*、*South-Eastern Europe*、*Survey of International Affairs 1920—1923*

注：* 此处未包括出版者为牛津大学出版社印刷所（Clarendon Press）的图书。

（2）美国

一是政府出版机构。美国政府出版机构是不可忽视的重要出版力量，如知名的美国政府出版物印刷办公室（U.S.Government Printing Office，GPO），该机构出版了大量具有参考价值的特色性出版物。海关图书馆藏有该机构出版的出版物有：美国商务部对外贸易局（The Bureau of Foreign Commerce）的美国特别领事报告（*U.S.Special Consular Reports*）、美国商务部（U.S Department of Commerce）的标准说明系列（*Standard Specifications*）、美国国内外贸易局（U.S.Bureau of Foreign and Domestic Commerce）的统计摘要系列（*Statistical Abstract of the United States*）、美国州际商业委员会（Interstate Commerce Commission）的州际商业委员会决策系列（*Decisions of the Interstate Commerce Commission of the United States*）等。

二是商业公司。如威尔逊公司（The H.W.Wilson Company），该公司成立于 1898 年，作为印刷出版公司，其对国际上两千多种不同专业的期刊制作索引，并采编文摘，成为高品质的书目资料库和世界上出版物的快速参考资源。海关图书馆主要收藏当时该出版社最负盛名的索引类藏书。如该公司编制的《期刊文献读者指南》（*Reader's Guide to Periodical Literature*）作为历史悠久的美国综合性期刊索引，以政治、历史、时事、文娱体育、保健等内容为主，其中也包括大量统计资料线索[①]，海关图书馆收藏的年份范围主要有：1910—1914 年、1922—1924 年、1925—1928 年、1929—1932 年、1932—1935 年、1935—1937 年、1941—1943 年、1943—1945 年、1945—1947 年、1949 年；《国际期刊索引》（*International Index to Periodical*）分别收藏的年份为 1947 年、1948 年、1958

① 符绍宏，赵荣，王琼，等. 信息检索［M］. 北京：高等教育出版社，2004：247.

年；《图书评论摘要》（*The Book Review Digest*）收藏的时间范围则覆盖 1933—1948 年之间；《累积图书索引》（*The Cumulative Book Index*）作为报道性书目，从 1933 年到 1956 年（如表 5-5 所示）。

表 5-5　　海关图书馆所藏威尔逊公司出版物概况

序号	题名	作者	出版年	藏书量/册
1	*Agriculture and the Tariff*	Johnsen J.E.	1927	1
2	*Current Abbreviations*	Shankle G.E.	1944	2
3	*International Index*	Dart J.D.	1958	1
4	*International Index to Periodicals*	Charles Dorothy and Powel B.K.	1947、1948	2
5	*List of Subject Headings for Small Libraries*	Sears M.E.	1935	1
6	*Readers' Guide to Periodical Literature an Author and Subject Index July 1937 –June 1938*	Dougan A.M.、Robinson Sarita ect.、Guthrie A.L.、Sherwood E.J.	1910 等多个年份	8
7	*State and Local Tax Revision*	Buehler E.C.	1932	1
8	*The Book Review Digest*	James M.M.、Brown Dorothy、Knight M.A.Ect.	1933、1934、1935、1936、1937、1938、1939、1940、1941、1942、1943、1945、1946、1947、1948	16
9	*The Cumulative Book Index*	Burnham Mary、Spafford M.E.、Thompson，N.R.、Goldman，R.	1933、1935、1936、1937、1948、1955、1956	12
10	*A System of Bibliographic Classification*	Bliss，H.E.	1936	1
11	*Cataloging Rules*	Fellows，D.	1926	1
12	*Guide to the Use of Libraries*	Hutchins，M.	1936	1
13	*Library Literature*	Shaw，M.	1936、1937 1938、1939 1941、1943	7
14	*Library Manual*	Toser，M.A.	1945	1
15	*List of Serial Publications of Foreign Governments，1815—1931*	Gregory，W.	1932	1
16	*Publicity for Public Libraries*	Ward，G.O.	1935	1
17	*Subject Headings for the Information File*	Wenman，L.M.	1946	1

续表

序号	题名	作者	出版时间	藏书概况
18	*Wilson Bulletin for Librarians*	The H.W. Wilson Company	1937—1938、1938—1939、1939—1940、1940—1941	4
19	*American Capitalism vs.Russian Communism*	Peters C.A.	1946	1
20	*The United States Catalog*	Burnham Mary	1928	1

三是大学出版社。大学出版社主要有哥伦比亚大学出版社、哈佛大学出版社、耶鲁大学出版社、芝加哥大学出版社等。大学出版社的藏书主要涉及政治、经济、社会等诸多方面，藏书多样，质量较高（如表 5－6 所示）。

表 5－6　　　海关图书馆所藏美国大学出版社出版物（部分）

序号	大学出版社名称	主要藏书
1	Columbia University Press（哥伦比亚大学出版社）	*British Far Eastern Policy* 1894—1900（《英国远东政策 1894—1900》）
2	Harvard University Press（哈佛大学出版社）	*British Far Eastern Policy*（《英国远东政策》）、*British International Gold Movements and Banking Policy*，1881—1913、*A Pageant of Asia*
3	Yale University Press（耶鲁大学出版社）	*British Opium Policy in China and India*（《中国与印度的鸦片政策》）、*Business and Politics in the Far East*（《远东商业与政治》）、*Agriculture and Food Supply in France during the War*（《战争时期的法国农业与粮食供给》）、*French Industry during the War*（《战争时期的法国工业》）、*Managing the People's Money*、*Sun Yat-sen*（《孙中山》）、*Survey of American Foreign Relations*（《美国国外关系调查》）、*The Nationalist Program for China*、*Flight of an Empress*（《帝国的战争》）、*The War Finance of France*（《法国金融战争》）、*Business and Politics in the Far East*（《远东的商业与政治》）、*Agriculture and Food Supply in France during the War*（《战争期间的农业和食物供应》）、*French Industry during the War*（《战争期间的法国农业》）
4	The University of Chicago Press（芝加哥大学出版社）	*American Participation in the China Consortiums*、*French Policy and Developments in Indochina*
5	The Johns Hopking Press（霍普金斯大学出版社）	*American Relations with China*（《中美关系》）、*American Foreign Policy in the Post-war Years*（《后战争时代美国外交政策》）
6	University of Wisconsin（威斯康星大学出版社）	*The Most-favored-nation Clause in Commercial Treaties*（《商业条约中的最惠国条款》）

（3）中国

民国时期，上海是全国的书业中心，1935 年，上海市教育局调查，全市共有书店 260 家。其中资金在 5 000 元以下的小书店有 164 家（多为零售书店），5 000 元至 1 万元的 29 家（多以零售为主），1.1 万元至 5 万元的 28 家，5.1 万元以上的 39 家[①]。新式学校教育的发展和公共图书馆事业的兴起，带动了北京及其他城市书业的发展[②]。海关图书馆所藏图书部分来自上海别发印书馆、天津印字馆等机构。

① 别发印书馆（Kelly & Walsh Limited）

别发印书馆（Kelly & Walsh Limited，也称别发洋行），全名为英商别发印书馆股份有限公司。由上海最早的外文书店 Kelly and Company 和 F.& C.Walsh 于 1876 年合并而成。印书馆主要业务均在上海开展，经营广泛，包括书店、出版、文具制造等。海关图书馆利用地理位置的优势，收藏了 318 册该出版商发行的图书，主要为外文书籍（如表 5－7 所示），具体有：

一是辞书类，如出版英国剑桥大学汉文教授翟理思（Giles H.A）的《英汉大辞典》（*A Chinese-English Dictionary*），该字典在 1892 年在上海首版，是继马礼逊（Robert Morrison）的 *A Dictionary of the Chinese Language*（1819）、麦都思（W.H.Medhurst）的 *Chinese and English Language*（1843）、罗存德（W.Lobscheid）的 *A Chinese and English Dictionary*（1871）和卫三畏（Samuel Wells Williams）的 *A Syllabic Dictionary of the Chinese Language*（1874）之后最重要的汉英字典，所收的词汇、语句较以前任何一部同类字典都多。海关图书馆藏有该辞书 3 册的 1892 年首版，1912 年版本的 1 册。

二是大量介绍和研究中国文学、历史、艺术、宗教、地理和民俗等方面的精品书籍[③]。如著名汉学家庄廷龄（Edward Harper Parker，1849—1926）翻译的 *Chinese Account of the Opium War*（关于鸦片战争的汉文记载，《圣武记——道光洋艘征抚记》），是其担任英国驻华外交官期间的重要译著，是中国最早记录鸦片战争的历史著作，海关图书馆收藏了 1888 年出版的 1 册图书[④]。1936 年版林语堂的《中国新闻舆论史》（*A History of the Press and Public Opinion in China*），该书是较早关于中国舆论演变过程的专著。

表 5－7　海关图书馆收藏别发印书馆藏书（部分）

序号	藏书分类	题名	藏书概况
1	辞书类	*A Chinese-English Dictionary*	英汉字典，分别收藏 1892 年版 3 册、1912 年 1 册
2		*A Dictionary of the Chinese Language*	英汉字典，1815—1823 年共 6 册
3		*A Syllabic Dictionary of the Chinese Language*	英汉字典，1874 年版本，3 册

① 郑士德. 中国图书发行史（增订本）［M］. 北京：中国时代经济出版社，2009：421.

② 郑士德. 中国图书发行史（增订本）［M］. 北京：中国时代经济出版社，2009：422.

③ 唐力行. 江南文化百科全书［M］. 上海：上海锦绣文章出版社，2021：344.

④ 曾海燕. 庄廷龄翻译方法研究——以《圣武记——道光洋艘征抚记》译本为例［D］. 长沙：中南林业科技大学，2022.

续表

序号	藏书分类	题名	藏书概况
4	文化类	*Outlines of Chinese Symbolism and Art Motives*	中国象征主义与艺术动机概述，主要研究中国和中国文化的图书，1 册
5		*A History of the Press and Public Opinion in China*	中国新闻舆论史，1 册
6		*Chinese Sketches*	中国札记，主要涉及中国社会生活和习俗等诸多方面，如妇女的地位、医学、占卜、文学等，1 册
7	宗教类	*A Guide to Lunghwa Temple with Brief Notes on Chinese Buddhism*	龙华寺导览及中国佛教简介，1 册
8	经济类	*China's Method and Policy*	中国的商业方式与政策，1 册
9		*China's Struggle for Tariff Autonomy*	中国争取关税自主权的斗争，5 册
10	历史类	*A History of Japan*	日本历史，1 册
11		*A History of the Far East in Modern Times*	现代远东历史，1 册
12	人物类	*Tso Tsung T'Ang*	左宗棠传，1 册
13	法律类	*Chinese Family and Commercial Law*	中国家庭与商业法，2 册
14		*Chinese Insurance Law*	中国保险法，1 册

② 天津印字馆（The Tientsin Press，Ltd）

天津印字馆最初属于怡和洋行的一家商行，经营一般的印刷、文具和书籍，最初为天津印刷公司，地址在维多利亚路，《京津泰晤士报》社也曾设在这里[①]。海关图书馆收藏了具有地方特色的海河工程局（Hai-Ho Conservancy Commission）的系列报告，共计 231 册，时间从 1911—1942 年，这部分资料是研究海河治理的原始性档案材料。此外，海关图书馆收藏了王吉民、伍连德两位先生用英文编撰的第一部中国医学史专著 *History of Chinese Medicine*（《中国医史》）的 1932 年和 1936 年版本。1923—1930 年由英国人伍德海（Woodhead H.G.W）编撰的 *The China Year Book*（《中华年鉴》）是民国时期最为著名、系统的一部英文年鉴，从 1912—1939 年每一年或是两年编写一次[②]，海关图书馆共藏有 11 册。

③ 商务印书馆、中华书局

在民国时期的书业界，根据各数据在全国教科书的市场份额来排名，主要有五大、六大、七大书局之说。海关图书馆的藏书，尤其是中文藏书主要来源于：

一是商务印书馆。作为一个真正的综合性编辑出版机构，商务印书馆既大力引进西学，热心西学名著的翻译，又注重保存国粹，从事大规模古籍的刊印。当时出版了许多

① 天津历史博物馆. 近代天津图志［M］. 天津：天津古籍出版社，2004：97.

② 国家图书馆出版社. 中华年鉴（*The China Year Book*）（全二十七册）[EB/OL].［2024－04－06］. http://www.nlcpress.com/ProductView.aspx？Id=4388.

中小书局无法完成的大出版项目，如《四部丛刊》《万有文库》《中国古今地名大辞典》等，上述图书海关图书馆均有不同程度的收藏，共计800余册。此外，商务印书馆旗下或编辑或发行的杂志种类前后多达 80 余种，涵盖教育、文化、历史、文学、科学、经济、时政等多个领域，《东方杂志》《教育杂志》等堪称同时期全国同类刊物的翘楚，刊印时间长，历史影响大①。海关图书馆都做了较为完整的收藏。

二是中华书局。中华书局在发展的过程中，非常注重出版的文化价值，据统计，其在民国期间，共出书 5 908 种，12 702 册，涵盖文化、教育、科学、艺术等多方面。中华书局素来重视杂志的编印与发行，在民国期间，中华书局或自己编印，或代他人发行的杂志种数约有 40 种。如知名的《大中华》《新中华》《解放与改造》《学衡》，海关图书馆均有收藏。

此外，海关图书馆还收藏了浙江书局1882年的《皇朝通志》、1886年的《续通志：钦定续通志》、1896年的《文献通考》等。

5.1.2 海关造册处

（1）海关造册处的建立

在赫德主持总税务司工作之前，中国海关还没有编制过系统的贸易统计和报告。赫德任总税务司后，努力改变海关贸易统计混杂不齐的状况，1864年各海关曾编印了一些本关贸易统计，1865年起，各海关已有贸易报告册上报总税务司署，这些报告册常由各关税务司亲自缮写，除贸易报告外，对于各该埠的经济、政治、社会情形，叙述颇详细②，从1866年开始这项工作集中于上海进行。统计显示，上海对外出口项目150余种，进口项目33余种，并且记载了货物来源和去向③，此时已初俱贸易统计制度和格式。1870年，海关设立造册处，以中英文刊印海关出版物，并建立了一套分发、保管、使用、出售的制度④。

同治十二年九月（1873年10月），由于“统计工作的开展及其日益增长的重要性”，总税务司署将原江海关所属的印书房（Printing Office）和表报处（Return Department）从江海关中分离出来，合并成立造册处（Statistical Department），归属总税务司署，办公地点仍在上海，设有造册处税务司（Statistical Secretary）为总税务司的行政秘书（如图5－1所示），这个部门的主要职能是：

一是介绍和引进各种海关业务表格，印刷表格和其他文件供各口岸海关官方使用；二是汇总并发行海关的各种贸易统计报告和专项报告。造册处另附设有海关印刷厂，专门负责海关贸易统计刊物和海关文件、书籍及业务单据等制版印刷工作。中华民国建立

① 郝振省，乔还田，范军．中国近代编辑出版史［M］．杭州：浙江教育出版社，2020：296.
② 卢汉超．赫德传［M］．上海：上海人民出版社，1988.
③ 郑友揆．我国海关贸易统计编制方法及其内容之沿革考［J］．社会科学杂志，1934，3（5）：264－296.
④ 陈霞飞．中国海关密档［M］．北京：中华书局，1990：675－676.

后，总税务司署设在上海的造册处继续维持原有名称。造册处下设统计课和印刷出版课两个部门，由造册处税务司统一领导，负责汇总编印出版海关贸易统计和海关系统的印刷、供应等工作。

图 5-1　设在上海的总税务司署造册处印刷所（19 世纪 20 年代）

1932 年造册处更改为统计科，由于海关业务的发展，此时统计科已是最大的科（办公地点在上海新闸路 1714 号），集中编制贸易统计。设有总务、编辑、印刷、统计、会计五个股；统计科还配备了电动统计机器，以当时最新式的方法编造各项贸易统计，确保能迅速、准确，按期出版，以供政府施政与商民营业之参考[①]。统计科内设统计股、印刷股和供应股，其中统计股在上海设有两处办公场所（称为统计室或计算室），一处设在江海关办公大楼内，负责汇总统计上海口岸贸易数据；另一处设在统计科办公房内，负责汇总编制全国海关贸易统计。太平洋战争爆发后，总税务司署统计科及其统计机器均被汪伪政府“总税务司署”接管，抗战胜利后恢复（如表 5-8 所示）[②]。

表 5-8　　民国 38 年（1949 年）总税务司署各机构设置情况一览表[③]

机构名称	内设部门	主管职能
统计科	统计股	各类报表及贸易报告的编制
	印刷股	海关书刊及报表、文件、法令等的印刷出版
	供应股	海关图书、文具等的购置与分配
海关图书馆	—	收藏海关出版物及添置其他书刊

① 文松. 近代中国海关洋员概略 以五任总税务司为主［M］. 北京：中国海关出版社，2006：238.

② 《中国海关通志》编纂委员会编. 中国海关通志 第 1 分册［M］. 北京：方志出版社，2012：323.

③ 《中国海关通志》编纂委员会编. 中国海关通志 第 1 分册［M］. 北京：方志出版社，2012：332.

总税务司署造册处设造关文案职位，由总税务司直接任命的税务司担任。首任造册处税务司为美国人廷得尔。造册处还设有署理造册文案、造册文案帮办等职位，并附带有若干供事及通事人员，均由总税务司赫德直接委任或委派，负责汇总编制全国海关出口贸易统计并出版发行各类贸易统计刊物（如表5-9所示）。

表5-9　　总税务司署造册处税务司任职信息

序号	总税务司署造册处税务司和总理文案税务司	任职年份	国籍
1	廷得尔（E.C.Taintor）[①]	1874—1878	美国
2	杜德维（E.B.Drew）	1882—1887	美国
3	马士（Hosea Ballou Morse）	1904—1907	美国

（2）海关造册处的主要出版物

海关造册处的出版物作为近代中国社会变迁的历史见证，长期以来都是学界从事研究工作的第一手甚至是唯一的资料。英国近代著名远东社会与政治问题研究专家亨利·诺曼曾评论道："海关的各类报告，在世界上发布的各种公共信息与统计数据中，是最为详尽的，它那刚刚发行的巨卷《十年报告集》，在所有以单行本方式出版的有关中国的书中，或许是知识最丰富也最全面的。"[②]海关出版物"宛如一部我国近代社会史，极有历史价值"[③]。除了海关业务所需表格，造册处还需印刷和发送总税务司通令、条约文本、规章制度手册、专项报告和书籍等文本，统称为海关出版品。1882年，赫德专门发布通令对出版品的分类和发行范围进行确认。共分为六类[④]：

I类：统计类（*Statistical Series*），计有（a）江海关进出口日报；（b）海关季度报告；（c）年度贸易统计报告；（d）年度贸易报告；（e）年度贸易统计报告汉文本。可赠阅和出售。具体而言有：（1）江海关每日统计报告（*The Shanghai Daily Returns*）；（2）条约口岸季度统计报告（*The Treaty Port Quarterly Returns*）；（3）条约口岸年度统计报告（*The Treaty Port Annual Returns*，又称贸易报表）；（4）条约口岸年度贸易报告（*The Treaty Port Annual Reports*）；（5）医药季度报告（*The Medical Quarterly Reports*）；（6）当地气象统计报告（*The Local Metrological Returns*）；（7）联合气象统计报告（*The Associated Metrological Returns*），以上由各口税务司按期报送；（8）年度贸易概况（*Annual Summaries of Trade*）；（9）年度贸易统计报告中文本；（10）总税务司不定期布置的专项报告（*Special Returns*），以上报告由造册处税务司本人整理完成。其中（3）、（4）、（8）三种年度报告

① 廷得尔，1865年8月进入中国海关任职，1871年11月至1872年3月任署理税务司，负责总税务司署统计处工作（资料来源：天津市档案馆，中国集邮出版社编；许和平，张俊桓译．清末天津海关邮政档案选编［M］．北京：中国集邮出版社，1988：207.）。

② 亨利．诺曼著，刘一君等译.龙旗下的臣民——近代中国社会与礼俗［M］．北京：光明日报出版社，2000：275.

③ 郑友揆．中国的对外贸易和工业发展（1840—1948）［M］．上海：上海社会科学院出版社，1984：298.

④ 李爱丽．晚清美籍税务司研究 以粤海关为中心［M］．天津：天津古籍出版社，2005：59-60.

最为重要[①]。

Ⅱ类：专著类（*Special Series*）。根据特殊原因印刷的专著。如海关华员李圭 1876 年参加美国费城博览会后撰写的《环游地球新录》。可赠阅和出售。

Ⅲ类：杂项类（*Miscellaneous Series*）。其他各类出版物。如海关参加博览会后的获奖情况总结报告、地名手册等。可赠阅和出售。

Ⅳ类：关务类（*Office Series*，又称“政务类”）。所有关务性质的出版物，发给普通关员使用。如各种印刷的规章制度。除题名录外，不可赠阅和出售，仅限关员发放，可自行保存。

Ⅴ类：办公类（*Service Series*）。作为海关档案而印刷的出版物。机要，仅供正副税务司公用，调职后不得带走。另有一份作为机密档案存档。

Ⅵ类：总署类（*I.G.Series*）。专门作为总税务司署档案馆及署内使用之出版物。机要，直接呈送北京总税务司。

在海关的出版物中有了定期的《特集》《业务集》《公署集》《税务司集》《杂集》等。统计内容涉及中国财政、经济、货币、金融等方面的资料，尤其是关于鸦片、茶、丝、黄麻和大豆等大宗进出口商品。这些统计十分详细，是非常好的经济研究资料[②]。

总税务司海关出版物由当时的海关造册处统一编审出版，并以赠送和公开销售的方式传播到世界各地[③]。据统计，当时的海关贸易报告传播到的国家和地区有中国各地、美国、英国、俄国、法国、德国、日本、新加坡、越南、菲律宾、爪哇、印度、锡兰、奥地利、瑞典、挪威、比利时、西班牙等。接收到这些资料的部门既有政府部门、社会团体、新闻媒体等，也有高等院校图书馆、公共图书馆、报刊杂志等单位。其中许多至今仍被这些国家和地区的图书馆、博物馆和政府机构以及私人保存[④]。

（3）海关图书馆的收藏

据统计，海关造册处（后更名为统计科）自成立到 1949 年终止，共刊印了 1 000 余期（卷）出版物[⑤]。郑友揆把贸易报告编制方法的改进分为两个时期，以 1904 年为界分为草创时期和统一时期。1931 年 6 月，海关图书馆设立，广集我国商业财政经济及农工业各种外国图书论文杂志报章，并负责保存海关一切档案中与历史有关或有保留价值的重要文件。统计科负责编制刊印贸易报告，整理各关统计报单编成各类统计，出版发行关员的专题论著、期刊杂志，刊印供海关内部使用的文件汇编、职员录、各种手册资料等，均已初具规模和水准。统称为“海关册”的好几种多年出版的各类统计，至今已成为研究近代经济贸易史的重要资料。这些出版物成为海关图书馆海关出版物藏书的重要来源。

---

① 李爱丽. 晚清美籍税务司研究 以粤海关为中心［M］. 天津：天津古籍出版社，2005：49.

② 王宏斌. 赫德爵士传［M］. 北京：文化艺术出版社，2012：95.

③ 李娜娜. 跨学科视野下的税务司海关史料整理——读《中国近代经济史资料丛书：帝国主义与中国海关》［J］. 图书馆论坛，2015（9）：128－132，封三.

④ 詹庆华. 中国近代海关贸易报告的传播及影响［J］. 厦门大学学报，2003（4）：114－120.

⑤ 吴松弟. 中国旧海关出版物述评——以美国哈佛燕京图书馆收藏为中心［J］. 史学月刊，2011（12）：54－63.

如前所述，根据现有的资料，海关造册处出版物品种最多、规模最大的是统计类，这部分也是海关图书馆收藏的重要组成部分，这部分内容主要以机构名义出版，还包括集各关税务司报告或由各关提供的材料编辑而成的内容（如表 5－10 所示）。

表 5－10　海关图书馆收藏海关出版图书目录（1948）的概况（部分）

序号	图书目录及分类		出版年	是否收藏	备注
	分类	目录			
1	统计业书（*Statistical Series*）	海关中外贸易统计年刊（*The Trade of China*）	1935—1940	是	
2		上海对外贸易统计年刊：进出口货物类编（*Shanghai Annual Returns of Foreign Trade: Analysis of Imports and Exports*）	1936	否	
3		十年各埠海关报告（*Decennial Reports*）	1922—1931	是	中英版本
4		中国进出口贸易统计月报（*Monthly Returns of the Foreign Trade of China*）	1936—1948	是	
5		上海进出口贸易统计月报（*Monthly Returns of the Foreign Trade of Shanghai*）	1946	是	
6	特种业书（*Special Series*）	危险货物处置法（*Dangerous and Hazardous Cargo Usually Imported into China: Its Nature and Treatment*）	1948	是	英文版，本书详述各种危险货物性质、种类及包装情形，以及江海关实施处置方法等
7		自民国元年起至二十三年止关税纪实（*China's Customs Revenue since the Revolution of 1911*）	1935	否	英文本，本书为海关魏尔特著，系统描述近年来关税征收存储各情形等，为中国关税史之巨制
8		自民国元年起至二十三年止关税纪实（*China's Customs Revenue since the Revolution of 1911*）	1941	是	中文本，翻译版本
9		危险品指南（*Guide to Commercial Articles of a Dangerous and Hazardous Nature*）		是	
10	杂项业书（*Miscellaneous Series*）	中国沿海及内河航路标识总册（民国三十六年）（*List of Lighthouses, etc. 1947*）		是	英文本，本书详列沿海及内河之灯塔、灯船、浮、椿及无线电椿等
11		中国沿海及内河航路标识总册（民国三十六年）（*List of Lighthouses, etc. 1947*）		是	中文本
12		度量衡制换算表与木料测量法（*Equivalent Weights and Measures, Timber Measurement, and Other Useful Information*）	1948	是	英文本，本书共分 4 编，详列中国度量衡标准制度名称、英美日俄等国制度之比较等
13		海关保税条例（*Customs Bonding Regulations*）	1933	无	
14		进口税则分类须知（*Guide to the Import Tariff and Classification of Returns Revised Edition, August 1947*）	1947	是	英文本

续表

序号	图书目录及分类		出版年	是否收藏	备注
	分类	目录			
15	杂项业书（*Miscellaneous Series*）	出口税则分类须知（*Guide to the Export Tariff <1934> and Classification of Returns*）	1947	是	英文本
16		中国沿海灯塔志（*The Coastwise Lights of China*）	1933	是	英文本，本书由海关副税务司班思德奉总税务司命令编纂，介绍海务科缘起等
17		中国沿海灯塔志（*The Coastwise Lights of China：Chinese Version*）	1934	无	中文本
18		海关缉私条例及海关罚则评议会组织规程暨办事细则（*Customs Preventive Law and Rules of the Customs Penalty Board of Inquiry and Appeal*）	1935	是	中英版本
19		上海注册驳船检查须知（*Memorandum on the Inspection of Registered Cargo-boats at Shanghai*）	1937	是	
20		四川橹船及歪屁股船之考证（*Notes on the Crooked-bow and Crooked-stern Junks of Szechwan*）	1941	是	
21		江声飘影（*Junks and Sampans of the Yangtze：Vol.1*）	1947	是	英文版，第一卷，本书详尽描述中国古今各式帆船、各种船只推进之方法，桅帆锚舵船索、罗盘之沿革、上海区域常见的四十种帆船与舢板船之构造与用途等
22	其他刊物（*Sundry Publications*）	长江通商章程暨长江各口专章（*Yangtze Regulations 1898 and Yangtze Port Customs Regulations*）		无	中英文合订本
23		南京方言指南（*Nanking Kuan Kua*）	1902	是	英文本
24		纺织品手册（*Piece Goods Manual*）	1917	是	英文本
25		容量测算法（*Gauging*）	1919	否	英文本
26		中华民国海关进口税税则（*Customs Import Tariff of the Republic of China，1934*）	1948	是	中英文合订本

根据现有资料，海关造册处还有部分明确个人署名的出版物，共有 160 余册，涉及作者 180 余人次，如前所述，巡江事务长夏士德（G.R.G.Worcester）在 1940 年至 1948 年间先后出版的《四川橹船及歪屁股船之考证》（*Notes on the Crooked-bow and Crooked-stern Junks of Szechwan*）、《江声飘影（英文版）》（*Junks and Sampans of the Yangtze：Vol.1*）、《长江上游民船图说》（*Junks and Sampans of the Upper Yangtze*）等关于中国民船研究的著作；《危险品指南》（*Guide to Commercial Articles of a Dangerous and Hazardous Nature*）的作者为福建籍化验师黄有识在德国柏林大学获化学博士学位后回国

任江海关化验室主任兼上海税务学校教员、国立同济大学特约教授，长期从事化学分析和有机化学合成的研究工作①，这些都是海关造册处的重要个人署名的出版物，其他如表 5－11 所示。

表 5－11　　　　海关造册处个人署名出版及海关图书馆收藏概况

序号	著作名称及分类		作者	是否收藏	备注
	分类	著作名称			
1	与作者工作性质相关的著作	号笛声浪试验报告（*Report on Sound Trials of the Sirens at the South-east and North-east Shantung Promontories*）	Harding J.R.	否	署理总营造司，英文版
2		容量测量法（*Gauging：A Treatise on Estimating the Volume of Liquid Which Casks or Barrels Hold*）	Hick A.P.C.	是	验货员
3		*Hong Kong Opium Farm*	Brazier J.R.	是	
4	与作者工作地属性相关的著作	龙州地方考（*The Lungchow Region：Its Frontier Rivers，Roads，Towns，and Marts*）	Bouinais A.P.A.	是	龙州关署理税务司
5		云南西部道路考（*Notes on Trade Routes in Western Yunnan*）	Fletcher H.G.	是	腾越关代理税务司
6	与作者专业研究方向或个人兴趣相关的著作	平行官交拜礼节（*Handbook on Etiquette in Chinese Official Intercourse*）	Li Mouhsun	是	
7		中国隐喻手册（*A Manual of Chinese Metaphor*）	Williams C. A. S.	是	
8		南京官话（*The Nanking Kuan Hua*）	Hemeling K.	是	
9	经济类著作	中国货币略论（*China's Defective Currency：Mr. Woodruff's Remedial Suggestions*）	Woodruff F.E.	是	
10		中国的通货（*Chinese Currency*）	Edkins J.	是	
11		中国财政论（*The Revenue and Taxation of the Chinese Empire*）	Edkins J.	是	
12		中国的银行与物价（*Banking and Prices in China*）	Edkins J.	是	

5.2 藏书去向

5.2.1 送往海关总署

综合目前的资料以及《海关图书馆书籍登记总册》的记载，海关图书馆在新中国成立

① 邢宇晨. 近代中国东学西传与文化传播——海关造册处西人作者研究［J］. 中国文化研究，2023（4）：17－26.

后停办，其藏书运抵北京后一部分藏书送往海关总署档案室。其中，西文共计46种/627册，日文213册，中文19册。从出版日期看，日文藏书基本上是1949年以后的藏书（如表5－12所示）。

表5－12　　海关图书馆送往海关总署藏书目录（西文）

序号	题名	出版者	出版年	藏书量/册
1	*Survey of International Affairs*	Lond.R.I.I.A	1920—1941	22
2	*Documents on International Affairs，1928*	Lond.R.I.I.A		11
3	*Die Grosse Politik Der Europaischen Kabinette*		1871—1914	54
4	*German Diplomatic Documents 1871—1914*	Lond.Methuen		4
5	*Russia and Asia*	The Macmillan Company	1933	1
6	*Russia in the Far East*	The Macmillan Company	1922	1
7	*The Far Eastern Policy of the United States*	N.Y.Harcourt	1938	1
8	*U.S.Dept of State：Foreign Relations of the United States*	Wash.Gov't Printing Office		84
9	*The United States in World Affairs 1934—1935*	N.Y.Council on Foreign Relations	1934—1938	3
10	*International Law*		1937	1
11	*Great Britain Foreign Office: British and Foreign State Papers*	Lond.H.M.S.O		138
12	*International Legislation*	Wash.Carnegie Endowment	1931	4
13	*League of Nations：Treaty Series*	Geneva，League of Nations		106
14	*Recueil de Traites*	Lpz.Dieterich		123
15	*The History of the Russian Revolution*	Lond.Gollancz		3
16	*The International Relations of the Chinese Empire*	Lond.Longmans	1910—1918	3
17	*Russo-Chinese Diplomacy*	Shanghai，Commercial Press	1928	1
18	*Statistics of China's Foreign Trade during the Last 65 Years*	Shanghai，Academia Sinica	1931	1
19	*The China Year Book*	S'hai，N.C.D.N.	1912—1945	28
20	*Dictionary of Words and Phrases of International Law and Diplomacy*	Nanking Ministry of Foreign Affairs	1925	1
21	*Foreign Relations of the United States：Japan 1931—1941*	Wash.Gov't Printing Office	1943	2
22	*United States in World Affairs，1940*	N.Y.Harper	1941	1

续表

序号	题名	出版者	出版年	藏书量/册
23	*United Nations Who's Who，1946*	Lond.United Nations Publications		1
24	*The United Nations*	N.Y.Foreign Policy Assn	1946	1
25	*United Nations Agreements*	Wash.，A.C.P.A	1944	1
26	*A Guide to the Soviet Union*	N.Y.Dial Press	1946	1
27	*The United Nations*	N.Y.Farrar	1946	1
28	*The Trade of China（Free China）*			10
29	*How the United Nations Works*	N.Y.Crowell	1947	1
30	*Associated Press News Annual，1946*	N.Y.Wilson	1947	1
31	*Foreign Affairs Biography，1932—1942*	N.Y.Harper	1945	1
32	*A Dictionary of International Affairs*	Lond.Methuen	1946	1
33	*Yearbook of the United Nations*	N.Y.United Nations	1946—1947	1
34	*League of Nations：Draft Customs Nomenclature*	Geneva，League of Nations	1937	2
35	*U.S.S.R*	N.Y.Cornell	1947	1
36	*Russia and the Soviet Union in the Far East*	Lond.Alen & Unwin	1932	1
37	*Survey of International Affairs*		1931—1933	3
38	*Political Handbook of the World*	N.Y.Harper	1948	1
39	*British and Foreign State Papers*	Lond.H.M.S.O	1948	1
40	*The International Who's Who，1948*	Lond.Europe Publications ltd	1948	1
41	*State Papers，1934*	Lond.H.M.S.O	1939	1
42	*State Papers：General Index，Vols.116－137，1922—1934*	Lond.H.M.S.O	1948	1
43	*British Year Book of International Law，1946*	Lond.Oxford University Press	1947	1
44	*A Commentary on the Chart of the United Nations*	Lond.H.M.S.O	1945	1
45	*Documentary Textbook on the United Nations*	Calif. Center for Inter'l Understanding	1947	1
46	*Soviet Far Eastern Policy*	Princeton University	1945	1

5.2.2 送往中国科学院

国有史，地有志，家有谱。地方志是中国传统文化的瑰宝。地方志，古称地志、地记、图经、方志等，是指全面、系统地记述本行政区域自然、政治、经济、文化、社会的历史与现状的资料性文献。赓续不断地编修地方志，是中华民族的优秀文化传统，已有2 000多年的历史①。海关图书馆特别重视地方志的收藏，并按照通志、府志/厅志、地区志/州志、县志的记录方式，如曾国藩编撰的《湖南通志》（光绪十一年，1885年）共有199卷，在该通志后按照长沙县志、善化县志等进行排序。根据《海关图书馆书籍登记总册》记载，当时的海关图书馆共收藏了 21 个省市总志，占全部方志类藏书的12.7%，县志则有8 232册/853种，占全部方志类藏书的56.1%（如表5－13所示）。

表5－13　海关图书馆方志类藏书

序号	分类	数量	比例/%	备注
1	总志	1 868册/21种	12.7	安徽通志、察哈尔省通志、福建通纪等
2	府志/厅志	2 454册/121种	16.7	汀州府志、同州府志、潼川府志等
3	地区志/州志	1 032册/92种	7	滁州志、代州志、道州志、德州志等
4	县志	8 232册/853种	56.1	灵石县志、陵川县志、陵县志等
5	其他	1 099册/108种	7.5	沙湖志、朔方道志、天童寺志等
总计：14 685册/1 195种				

在通志条目下，完整收藏了地区的县志，这些县志记述了当时的政治时事、经济政策、教育文化、风俗习惯、文物土特产等各方面内容，保留了大量记录当时全国不同县市的社会文化史料，对于研究当地社会文化发展具有重要意义（如表5－14所示）。这些县志收藏的时代各有不同，如河北南宫县志收录的是道光十一年（1831年），清苑县志收录的是康熙十六年（1677年），常宁县志收录的是1931年。

表5－14　海关图书馆县志类藏书（部分）

序号	分类	备注
1	畿辅通志	良乡、满城、固安、香河、三河、安次、霸县、涿县、宝坻、顺义、房山、平谷、天津、沧县、盘山、庆云、南皮、静海、献县、肃宁、任邱、阜城、宁津、景县、吴桥、故城、东光、迁安、抚宁、昌黎、乐亭、临榆、道化、遵化、丰润、文安、宁河、清苑、徐水、定兴、新城、唐县、望都、容城、蠡县、雄县、高阳、获鹿、井陉、怀安、阜平、灵寿、藁城、涞水、定县、曲阳、深泽、卢龙、饶阳、正定、元城、大名、东明……

① 中国方志网. 走进方志［EB/OL］.［2024－04－21］. https://www.difangzhi.cn/sygk/.

续表

序号	分类	备注
2	浙江通志	海宁、富阳、余杭、临安、新登、昌化、秀水、江夏、桐乡、象山……
3	江西通志	南昌、新建、丰城、进贤、南丰、广昌、抚州、临川、金谷、宜黄……
4	湖北通志	汉阳、夏口、汉川、黄坡、孝感、黄冈、黄梅、麻城、广济、安陆……
5	湖南通志	长沙、善化、湘阴、浏阳、湘潭、宁乡、湘乡、城步、清泉、常宁……
6	四川通志	华阳、崇庆、双流、新都、温江、新繁、金堂、郫县、彭县、崇宁……

由前所述，海关图书馆藏书抵达北京后，只有少量的地方志藏书留存在对外经济贸易大学，大部分送往中国科学院。根据《海关图书馆书籍登记总册》记载，送往中国科学院的方志主要有县志、府志、通志等，共计 7 379 册/793 种（详见附录 3）。

5.2.3 留存对外经济贸易大学

栉风沐雨，海关图书馆存续了二十余载（1931—1954 年），成为了当时上海开展社会文化服务、促进海关知识生产、推动中国现代化进程的重要机构直至新中国成立。如前所述，1954 年 3 月，对外经济贸易大学图书馆主任景培元远赴上海接收海关图书馆藏书，共计 5 万余册，目前这些藏书收藏于对外经济贸易大学海关文献中心①。

① 此外，由于战乱等多重历史原因，海关图书馆部分藏书在运输、搬迁等过程中丢失，这在《海关图书馆书籍登记总册》中有少量记载。同时，珍珠港事件之后，海关图书馆不再能够保留有关中日战争的出版物，岸本光吉指示阮寿荣烧毁图书馆中 783 卷涉及政治与远东情况的中英文书籍（资料来源：丁怡骏，张志云. 海关图书馆与中国政治进程（1863—1951）[J]. 苏州大学学报（哲学社会科学版），2021（6）：186 - 197.）。

6 海关图书馆及藏书的历史价值与时代价值

6.1 海关图书馆西文藏书与 *CADAL* 平台特藏

大学数字图书馆国际合作计划（*China Academic Digital Associative Library*，*CADAL*）由国家投资建设，作为教育部“211”重点工程，由浙江大学联合国内外的高等院校、科研机构共同承担。在过去的十多年中，已经聚集了国内外近百家高校（包括我国主要的“985”“211”的学校）图书馆图书字画等数字资源，建成了拥有海量数字资源的高水平学术数字图书馆，并面向参建的高校、科研机构提供资源共享服务[①]。*CADAL* 资源主要包括中文古籍，民国书刊、报纸，地方文史资料（包括：满铁资料、侨批、地方志、少数民族资料）等，利用该平台可以对与 *CADAL* 合作的图书馆相关藏书情况进行比对。本研究主要据此对比海关图书馆藏书中的西文部分，根据对比结果，海关图书馆特有藏书主要分布在政治（55 册）、经济（374 册）、商业（303 册）、金融（75 册）、贸易（618 册）、外交（89 册）等领域，这与海关图书馆的收藏特色一致（如表 6－1 所示）[②]。

表 6－1　　　海关图书馆与 CADAL 平台对比后的收藏概况（部分）

序号	题名	作者	出版者	出版年
1	*A Century of Bank Rate*	Hawtrey R.G.	Green and Co	1938
2	*A Handbook of British Commerce*	Simmonds P.L.	Moffatt & Paige	1892
3	*A History of British Tariffs 1923－1942*	Abel Deryck	Heath Cranton Limited	1945
4	*A History of Commerce*	Day，C.	Longmans，Green，and Co	1923
5	*A History of the Tariff Administration in the United States*	—	Government of India，Central Publication Branch	1932

① 对外经济贸易大学图书馆. *CADAL* 电子书平台［EB/OL］［2024－04－20］https://lib.uibe.edu.cn/zy/sjk/dzs/ 65955.htm.

② 检索时间为 2024 年 3 月 18 日。

续表

序号	题名	作者	出版者	出版年
6	*A Manual of Recent and Existing Commerce*	Yeats，J.	Virtue & Co	1872
7	*A New Government for Rural China the Political Aspect of Rural Reconstruction*	Chang C.M.	China Institute of Pacific Relations	1936
8	*American Bank Failures*	Bremer C.D.	Columbia University Press	1935
9	*An Analysis of the Accounts of the Principal Chinese Banks，1921 –31*	—	The Research Department Bank of China	1933
10	*Annals of Commerce*	Erson，D.M.	Mundell and Son	1805
11	*Annual Report of the Committee of the Shanghai General Chamber of Commerce For 1884*	Purdon J.G.	Kelly & Walsh	1884
12	*Annual Customs and Festivals in Peking*	Li-Ch'en Tun	The North-China Dally News	1936
13	*Australia's Government Bank*	Jauncey L.C.	The Presbyterian Mission Press	1934
14	*Bank of England from within 1694 –1900*	Acres W.M.	The Governor and Company of the Bank of England	1931
15	*Bankers' Almanac and Year Book for 1936 –37*	—	Thomas Skinner & Co	1938
16	*Banking and Finance in China*	Tamagna F.M.	International Secretariat Institute of Pacific Rel	1942
17	*Code of Customs Regulations and Procedure*	—	Statistical Department of the Inspectorate General	1933
18	*Colonial Tariff Policies*	—	Government Printing Office	1922
19	*Customs Export Tariff of the Republic of China*	—	Statistical Department of the Inspectorate General	1931
20	*Customs Gazette*	—	The Customs Press	1871 –1872
21	*Customs Import Tariff of the Republic of China*	—	Statistical Department of the Inspectorate General	1931
22	*Movimento Bancario Banking Mouvement Des Banques*	Ministerio Da Fazenda Brasil	Ministerio Da Fazenda Brasil	1936
23	*Diplomacy*	Nicolson Harold	Thornton butterworth Ltd	1939
24	*Eastern Exchange，Currency and Finance*	Spalding，W.F	Sir Isaac Pitman & Sons，Ltd	1918

续表

序号	题名	作者	出版者	出版年
25	*Economic Geography*	McFarlane John	Sir Isaac Pitman & Sons，Ltd	1933
26	*Economic Conditions in Brazil*	Harvey，E.M.	Department of Overseas Trade	1936
27	*Economic Developement of Modern Europe*	Ogg F.G.	The Macmillan Company	1932
28	*Economic Shanghai：Hostage to Politics 1937－1941*	Barnett，R.W.	Institute of Pacific Relations	1941
29	*Economics of Banking Trade，and Finance*	Stephenson James Abd Branton Noel	Sir Isaac Pitman & Sons，Ltd	1933
30	*Economics of Modern Industry*	Ford Percy	Longmans，Green and Co	1939
31	*Economics of Real Estate*	Thorson，I.A.	Realty Research Bureau	1935
32	*Economics of the Silk Industry*	Rawlley，R.C.	P.S.King & Son，Ltd	1919
33	*Essays in Taxation*	Seligman，R.A	The Macmillan Company	1931
34	*European Tariff Policies since the World War*	Donne O.D.	Adelphi Company	1928
35	*Finance in China*	Tamagna F.M.	International Secretariat Institute of Pacific Rel	1942
36	*Foreign Commerce and Navigation of the United States for 1930*	—	Government Printing Office	1931
37	*Foreign Commerce and Navigation of the United States for 1943*	—	Government Printing Office	1946
38	*Germany's Economic Development*	—	Reichs-Kredit-Gesellschaft Aktiengesellschaft	1938
39	*Import Tariff of Japan 1925*	—	The Herald Press，Ltd	1925
40	*Income Tax*	Bloomfield，F.I.	F.I.Bloomfield	1915
41	*Instructions for the Customs River Police，Shanghai*	—	Statistical Department of the Inspectorate General	1932
42	*Mathematics of Finance*	Gow William and King-page D	International Textbook Company	1947
43	*Monthly Summary of Foreign Commerce of the United States 1930*	—	United States Government Printing Office	1930
44	*Movimento Bancario Banking Mouvement Des Banques*	Ministerio Da Fazenda Brasil	Ministerio Da Fazenda Brasil	1936

6.2 海关图书馆及藏书的历史价值

6.2.1 立足海关，面向社会

海关图书馆成立之初是为了解决海关工作人员相关业务问题，最初制定的规则是仅限于海关相关工作人员在馆内阅读。从19世纪下半叶开始，上海城市的航运、房地产、商业、贸易、交通、工业、金融等都得到了较大的发展，至20世纪30年代，上海逐渐确立了近代中国轻纺工业基地、金融中心、交通运输枢纽和对外贸易中心城市的地位，成为近代中国一个多功能的经济城市和国际化城市。从外部环境上看，海关图书馆藏书成为海关联系中国社会的窗口，凭借其独特的馆藏定位为社会各阶层提供服务，但处在动荡的时局，海关图书馆无法避免受到影响。1932年“一·二八”淞沪抗战后海关图书馆成为上海最重要的查阅经济、贸易相关收藏的机构，1938年“八·一三”抗战后上海沦陷，上海市图书馆被毁，海关图书馆逐渐被认为是“沪上不可多得之公开学术机构”[①]，同时，海关图书馆的藏书增长了10倍。其中国内外图书与期刊与参考图书、百科全书、年鉴数量相当，分别为16 000卷[②]。由于藏书的特色性，读者倍感海关图书馆的便利，诚如邝耀坤在《中国评论周报》发文称赞海关图书馆的藏书价值及特色，“在海关图书馆阅览室……这些收藏在某种程度上可以替代毁于一旦的东方图书馆”[③]。

另据《上海志》记载，1935年，调查145家图书馆，其中公立33家，私立112家，分别占全国同类图书馆1.65%和21.75%。1936年，上海全市有图书馆300余家。1937年上海沦陷后，100多家图书馆战时损失图书40万册。1938年，只剩下包括海关图书馆、鸿英图书馆、工部局公众图书馆、青年会图书馆在内的10余家图书馆，藏书70多万册[④]。1939年之后，上海文化事业“一落千丈”“图书馆设备毫无，莘莘学子，每苦无书可供参考”，海关图书馆作为少量未受损害的图书馆之一，“一切工作均照常进行，阅览人数亦较前踊跃”。在这段时间，海关图书馆的海关贸易统计报告几乎成为研究中外贸易统计资料的唯一供给者，这使得海关图书馆面向来自社会多个阶层的读者提供知识服务，既有研究经济学的专业人士[⑤]，也有

---

① 海关图书馆近讯［N］. 申报，1933－12－23（13）.

② 海关图书馆新阅览室开放时间（New Reading Room Hours For Customs Library）［N］. *The China Press*，1933－12－22（0005）.

③ Edward Y.K.Kwong.Introduce a Library［J］. *The Chinese Critic（Shanghai，China）*，1932，5（42）：1101.

④ 中共上海市委组织部，中共上海市委宣传部，上海市地方志办公室. 上海通志 干部读本［M］. 上海：上海人民出版社，2014：602.

⑤ 据《旧上海风云人物》一书记载：“1900年，穆藕初考入江海关。他在海关图书馆阅读中外报纸和大量‘历史算术’书，《天演论》对他影响最深，使他理解了在激烈的资本竞争中‘淘汰之可畏，争存之必要’，他从《泰西新史揽要》，《列国变通兴盛记》等书中，意识到我国之贫弱，实因商务之不振，商务之不振则因为没有一个好政府。”（资料来源：杨浩，叶览. 旧上海风云人物［M］. 上海：上海人民出版社，1989：203.）

中外作家[①]、学生、海关职员等。

自清末“西学东渐”开始，中国图书馆走上了近代化的道路。随着“藏书楼”这一称呼被“图书馆”取代之后，服务对象也从贵族回归到平民，馆藏从“贵保存”到“贵致用”，功能亦发生了巨大的变化，不仅仅是“注重学术著作、文化结晶的机关”[②]，更重要的是图书馆担起社会教育的重任，是“启民智、伸民权、利民生”的利器之一[③]。为了能为社会各界所了解，海关图书馆还注重保持与外界的交流合作。相应地，在藏书建设上，海关图书馆在经费充足的情况下，在中文书籍和西文书籍的收藏上做到了较好的平衡，而为了更好地面向普通大众开放，为了更好地满足大众需求，则更加注重特色藏书建设。同时，海关图书馆还通过调整服务时间等方式来更好地满足相关人员的研究便利[④]，诚如海关图书馆首任馆长阮寿荣所言：“本馆之设立……不仅尽于收藏书籍保管档案被动使用而已，似应更进一步，趋合潮流，为研究问题之活动机构……”[⑤]这也从侧面可以看到，随着社会民主化进程的不断推动，海关图书馆也顺应时代发展潮流，逐步践行“普遍　开放　共享”的社会服务理念[⑥]，实现了从最初禁止“任何外借办公图书室书籍”到具有近现代意义的“图书馆”的转变[⑦]。

6.2.2 开启民智，启迪未来

在开启民智方面，如前所述，海关图书馆面向来自社会多个阶层的读者提供知识服务，既有研究经济学的专业人士，也有中外作家，还有学生，海关职员等[⑧]。尤其是全面抗战爆发之后，海关图书馆更是以惠及研究人员及一般大众为己任，积极参与教育救国，进而成为当时上海社会文化服务的重要机构。在启迪未来方面，1939 年 8 月，由顾廷龙草拟，叶景葵、张元济批注定稿的《创办合众图书馆意见书》（以下简称《意见书》）强调海关图书馆“专于经济问题者”，应当“负起保存固有文化之责任”[⑨]。由于对海关等相关文献的保存与管理，许多学者得以利用海关图书馆藏书中的统计报告、贸易报告等内容开展研究。仅在民国时期就出现各类贸易统计数据摘编，如蔡谦、郑友揆的《中

① 据许景渊回忆：“我在海关待遇可能稍好一些。因为我在海关工作，很多商人都来拍马屁，我和钱先生一道出去吃饭时，经常有人代我付账。说起海关，我又要告诉你一件趣事。钱先生到我们海关图书馆来看书，发现了英国著名女作家 Stella Benson 的书，一看还是她的亲笔签名本。他十分奇怪，说：‘你们这里怎么会有 Stella Benson 的亲笔签名本呢？’原来，Stella Benson 当时就在昆明，她的丈夫在我们海关的税务司。海关的同事中没有一个知道她是位大作家，只觉得这位税务司太太沉默寡言，脾气很怪。”（资料来源：沉冰. 不一样的记忆　与钱锺书在一起［M］. 北京：当代世界出版社，1999：9.）

② 李小缘. 藏书楼与公共图书馆［J］. 图书馆学季刊，1926（3）：375－396.

③ 李小缘. 全国图书馆计划书［J］. 图书馆学季刊，1928（2）：220－231.

④ 中华图书馆协会. 海关圕近讯［N］. 1934－02－09（25）.

⑤ 阮寿荣. 海关图书馆志略（续）［J］. 关声，1948（11）：13－14.

⑥ 李晓新. 普遍均等　中国公共图书馆的百年追求［M］. 天津：南开大学出版社，2007：112.

⑦ 李小缘. 全国图书馆计划书［J］. 图书馆学季刊，1928（2）：220－231.

⑧ 华. 记中华民国海关图书馆［J］. 关声，1934（8）：275－276.

⑨ 叶景葵. 叶景葵文集　上［M］. 上海：上海科学技术文献出版社，2016：123.

国各通商口岸对各国进出口贸易统计（民国八年，十六年至二十年）》（商务印书馆，1936年）；杨端六，侯厚培《六十五年来中国国际贸易统计》（国立中央研究院，1931 年）等。经济学者以海关进出口统计数据为依据，编制了中国批发物价指数（1867—1922 年）、中国国际贸易指数（1867—1936 年）等并运用统计学方法对贸易统计数据产生机制和数据准确性开展讨论，对后世的研究具有重要的启迪作用①。新中国成立之后，国内学界开始整理与出版海关资料，如《中国旧海关稀见文献全编》《中国近代海关总税务司通令全编》（46 册）、《美国哈佛大学图书馆藏未刊中国旧海关史料》（283 册）、《海关总署档案馆未刊中国旧海关出版物（1840—1949）》（60 册）②等，这些书籍主要涉及 1949 年之前海关出版物的年度贸易统计表、十年报告等内容。这些内容也是海关图书馆重点收藏的内容。这些资料，包括重庆海关、粤海关、津海关、厦门海关等法规章则、报告表册、贸易与关税史料等内容③，为后人全面、完整、系统地了解海关报告编制、海关制度等提供了更广阔的视野，是后人研究中国近代海关史及中国近现代史的宝库④。

6.3 海关图书馆及藏书的时代价值

6.3.1 为完善近代海关史料文献数据库建设奠定基础

近年来，英国布里斯托大学和剑桥大学合作，进行了“中国旧海关项目”研究（Chinese Maritime Customs Service Project）。哈佛大学利用杜德维（Edward B.Drew）、金登干（J.D.Campell）、马士（H.B.Morse）、科第奇（Archibald C.Cooldege）、底斯特（S.H.Dexter）等人赠送的海关出版物进行数字化形成了特藏资源——“Chinese Maritime Customs 中國舊海關資料”，⑤并建成了“舊海關资料”特藏资源平台（如图 6-1 所示）。同步数字化的内容还包括杜德维提供的中国海关照片，这些照片展示中国海关人员的生活和工作照片。虽然这些机构拥有海关内部出版物的书目，但未对出版物本身的内容进行深入研究。

① 王莹. 中国旧海关史料在近代外贸史研究中的应用［J］. 南通大学学报（社会科学版），2019（5）：69-77.

② 侯彦伯. 1949 年以来国内海关资料研究的困境与解决途径［J］. 中国社会经济史研究，2020（3）：89-99.

③ 佳宏伟. 区域社会与口岸贸易——以天津为中心（1867-1931）［M］. 天津：天津古籍出版社，2010：237-242.

④ 孙修福. 中国第二历史档案馆馆藏海关档案简介［J］. 民国档案，1991（2）：141-143.

⑤ Harvard University. *Chinese Maritime Customs*［EB/OL］.［2024-04-07］. https://library.harvard.edu/collections/chinese-maritime-customs.

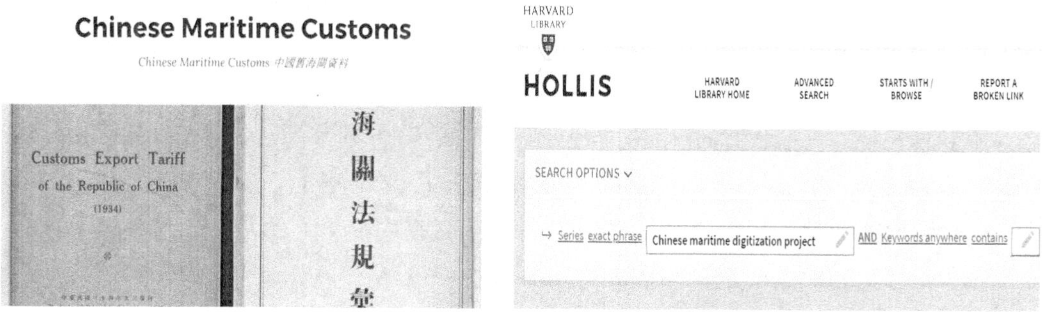

图 6－1　哈佛大学图书馆有关旧海关资料数字化项目

旧海关出版物是近百年中国社会经济史研究中一项最为完整、系统的统计数据和文字资料，是“一座尚未充分利用的近代史资料宝库”[①]。海关图书馆以得天独厚的优势对这些出版物进行较为完整的收藏。如，2001 年京华出版社在中国第二历史档案馆和海关总署办公厅合作下，根据海关图书馆藏书内容，出版了 170 册的巨作《中国旧海关史料》，收集了海关年刊（年度贸易统计和贸易报告）、十年报告等核心内容，为研究全国和各口岸的贸易情形和经济变迁提供了便利，但是并未将旧海关的系列出版物全部收录其中[②]，即便是世界上收藏中国旧海关出版物最多的单位——哈佛大学燕京图书馆也并未收藏完整[③]。此外，由于海关资料卷帙浩繁，对其进行利用的最大难题是要实现资料之间的融会贯通，而完善近代海关史料文献数据库建设则是最好的途径之一。目前对外经济贸易大学海关文献中心藏书一部分是“海关册”，即由海关出版的系列“关册”，另一部分是清末、民国期间中外版本有关中国经济专业典藏及清代古籍[④]。海关册中存在着大量季报、月报、日报、特集等内容，为建立更加完备、完善和优化的海关史料数据库奠定了丰厚的文献基础。

6.3.2　丰富海关管理学科研究的主要范畴

近代海关在长期的发展与演变过程中，形成了许多中国特有的理论范畴与命题，这些范畴与命题对中国海关发展的理论与实践产生了深远影响。目前，关于海关史料的研究与利用，除了一些具备整体视野的著作以外，很多研究都是以某一地海关资料为主题，开展个别的海关所在区域研究。其最大的问题在于大量珍贵的海关资料尚未得到充分开发利用[⑤]。为此，以现有的海关图书馆藏书为线索，进而深入挖掘和探索海关史料，拓

① 吴松弟，方书生. 一座尚未充分利用的近代史资料宝库——中国旧海关系列出版物述评［J］. 史学月刊，2005（3）：83－92.

② 马巍. 对外经济贸易大学原民国海关藏书之旧海关出版物述评——兼与《中国旧海关史料》比较［M］//李景瑜. 马克思主义中国化研究. 北京：对外经济贸易大学出版社，2011：228－235.

③ 吴松弟. 中国旧海关出版物述评——以美国哈佛燕京图书馆收藏为中心［J］. 史学月刊，2011（12）：54－63.

④ 传世珍籍背后的坚守［J］. 教书育人，2013（6）：21.

⑤ 连心豪. 中国近代海关研究巡礼（代序）［M］. 长沙：岳麓书院，2004：9.

展海关管理学科研究的范畴成为必要。如，从海关管理专业的角度看，将海关史研究和现代海关管理研究有机结合，既是对海关史研究的拓展，也是对海关管理学科研究的延伸。海关图书馆藏书中的《通商海关华洋贸易全年总册》《中国海关华洋贸易总册》《海关中外贸易统计年刊》是研究中国近代对外贸易史极为重要的史料；《海关十年报告》是研究地方政治、经济和社会历史的重要参考资料；《海关职员录》可以研究海关内部组织机构发展变化情况以及探析不同时期帝国主义在中国势力的消长。这些藏书能为全面考察和完整认知海关管理学科和相关研究提供帮助。

6.3.3 支撑海关文化现代传承

以对外经济贸易大学图书馆为例，为了能进一步发挥民国海关图书馆藏书的社会价值，一方面，多渠道促进同行合作、跨行交流，如：接待并协助粤海关博物馆建设、接洽哈佛大学中国对外贸易发展史研究团队开展课题资料查阅工作、协调对对外经济贸易大学国际经济贸易学院团队长期利用《中国对外贸易》（*Foreign Trade China*）等系列旧海关出版物完成中国经济史、对外贸易史相关研究等；另一方面，利用多部门协同联动机制，与校内党委宣传部等合作，深度参与对外经济贸易大学古籍论坛，利用文献中的近代商标、风物图片等内容开展相关文化传承活动（如表 6–2 所示）。目前，论坛已举办了四届，获得了多方的关注与肯定，通过参与历届古籍论坛，一方面增加了海关文献特色内容的曝光度，发挥海关文献在校园文化育人、文献育人方面的特殊作用；另一方面通过加强与相关部门的合作，拓宽社会机构助力海关文献保护的渠道。

表 6–2　　对外经济贸易大学历届古籍论坛主题一览表

年份/届次	论坛主题
2018 年/首届	古籍背后的时光密码
2019/第二届	“三全”育人视野下的古籍阅读时空
2020/第三届	坚守初心使命，保护海关古籍
2021/第四届	持珠握算，学以成人

7 研究展望

由于原始档案性文献资料的限制，对于特定历史背景下海关图书馆发展历程、馆藏建设理念还需深入、准确理解。海关图书馆珍藏的海关文献作为特殊的文化财富，其丰富的资源内涵只有为公众使用才能真正“活起来”。早在新中国成立初期，孙毓棠批评文化部不重视图书馆工作，在图书馆工作上是“只重通俗，不重科学；只重古董，不重史料；只重中文，不重外文”。他列举贸易学院（即对外经济贸易大学）大量积压海关图书馆的宝贵资料，不给学术机关使用①。目前，哈佛大学、布里斯托大学等以不同的方式实现了图书馆的中国旧海关资料保存与部分共享②，且部分免费面向全球读者开放，我国在这方面的资源共享还远远不足。为了能更好地保护、利用这些文献，未来主要的工作有以下几个方面。

7.1 改善海关文献保护条件，继续加强海关文献原生性保护

古籍特藏是针对的历史文化遗产，也是图书馆保存各类文献中最为珍贵和重要的文献。为了能够更好地保存海关文献，图书馆除了应积极寻求多方面资助，改善其物理保存条件，尽可能实现光线、防虫、防潮、空气质量等方面的改进以外，目前已经在学校经费的多次支持下，海关文献中心根据古籍书库建设标准，配置书库温湿度设备、安装书库空气净化设备、逐一加装书库防水板，通过全方面升级改善物理保存条件，成为实现历史文献原生性保护的重要一步。但随着时间的迁移，继续加强海关文献中心重要文献的原生性保护任重道远。

---

① 袁亮. 中华人民共和国出版史料 1957、1958 年［M］. 北京：中国书籍出版社，2004：176.

② Harvard University. *Chinese Maritime Customs*［EB/OL］.［2023－01－23］. https://library.harvard.edu/collections/chinese-maritime-customs.

7.2 建设海关文献特藏数据库，实现海关文献再生性保护

目前，对外经济贸易大学已初步完成了海关文献的分类和编目工作，2015 年也配合北京市第一次全国可移动文物普查完成了文献普查工作，但是部分文献由于各种原因仍不可避免出现损毁等情况，并且没有全面实现数字化，不利于长期保护文献，也不便于读者快捷、方便地利用这部分馆藏资源。考虑长期保护，已经计划在全面搜集与初步整理海关图书馆藏的基础上，主要做到：一是，在对海关图书馆藏书进行注释、考订、校对与审核等工作基础上，对文献作者、出版年等信息进行考证以及必要的学术史研究，对于不同版本的书籍进行选择、扫描、文字录入等工作；二是，对于有代表性且具有长久保存价值的书籍，如涉及海关发展的统计系列报告、专题报告、专刊等内容进行整理。在这个过程中，根据实际的教学、科研需求，以特色数据库建设为契机，按照文献所属主题，搭建对外贸易、关税与税收等特藏数据库；三是，根据海关文献的馆藏特点以及其特殊的学术价值，同时为了满足学校学科的长远发展，优先数字化反映海关史、海关制度等与海关相关学科建设有关的珍本、善本、孤本等内容，并对这些内容进行提炼和挖掘，同时积极以出版的形式促进保护，全方位做好海关文献的再生性保护工作。

7.3 充分挖掘特色资源，服务海关学科建设发展

1974 年我校创建海关管理专业，1975 年开始正式招生，在学科服务方面，我校的海关管理专业作为当时设立于高校的唯一海关专业，以创校“老四系”著称，海关史也将成为我校海关管理专业的支柱学科之一。为此，以我校政府管理学院海关学专业为联络学科，基于海关文献中心的原始材料嵌入海关管理专业教学与科研，并在此基础上成为海关管理专业发展的重要理论和实践发展基地，力争现有的海关文献成为我校海关专业开展特色海关史研究的重要材料支撑。在科研支持方面，主要是基于本馆有关关税与税收、贸易统计、口岸管理、贸易便利化以及国土安全等的海关文献，以文献推送、资料汇总、合作研究等方式开展精准服务。

7.4 活泛海关文献资源，实现海关文献传承性保护

首先，将进一步厘清海关图书馆及其藏书历史，以口述历史访谈等方式，采访校内外参与海关图书馆文献接收、藏书建设、见证海关文献发展的老一辈学者，进而形成海关图书馆清晰的发展脉络。其次，在加强修复保护，实现珍本再造的基础上加强挖掘文化内涵，讲好“海关文献故事”。在做好守护典籍工作的同时也需要弘扬海关文献中记载的优秀文化，充分发挥图书馆宣扬传统文化的阵地作用。再次，把宣传传统文化、审美通识教育与相关学科建设相结合，推进海关文献高水平学术研究。最后，加强与行业合作，积极参与政府等相关部门的文献保护活动，吸取更多文献保护与利用的经验，并在此基础上多方联动，参与人才培养体系构建，探索文献保护的人才培养路径，为文献保护提供持续发展的人才动力。

附录一　民国海关图书馆组织章程

第一条　本馆以广集关于本国商业财政经济及农工业各种中外图书论文杂志报章俾便参考并保存海关一切档案中与历史有关或有保存价值之重要文件期垂久远为宗旨定名为中华民国海关图书馆

第二条　本馆设管理委员会由财政部关务署长暨海关总税务司会派委员四人组织之其中一人暂以总税务司署统计科税务司充任另置馆长一人由总税务司署遴员充任

第三条　馆长受管理委员会之监督及总税务司署统计科税务司之指导办理馆内一切日常事务如编订书报分类目录保管藏书及用具办理来往文件管理员役执行本馆章程发给入门证等事项

第四条　管理委员会处理关于本馆经费之支出预算书之编造购备大宗书籍之审择与馆长所呈报告之查核等事项每年至少开会两次于年终造具详细报告书及预算书分呈关务署长及总税务司查核

第五条　本馆所备各种图书杂志报章等项仅供参考入在馆内参考非经统计科税务司暨本馆馆长书面特准不得借出馆外

第六条　凡欲来本馆参考图书者应先向馆长索取空白请求书按式填明并觅保证人二人合具保证书一并呈送总税务司署统计科税务司查核俟经许可后发给入门证方准该参考人于入门证所填期间内免费到馆参考

第七条　奉馆入门证必须经总税务司署统计科税务司签字方为有效

第八条　凡领有本馆入门证者不得转借他人违者一经查出即永远禁其入馆参考

第九条　本馆所备各种图书杂志报章等项倘有私自携走或任意涂抹及毁损者应照章令其赔偿并永远禁其入馆参考如该参考入拒绝赔偿得依法控追之

第十条　本馆所存海关档案中各种书籍文件均应另箱保存非经关务署长暨总税务司书面特准不得供外界人士参阅并绝对禁止借出馆外

第十一条　本馆规定每日上午九时三十分起至十二时三十分止下午二时起至五时止为开放时间（星期日及例假日除外）但每年夏季应停止两星期或三星期以便清理一切书籍

第十二条　本章程如有未尽事宜得随时修改之

附项：

甲、总则

一、凡衣衫褴褛，或有酗醉形状者，一概不准入馆，馆内并禁止吸烟、喧哗、随地吐痰及其他扰乱行为。

二、读者欲介绍书籍，可填明“书籍介绍条”呈送本馆管理委员会，惟本馆对于该项书籍购置与否，不得干涉。

三、凡愿以有用书籍投赠本馆者除书面伸谢外，并于所购书籍上另加名签，以志纪念。惟与本馆宗旨相远之书籍，概行谢绝。

四、海关职员欲来本馆参考者亦须援例请求入门证。

五、海关出版品之可出售者（即“Statistical”、“Special”、“Miscellaneous” Series），观众皆可任意参考。“Office”及“Services”Series二种只限于海关在任职员及统计科税务司署面特准之观众。“Inspectorate”Series概不附入档案中。

六、凡经统计科税务司及本馆馆长书面特准出借之书籍概须于一月内归还，或随时由馆长索还之。该项书籍如有损伤及遗失等情况，借书人须负全责赔偿。

七、凡有触犯以上各条者，本馆馆长得随时取消其参考资格，如读者不服处理，可上诉于本馆管理委员会。

八、本馆馆长在办公时间，有答复一切合理问题之责。

乙、书报室内规章

一、入馆时，读者须签名于签名处，并须详注住址。

二、入门证须寄存于书报室主任处。

三、读者欲知所需书籍是否在馆可由书目片中查得之，如有不明书目片用法者可详询于书报室主任。

四、书目片查得后，可抄填于“取书条”呈送书报室主任候取书籍。

五、除字典百科全书及其他另架存置之急用参考书外，读者不得擅自向书橱或书库取用书籍。

六、读者取用书籍每次不得过五册以上。

七、出室时，读者须将所用书籍奉还于书报室主任处，交换入门证，并须索取铜牌，用为出门凭证。

附录二　海关图书馆所藏清代藏书清单

序号	题名	出版年	藏书量/册	序号	题名	出版年	藏书量/册
1	太平三书	1648	4	23	史外	1748	6
2	汇辑舆图备考全书	1650	15	24	太湖备考	1750	8
3	青原志略	1669	4	25	通俗编	1751	12
4	于山奏牍	1683	8	26	宋四家词选	1832	1
5	广舆记	1686	12	27	陶文毅公全集	1840	24
6	李文襄公奏议	1687	7	28	竹柏山房家刻	1796	32
7	读礼通考	1696	30	29	岱南阁丛书	1798	20
8	虎丘山志	1702	2	30	汗筠斋丛书	1798	12
9	说铃	1704	40	31	锦里新编	1800	6
10	渊鉴类函	1710	140	32	张公奏议	1800	24
11	罗浮山志会编	1716	10	33	澳门记略	1800	2
12	行水金鉴	1725	36	34	重订西青散记	1805	4
13	骈字类编	1728	96	35	羊城古钞	1806	1
14	西湖志	1731	40	36	浮山志	1831	6
15	防河奏议	1733	4	37	华岳志	1831	4
16	吴江水考	1734	5	38	字典考证	1831	4
17	洪北江全集	1736	28	39	惜阴轩丛书	1834	124
18	雍正硃批谕旨	1738	112	40	青照堂丛书	1835	126
19	周礼注疏	1739	11	41	玉山修路纪事编	1837	2
20	左传注疏	1739	18	42	焦山志	1839	6
21	仪礼注疏	1739	14	43	春草堂集	1845	40
22	普陀山志	1739	4	44	岳忠武王文集	1847	4

续表

序号	题名	出版年	藏书量/册	序号	题名	出版年	藏书量/册
45	大清律例增修统纂集成	1851	42	76	长江图说	1871	1
46	唐陆宣公集	1851	1	77	述古丛钞	1871	50
47	海国图志	1852	24	78	剿平粤匪方略	1872	442
48	宸垣识略	1852	8	79	盘山志	1872	4
49	舆地纪胜	1855	22	80	钦定剿平捻匪方略	1872	301
50	国朝三元题诗	1856	1	81	词律拾遗	1873	9
51	明状元图考	1856	3	82	牧令全书	1873	14
52	鸿苞节录	1857	10	83	两浙盐法续纂备考	1874	12
53	区田编加注变通区田省工法合刻	1857	1	84	蠕范	1874	4
54	方舆纪要简览	1858	24	85	守宝录	1874	8
55	包孝肃公奏议	1863	4	86	大别山志	1874	4
56	广东图	1866	4	87	丽廔丛书	1875	8
57	蒙古游牧记	1867	4	88	胡文忠公遗集	1875	32
58	康輶纪行	1867	8	89	百子全书	1875	112
59	广群芳谱	1868	32	90	二思堂丛书	1875	14
60	慧山记	1868	18	91	光绪时宪书	1875	1
61	江西全省舆图	1868	15	92	十子全书	1875	40
62	说文解字义证	1870	32	93	大清光绪时宪书	1875	32
63	春秋公羊传注疏	1871	12	94	庚申忠义录	1876	4
64	春秋左传注疏	1871	10	95	长元吴丰备义仓全案	1877	28
65	礼记注疏	1871	24	96	藤阴杂记	1877	2
66	御批历代通鉴辑览	1871	22	97	中西合历	1877	2
67	论语注疏	1871	6	98	盛京典制备考	1878	6
68	毛诗注疏	1871	20	99	康熙字典撮要	1878	1
69	孝经注疏	1871	2	100	吴山城隍庙志	1878	4
70	周礼注疏	1871	8	101	理安寺志	1878	4
71	周易注疏	1871	6	102	榆园丛刻	1879	56
72	廿一史四谱	1871	20	103	宝韦斋类稿	1880	16
73	白鹭洲书院志	1871	4	104	小方壶斋丛钞	1880	27
74	曹南饱食丛钞	1871	16	105	防海纪略	1880	2
75	孟子注疏	1871	8	106	钱敏肃公奏疏	1880	8

续表

序号	题名	出版年	藏书量/册	序号	题名	出版年	藏书量/册
107	边事汇钞	1880	10	138	动物学启蒙	1886	7
108	桑梓潜德录	1880	6	139	富国养民策	1886	7
109	舆地广记	1880	4	140	借箸杂俎二	1886	2
110	缪武烈公遗集	1881	4	141	罗马志略	1886	6
111	正觉楼丛书	1881	20	142	欧洲史略	1886	7
112	东林书院志	1881	8	143	身理启蒙	1886	1
113	说文真本	1881	5	144	希腊志略	1886	6
114	汪双池先生丛书	1881	179	145	续通志	1886	200
115	皕宋楼藏书续志	1882	32	146	植物学启蒙	1886	7
116	皇朝通典	1882	80	147	丛睦汪氏遗书	1886	32
117	刑案汇览	1882	82	148	地理质学启蒙	1886	6
118	曹江孝女庙志	1882	2	149	格致总学启蒙	1886	7
119	抚郡文昌桥志	1882	6	150	化学启蒙	1886	4
120	皇朝文献通考	1882	69	151	五代会要	1886	6
121	文忠公事略	1882	4	152	水流云在馆诗钞	1886	2
122	御制数理精蕴	1882	41	153	忏花盦丛书	1887	64
123	元丰九域志	1882	4	154	天文算学纂要	1887	24
124	增修河东盐法备览	1882	10	155	夏桂洲奏议	1891	12
125	啸园丛书	1883	48	156	中外地舆图说集成	1894	32
126	宝应图经	1883	4	157	宋元名家词	1895	2
127	鄂国金佗续编	1883	6	158	风雅遗音	1895	2
128	湖南苗防屯政考	1883	16	159	刘中丞奏稿	1895	18
129	平山堂图志	1883	4	160	山东黄河南岸十三州县迁民图说	1896	2
130	石钟山志	1883	8	161	四川官运盐案类编	1898	24
131	玉海	1883	120	162	汇报	1899	93
132	安南志略	1884	4	163	理财节略	1899	2
133	辨学启蒙	1886	6	164	斐洲游记	1900	2
134	不忍杂志	1886	2	165	刑案汇览续编	1900	32
135	得一斋四种	1886	4	166	武林藏书录	1900	1
136	地学启蒙	1886	7	167	善本书室藏书志	1901	26
137	地志启蒙	1886	8	168	艺风藏书记	1901	2

续表

序号	题名	出版年	藏书量/册	序号	题名	出版年	藏书量/册
169	译林	1901	1	198	重刻合声简字谱	1906	1
170	约章分类辑要	1901	158	199	张文毅公奏稿	1906	4
171	李文忠公海军函稿	1902	14	200	光绪己巳年交涉要览	1907	5
172	天禄琳琅书目后编	1902	16	201	中国江海险要图说	1907	15
173	新民丛报	1902	8	202	北洋公牍类纂	1907	40
174	英国续议通商行船条约	1902	6	203	度支部试办宣统三年预算案总表	1911	5
175	曾忠襄公全集	1903	64	204	农工商部统计表	1908	4
176	抚郡农产考略	1903	2	205	官话指南	1908	2
177	皇朝经世文三编	1903	16	206	传音快字初阶	1908	1
178	历代政要表	1903	1	207	问影楼舆地丛书	1908	10
179	中美续议通商行船条约	1903	2	208	李文忠公全集	1908	100
180	中日通商行船条约续约	1903	2	209	邮传部奏议类编	1908	6
181	中国六十年战史	1903	6	210	滇粹	1909	1
182	大美钦命会议银价大臣续议	1905	2	211	教育杂志	1909	5
183	彊邨词	1905	1	212	农政全书	1909	12
184	焦山续志	1905	2	213	钦定大清现行新律例	1909	48
185	读例存疑	1905	39	214	清国行政法汎论	1909	1
186	明律集解附例	1905	10	215	陶斋藏石记	1909	12
187	集说诠真	1906	6	216	学寿堂丛书	1909	26
188	简字丛录	1906	1	217	中瑞通商条约	1909	2
189	简字全谱	1906	1	218	曾文正公手书日记	1909	34
190	商务官报	1906	143	219	晨风阁丛书	1909	16
191	石遗室丛书	1906	33	220	光绪政要	1909	30
192	奏定土药统税章程	1906	1	221	河海昆仑录	1909	4
193	结一庐朱氏剩余丛书	1906	22	222	大清宣统新法令	1910	26
194	烂柯山志	1906	4	223	程中丞奏稿	1910	20
195	续纂淮关统志	1906	1	224	大清光绪新法令	1910	20
196	增刻合声简字谱	1906	6	225	广西财政沿革利弊说明书	1910	14
197	政艺丛书	1906	86	226	藕香零拾	1910	32

续表

序号	题名	出版年	藏书量/册	序号	题名	出版年	藏书量/册
227	甸雅	1910	4	259	竹坡侍郎奏议	1875—1908	2
228	振绮堂丛书	1910	14	260	半厂丛书初编	1875—1908	19
229	樊山政书	1910	10	261	大清缙绅全书	1875—1908	25
230	赵忠定奏议	1910	2	262	邸钞全录	1875—1908	12
231	戊戌奏稿	1911	1	263	峨眉山志	1875—1908	4
232	谭文勤公奏稿	1911	10	264	鄂省丁漕指掌	1875—1908	10
233	项城袁氏家集	1911	40	265	二二五五疏	1875—1908	2
234	儒林公议	1644—1722	2	266	浮山志	1875—1908	5
235	鼎湖山庆云寺志	1662—1722	4	267	金陵通传	清光绪	11
236	江苏松江孔宅书院志	1662—1722	8	268	杭州八旗驻防营志略	1875—1908	6
237	说嵩	1662—1722	10	269	合肥李勤恪公政书	1875—1908	10
238	王阳明先生全集	1662—1722	10	270	花雨楼丛钞	1875—1908	48
239	忠武志	1662—1722	8	271	槐庐丛书	1875—1908	91
240	本朝政治全书	1722—1735	24	272	渐学庐丛书	1875—1908	11
241	九卿议定物料价值	1736—1795	4	273	江苏省赋役全书续编	1875—1908	41
242	钦定日下旧闻考	1736—1795	36	274	江苏省例	1875—1908	10
243	钦定中枢政考	1736—1795	10	275	浚河录	1875—1908	2
244	五礼通考	1736—1795	90	276	李嘉绩校刻书	1875—1908	12
245	太平寰宇记	1796—1820	30	277	荔庄诗存	1875—1908	1
246	读史方舆纪要	1796—1820	48	278	岭南实事记	1875—1908	12
247	垒字编	1796—1820	1	279	刘果敏公奏稿	1875—1908	8
248	四川省赋役全书	1840—1911	25	280	蒙学丛书	1875—1908	40
249	铁琴铜剑楼藏书目录	1851—1861	10	281	木犀轩丛书	1875—1908	40
250	光绪丙午年交涉要览	1851—1911	6	282	平湖采芹录	1875—1908	2
251	海外纪事后编	1851—1911	16	283	钦定户部漕运全书	1875—1908	48
252	画禅室随笔	1851—1911	4	284	沈文肃公政书	1875—1908	14
253	南疆绎史	1851—1911	16	285	式训堂藂书	1875—1908	32
254	明辨斋丛书	1861—1875	32	286	枢垣记略	1875—1908	6
255	春雨楼丛书	1862—1874	6	287	四川盐法志	1875—1908	20
256	集虚草堂丛书甲集	1904	24	288	宋朝事实	1875—1908	8
257	永嘉丛书	1862—1908	56	289	皇朝藩属舆地丛书	1903	34
258	滇黔奏议	1875—1908	16	290	皇朝舆地通考	1903	40

续表

序号	题名	出版年	藏书量/册	序号	题名	出版年	藏书量/册
291	皇朝政典类纂	1903	120	321	文选楼丛书	1796	10
292	词律	1876	8	322	方舆类纂	1808	56
293	浙江海运漕粮全案初编	1862—1874	6	323	钦定大清会典图	1811	18
294	三古图	1752	17	324	浙江海塘揽要	1811	12
295	南岳志	1753	6	325	瀛环志略	1861	10
296	盘山志	1755	10	326	敕建净慈寺志	1805	12
297	西湖志纂	1758	8	327	汉口紫阳书院志略	1806	6
298	广博物志	1761	36	328	大清律例根源	1871	93
299	事物原会	1796	10	329	天童寺志	1644—1911	4
300	离骚草木史	1803	4	330	五经图	1644—1911	5
301	竹书纪年集证	1813	24	331	绣像九龙阵	1644—1911	4
302	焦氏丛书	1796—1850	40	332	绣像闹卢庄	1644—1911	4
303	徐霞客游记	1776	10	333	绣像六美图	1644—1911	2
304	十六国春秋	1781	20	334	淮鹾备要	1644—1911	4
305	广雁荡山志	1790	10	335	江苏海运全案	1821—1850	12
306	河东盐法备览	1790	16	336	广东图说	1870—1871	3
307	两汉策要	1791	6	337	船山遗书	1871	111
308	台州丛书七种	1818	22	338	春秋穀梁传	1871	8
309	皇朝经世文编	1826	91	339	江苏水师奏稿	1872	1
310	红楼梦	1832	25	340	诗韵释要	1875	1
311	爱日精庐藏书志	1826	12	341	韩氏读有用书斋书目	1875—1908	1
312	中山传信录	1766	6	342	曾文正公七种	1874	25
313	治河方略	1767	8	343	尔雅注疏	1871	6
314	涑水纪闻	1774	6	344	朱子集	1860	40
315	浙江采集遗书总录	1774	10	345	江北运程	1860	41
316	水道提纲	1776	8	346	重刊宋本十三经注疏附校勘记	1815	166
317	味经斋遗书	1793	20	347	耐庵公牍存稿	1861	12
318	十三经纪字	1794	1	348	浙江忠义录	1862	10
319	月日纪古	1794	16	349	皇朝中外壹统舆圖	1863	12
320	蜚云阁凌氏丛书	1796	24	350	吴西沱先生奏议	1863	4

续表

序号	题名	出版年	藏书量/册	序号	题名	出版年	藏书量/册
351	增订淮北票盐志略	1868	6	382	潜研堂全书	1884	90
352	正谊堂全书	1869	101	383	西泠词萃	1885	2
353	平定粤匪纪略	1869	9	384	运渎桥道小志	1885	1
354	日知录集释	1869	16	385	云左山房诗钞	1886	2
355	两淮盐法志	1870	20	386	东华录	1887	349
356	曾文正公七种	1876	2	387	李氏五种合刊	1888	8
357	曾文正公全集	1876	141	388	北堂书钞	1888	14
358	林文忠公三种	1876	1	389	佩文韵府	1886	139
359	商君书	1876	1	390	钦定续通典	1886	40
360	经学通论	1875—1908	12	391	水流云在馆奏议	1887	2
361	农学丛书	1875—1908	82	392	唐五代词选	1887	1
362	王侍郎奏议	1875—1908	4	393	安澜纪要	1888	4
363	武林往哲遗著	1875—1908	96	394	全校水经注	1888	8
364	古桐书屋六种	1875—1908	12	395	古逸丛书	1884	49
365	益智新录	1876—1877	1	396	四印斋所刻词	1888	20
366	丁文诚公奏稿	1893	54	397	苏文忠公诗编注集成	1888	24
367	明大司马卢公奏议	1829	6	398	金鸡谈荟	1889	8
368	桂林山水	1831	4	399	续纂江苏水利全案正编	1889	16
369	张氏丛书	1821	10	400	游历美利加图	1889	12
370	历代陵寝备考	1877	14	401	游历日本图经	1889	16
371	昌瑞统志	1875—1908	10	402	重栞拜经楼丛书	1885	8
372	探路记	1884	15	403	历朝纪事本末	1888	2
373	南菁书院丛书	1888	32	404	格致汇编	1890	50
374	越南辑略	1877	2	405	两浙輶轩录	1890	32
375	闽杂记	1878	1	406	故唐律疏议	1891	12
376	书目答问	1878	1	407	黎文肃公遗书	1891	19
377	古今图书集成目录	1884	8	408	两浙輶轩续录	1891	40
378	唐会要	1884	24	409	穰梨馆过眼录	1891	10
379	铁华馆丛书	1884	6	410	宋元三十一家词	1893	8
380	驻粤八旗志	1884	16	411	钦定四库全书简明目录	1894	12
381	林文忠公政书	1885	16	412	钦定四库全书考证	1894	70

续表

序号	题名	出版年	藏书量/册	序号	题名	出版年	藏书量/册
413	文端公年谱	1894	3	443	教育词汇	1904	1
414	香树斋全集	1894	23	444	近世中国秘史	1904	1
415	资治新书	1894	12	445	国风报	1910	6
416	医方汇编	1895	5	446	理财便览	1910	10
417	三国郡县表	1895	4	447	天津常关土货估价册	191?	1
418	读通鉴纲目札记	1890—1892	9	448	江城旧事	1845	12
419	翻译新闻纸	1891—1892	16	449	扬州水道记	1845	4
420	格致汇编	1891—1892	64	450	京口山水志	1847	4
421	江苏海塘新志	1890	4	451	农业政策	1910	1
422	琉球国志略	1895	6	452	武夷山志	1847	8
423	闽中沿革表	1839	1	453	唐两京城坊考	1848	4
424	诗经集传	1896	3	454	潮州耆旧集	1849	16
425	国朝柔远记	1891	6	455	五洲地理志略	1910	12
426	郭侍郎奏疏	1892	12	456	新编条约	1910	10
427	英法俄德四国志略	1892	1	457	大清邮政舆图	1907	4
428	时务报	1896	49	458	湖南省水陆道里记	1822	5
429	文献通考	1896	150	459	畿辅水利四案	1823	6
430	经世报	1897	16	460	象山先生全集	1823	1
431	日本访书志	1897	8	461	畿辅河道水利丛书	1824	10
432	中外纪年通表	1897	8	462	蜀水考	1825	4
433	铁香室丛刻	1897	10	463	钦定台规	1827	16
434	湘学报	1898	20	464	方言笺疏	1890	4
435	增评补图石头记	1898	16	465	钱牧斋笺注杜诗	1911	8
436	蚕桑萃编	1899	8	466	天下郡国利病书	1911	48
437	付还洋款本息数目盈绌表	1899	1	467	楚宝	1829	24
438	出使美日秘国日记	1894	12	468	平滩纪略	1804	6
439	昌言报	1898	10	469	卢忠烈公集	1762	31
440	海国图志续集	1898	4	470	如皋冒氏丛书	1911	20
441	湖北商务报	1899	33	471	百宋一廛书录	1644—1911	1
442	畿辅同官录	1904	4	472	敕修河东盐法志	1644—1911	6

续表

序号	题名	出版年	藏书量/册	序号	题名	出版年	藏书量/册
473	宋文宪公全集	1911—1916	8	502	明季稗史汇编	1896	12
474	阳春白雪	清道光	6	503	钦定平定贵州苗匪纪略	1896	40
475	帝京景物略	1644—1911	8	504	钦定平定云南回匪方略	1896	51
476	读律佩觿	1644—1911	10	505	重修昭觉寺志	1896	4
477	洪武京城图志	1644—1911	1	506	岑襄勤公奏稿	1897	32
478	畿辅舆地图	1644—1911	12	507	杭州上天竺讲寺志	1897	4
479	靳文襄公奏疏	1644—1911	8	508	黄帝内经太素	1897	6
480	泾川丛书	1644—1911	30	509	普法战纪	1897	9
481	荆驼逸史	1644—1911	40	510	质学丛书初集	1897	38
482	康熙字典	1644—1911	40	511	中东战纪本末	1897	17
483	廿一史约编	1644—1911	8	512	中外大略	1897	26
484	师伏堂丛书	1895—1908	40	513	刘襄勤公奏稿	1898	16
485	娄东小志	宣统年间	1	514	日本国志	1898	10
486	通志	1896	200	515	锡山景物略	1898	5
487	湖州词征	1911	3	516	福建沿海图说	1899	1
488	蒙古史	1911	2	517	江苏沿海图说	1899	1
489	鲒埼亭集	1872	32	518	浙江沿海图说	1899	1
490	明季北略	1644—1911	11	519	张靖达公奏议	1899	4
491	明季南略	1644—1911	9	520	官圩修防汇述	1899	12
492	石林奏议	1885	4	521	钦定大清会典	1899	394
493	彭刚直公诗稿	1891	11	522	九华山志	1900	8
494	求实斋丛书	1891	9	523	刘武慎公遗书	1900	27
495	峡江图考	1894	1	524	万山纲目	1900	8
496	浙江全省舆图并水陆道里记	1894	20	525	金山志	1901	6
497	杨勇悫公奏议	1895	17	526	奏议初编	1901	6
498	平定陕甘新疆回匪方略	1896	321	527	大清一统志	1901	66
499	脉经	1843	4	528	齐山岩洞志	1901	8
500	洋务事宜册	1896	6	529	邓铁香奏稿	1902	3
501	金盖山志	1896	2	530	谭中丞奏稿	1902	16

续表

序号	题名	出版年	藏书量/册	序号	题名	出版年	藏书量/册
531	皇朝道咸同光奏议	1902	28	559	光绪三十二年－民国元年通商各关警船镫浮桩总册	1906—1912	1
532	皇朝掌故汇编	1902	60	560	国朝金陵通记	清光绪	1
533	建康实录	1902	6	561	归楂丛刻	1875—1908	4
534	爵秩全函	1902	12	562	植物名实图考	1880	40
535	历朝词综	1902	22	563	曾惠敏公诗集	1893	4
536	新辑各国政治艺学全书	1902	32	564	胡文忠公政书	1899	10
537	苏州省赋役全书	1875—1908	41	565	云自在龛丛书	1899	24
538	粟香室丛书	1875—1908	34	566	全蜀艺文志	清光绪	12
539	孙征君日谱录存	1875—1908	30	567	俞曲园全集	清光绪	100
540	陶庐丛刻	1875—1908	8	568	大清最新缙绅录	清光绪	1
541	辛丑各国合约	1875—1908	1	569	吉林探源丛书	清光绪	38
542	知服斋丛书	1875—1908	12	570	李肃毅伯奏议	清光绪	13
543	中俄界约斠注	1875—1908	2	571	李忠定集	清光绪	20
544	中日会议东三省事宜条约	1875—1908	9	572	谕旨（光绪九年）	清光绪	8
545	使琉球记	1875—1908	6	573	西河合集	清康熙	120
546	左恪靖侯奏稿	1875—1908	70	574	江甯省总图说	清末	1
547	骆文忠公奏议	1879—1908	24	575	陶说	清乾隆	8
548	谕摺汇存	1894—1906	106	576	明州阿育王山志	清乾隆	6
549	畿辅安澜志	1894—1906	30	577	古愚老人消夏录	清乾隆	12
550	陆桴亭先生遗书二十二种	1899—1900	6	578	管窥辑要	清顺治	32
551	邵武徐氏丛书	清光绪	40	579	函史	清顺治	80
552	外交报汇编	1907—1910	1	580	河防志	清雍正	12
553	大清法规大全	1909—1911	70	581	广西同官禄	咸丰年	1
554	度支部厘定币制原奏章程	1909—1911	1	582	贾子次诂	1903	2
555	山东全省财政说明书	1909—1911	10	583	全地五大洲女俗通考	1903	21
556	续增河东盐法备览	1909—1911	3	584	五大洲政艺全书	1903	52
557	黑龙江政务报告书	191?	8	585	武阳河工征信录	1903	10
558	力的创造	191?	1				

附录三　送往中国科学院的方志类藏书概况（部分）

序号	题名	出版年	藏书量/册	序号	题名	出版年	藏书量/册
1	山阴县志	1936	7	23	邵武府志	1897	20
2	澄海县志	1815	8	24	广东通志	1864	117
3	诸暨县志	1909	16	25	广州府志	1897	60
4	南乐县志	1903	4	26	番禺县续志	1911	16
5	临汾县志	1933	6	27	畿辅通志	1735	60
6	华岳志	1893	4	28	直隶顺天府志（两部）	1884	124
7	云霄府志	1935	8	29	直隶良乡县志	1924	4
8	漳州府志	1806	4	30	直隶满城县志	1931	7
9	漳浦县志	1928	6	31	河北固安县志	1859	10
10	龙溪县志	1807	12	32	河北安次县志	1914	12
11	长泰县志	1931	6	33	河北香河县志	1936	4
12	海澄县志	1872	8	34	河北三河县志	1760	4
13	漳平县志	1935	6	35	河北霸县志	1919	8
14	宁洋县志	1875	8	36	河北涿县志	1935	4
15	延平府志	1765	32	37	河北通州志	1879	12
16	南平县志	1921	20	38	河北昌平州志	1885	8
17	顺昌县志	1882	6	39	河北宝坻县志	1745	8
18	建瓯县志	1929	12	40	直隶顺义县志	1933	9
19	建阳县志	1929	12	41	河北房山县志	1928	8
20	浦成县志	1900	20	42	河北平谷县志	1920	4
21	政和县志	1919	12	43	河北天津府志	1899	28
22	松溪县志	1700	6	44	河北天津县志	1739	8

续表

序号	题名	出版年	藏书量/册	序号	题名	出版年	藏书量/册
45	续河北天津县志	1870	8	76	河北唐县志（两部）	1878	16
46	河北沧州志	1743	12	77	河北望都县志	1934	6
47	直隶沧县志	1933	12	78	河北容城县志	1896	8
48	河北盘山县志	1916	8	79	河北蠡县志	1876	10
49	河北庆云县志	1809	4	80	河北雄县新志	1929	10
50	河北南皮县志	1888	8	81	河北祁州志	1756	6
51	河北静海县志	1672	4	82	河北高阳县志（两部）	1931	20
52	河北献县志	1761	12	83	河北获鹿县志	1882	10
53	河北肃宁县志	1754	5	84	河北井陉县志	1730	6
54	河北任丘县志	1763	12	85	河北淮安县志	1876	4
55	河北阜城县志	1734	4	86	河北阜平县志	1874	6
56	河北宁津县志	1900	8	87	河北藁城县志	1873	6
57	河北景州志	1745	4	88	河北灵寿县志	1685	4
58	河北景县志	1933	14	89	河北无极县志	1757	4
59	河北吴桥县志	1875	8	90	河北藁城县志	1720	5
60	河北故城县志	1921	8	91	河北易州县志	1747	8
61	河北东光县志	1888	8	92	河北涞水县志	1895	8
62	河北永平府志	1879	32	93	河北定州志	1850	14
63	河北迁安县志	1873	7	94	河北定县志	1934	8
64	河北抚宁县志	1877	6	95	河北曲阳县志	1894	8
65	河北昌黎县志（两部）	1933	16	96	河北深泽县志	1735	4
66	河北乐亭县志	1877	6	97	河北卢龙县志	1653	4
67	河北临榆县志	1878	10	98	河北饶阳县志	1749	4
68	河北遵化县志	1794	8	99	河北正定县志	不详	4
69	河北丰润县志	1891	12	100	河北元城县志	1872	6
70	河北文安县志	1922	12	101	河北大名县志	1792	12
71	河北保定府志	1680	12	102	河北大名府志	1853	21
72	河北清苑县志	1677	4	103	直隶东明县志	1933	8
73	河北徐水县志	1932	8	104	河北开州县志（两部）	1806	14
74	河北定兴县志	1890	12	105	河北长垣县志	1809	12
75	河北新城县志	1935	8	106	河北邢台县志	1905	6

续表

序号	题名	出版年	藏书量/册	序号	题名	出版年	藏书量/册
107	河北广宗县志	1933	5	138	山东无棣县志	1925	6
108	河北巨鹿县志	1886	6	139	山东利津县志	1758	3
109	河北唐山县志	1882	8	140	山东乐陵县志	1762	8
110	河北广平府志	1894	24	141	山东沾化县志	1936	8
111	河北邯郸县志	1756	6	142	山东蒲台县志	1763	4
112	河北成安县志	1931	14	143	山东高密县志	1754	3
113	河北威县志	1929	17	144	山东商河县志	1835	8
114	河北磁州志	1703	8	145	山东青城县志	1778	4
115	河北冀县志	1929	8	146	山东博兴县志	1840	4
116	河北南宫县志	1831	8	147	山东高苑县志	不详	2
117	河北新河县志	1876	4	148	山东博山县志	1753	6
118	河北赵州志	1897	6	149	山东济宁直隶州续志	1926	12
119	河北柏乡县志	1766	6	150	山东济宁县志	1926	4
120	河北宁晋县志	1929	8	151	山东滋阳县志	1886	10
121	山东通志	1911	128	152	山东曲阜县志	1774	12
122	山东济南府志	1841	40	153	阙里志	1724	10
123	山东历城县志	1773	16	154	山东宁阳县志	1887	12
124	山东章邱县志	1883	8	155	山东邹县志	1716	4
125	山东邹平县志	1836	8	156	山东滕县志	1846	8
126	山东淄川县志	1752	8	157	山东汶上县志	1717	4
127	山东长山县志	1801	10	158	山东峄县志	1761	6
128	山东新城县志	1693	6	159	山东金乡县志	1862	4
129	山东齐河县志	1737	5	160	山东嘉祥县志	1908	4
130	山东济阳县志	1763	8	161	山东鱼台县志	1764	4
131	山东长清县志	1835	6	162	山东沂州志	1674	8
132	山东泰安县志（两部）	1828	28	163	山东费县志	1895	10
133	山东新泰县志	1784	6	164	莒州志	1936	20
134	山东莱芜县志	1670	4	165	沂水县志	1828	4
135	山东武定府志	1859	24	166	菏泽县志	1884	6
136	山东惠民县志	1886	6	167	曹州府志	1756	12
137	山东阳信县志	1759	5	168	曹县志	1884	12

续表

序号	题名	出版年	藏书量/册	序号	题名	出版年	藏书量/册
169	单县志	1760	13	200	范县志	1935	6
170	成武县志	1830	16	201	蓬莱县志	1839	12
171	定陶县志	1753	6	202	楼霞县志	1879	8
172	聊城县志	1910	8	203	招远县志	1853	4
173	东昌府志	1808	21	204	莱阳县志	1935	12
174	堂邑县志	1892	3	205	宁海州志	1864	6
175	郓城县志	1893	4	206	威海卫志	1929	6
176	博平县志	1900	2	207	文登县志	1839	4
177	茌平县志	1662	5	208	泗水县志	不详	2
178	郯城县志	1810	4	209	荣成县志	1840	6
179	清平县志（两部）	1798	13	210	海阳县志（两部）	1800	10
180	冠县志	1933	4	211	掖县全志	1899	16
181	高唐州志	1907	6	212	莱州府志	1740	8
182	恩县志	1723	4	213	平度州志	1849	8
183	临清直隶州志	1782	11	214	潍县志（两部）	1760	7
184	夏津县志	1741	6	215	昌邑县志	1742	4
185	德州志	1789	8	216	馆陶县志	1893	4
186	禹城县志	1808	4	217	胶澳志	1928	10
187	德平县志	1893	6	218	即墨县志	1872	8
188	平原县志	1749	4	219	青州府志	1859	32
189	陵县志	1875	8	220	益都县图志	1897	16
190	临邑县志	1874	8	221	临淄县志	1672	4
191	东平州志	1825	16	222	登州府志	1882	24
192	东阿县志	1829	12	223	黄县志	1756	4
193	平阴县志	1894	8	224	莘县志	1887	6
194	阳谷县志	不详	6	225	乐安县志	1733	8
195	寿张县志	1900	6	226	寿光县志	1799	7
196	续濮州志	1909	8	227	昌乐县志	1798	6
197	朝城县志	1920	7	228	临朐县志	1927	6
198	观城县志	1935	4	229	安邱县志	不详	6
199	邱县志	1933	4	230	诸城县志	1764	8

续表

序号	题名	出版年	藏书量/册	序号	题名	出版年	藏书量/册
231	日照县志	1715	10	262	许州志	1838	12
232	河南通志	1914	64	263	襄城县志	1746	10
233	开封府志	1863	10	264	郾城县志	1754	6
234	祥符县志	1739	12	265	郑州志	1735	6
235	陈留县志	1910	4	266	郑县志	1931	12
236	杞县志	1788	12	267	荥阳县志	1747	6
237	通许县志	1770	6	268	荥泽县志	1746	4
238	尉氏县志	1831	8	269	汜水县志	1928	8
239	洧川县志	不详	4	270	汲县志	1737	6
240	临颍县续志	1747	2	271	武陟县志	1829	14
241	长葛县志	1747	4	272	彰德府志	1787	20
242	鄢陵县志	1832	8	273	安阳县志	1815	10
243	中牟县志	1870	6	274	汤阴县志	1738	4
244	兰封县志	1935	12	275	临漳县志	1905	12
245	禹州志	1835	12	276	林县志	1752	4
246	密县志	1815	10	277	内黄县志	1891	8
247	新郑县志	1775	12	278	涉县志	1799	4
248	归德府志	1754	10	279	新乡县志	1747	6
249	商丘县志	1885	6	280	获嘉县志	1756	6
250	宁陵县志	1911	8	281	淇县志	1877	2
251	鹿邑县志	1896	6	282	辉县志	1835	8
252	永城县志	1901	8	283	濬县志	1886	2
253	睢州志	1892	8	284	滑县志	1867	8
254	陈州府志	1755	20	285	封丘县志	1680	8
255	滨州志	1860	4	286	怀庆府志	1789	16
256	柘城县志	1896	10	287	河内县志	1825	10
257	淮宁县志	1826	12	288	济源县志	1813	4
258	项城县志	1746	6	289	原武县志	1747	5
259	沈丘县志	1746	4	290	修武县志	1840	10
260	太康县志	1828	20	291	孟县志	1790	10
261	扶沟县志	1893	6	292	温县志	1759	6

续表

序号	题名	出版年	藏书量/册	序号	题名	出版年	藏书量/册
293	阳武县志	1745	6	324	汝阳县志	1690	8
294	河南府志	1779	44	325	正阳县志	1796	4
295	洛阳县志	1745	20	326	上蔡县志	1670	8
296	陕州直隶州志	1893	12	327	西平县志	1650	4
297	偃师县志	1788	16	328	遂平县志	1764	4
298	鞏县志	1789	6	329	确山县志	1746	4
299	宜阳县志	1882	12	330	罗山县志	1746	6
300	登封县志	1787	16	331	光州志	1887	18
301	伊阳县志	1766	4	332	光山县志	1889	12
302	洛宁县志	1790	6	333	固始县志	1785	16
303	新安县志	1914	8	334	息县志	1880	4
304	渑池县志	1810	8	335	商城县志	1803	12
305	嵩县志	1906	4	336	淅川厅志	不详	4
306	灵宝县志	1876	8	337	山西通志	1734	100
307	光乡县志	1894	8	338	阳曲县志	1843	10
308	卢氏县志	1747	10	339	续太原县志	1882	7
309	汝州志	1840	10	340	榆次县志	1862	7
310	鲁山县志	1796	6	341	太古县志	1855	8
311	郏县志	1859	6	342	祁县志	1882	20
312	宝丰县志	1837	10	343	交城县志	1709	6
313	南阳县志	1904	8	344	广灵县志	1754	6
314	南召县志	1746	4	345	文水县志	1883	6
315	镇平县志	1876	4	346	清源乡志	1882	6
316	泌阳县志	1828	6	347	汾州府志	1771	16
317	桐柏县志	1753	12	348	汾阳县志	1856	6
318	邓州志	1755	6	349	孝义县志	1785	6
319	内乡县志	1693	4	350	平遥县志	1882	8
320	新野县志	1754	4	351	介休县志	1814	8
321	裕州志	1740	4	352	乡宁县志	1778	8
322	舞阳县志	1835	4	353	长治县志	1894	10
323	叶县志	1872	8	354	长子县志	1895	8

续表

序号	题名	出版年	藏书量/册	序号	题名	出版年	藏书量/册
355	屯留县志	1880	14	387	洪洞县志	1730	8
356	襄垣县志	1782	114	388	浮山县志	1874	16
357	潞城县志	1884	8	389	岳阳县志	1913	9
358	壶关县志	1834	6	390	曲沃县志	1756	8
359	泽州府志	1734	16	391	翼城县志	1737	15
360	凤台县志	1783	16	392	太平县志	1825	8
361	高平县志	1774	8	393	蒲州县志	1754	10
362	阳城县志	1874	10	394	永济县志	1886	14
363	陵川县志	1882	10	395	临晋县志	1773	18
364	沁水县志	1881	8	396	虞乡县志	1884	4
365	辽州志	1733	8	397	荣河县志	1882	6
366	和顺县志	1914	6	398	猗氏县志	1729	4
367	沁州志	1741	16	399	解州志	1773	8
368	武乡县志	1790	4	400	夏县志	1880	4
369	平定州志	1882	16	401	平陆县志	1763	6
370	盂县志	1881	11	402	芮城县志	1763	8
371	寿阳县志	1882	6	403	绛州志	1765	8
372	代州志（两部）	1785	14	404	垣曲县志	1766	12
373	天镇县志	1882	4	405	闻喜县志	1766	12
374	浑源州志	1763	5	406	绛县志	1879	4
375	朔平府志	1733	10	407	河津县志	1815	8
376	朔州志	1735	7	408	灵石县志	1815	8
377	宁武府志	1750	7	409	赵城县志	1760	20
378	沂州志	1880	8	410	浦县志	1880	5
379	定襄县志	1723	4	411	陕西县志（通志）	1735	100
380	五台新志	1883	4	412	西安府志	1755	41
381	崞县志	1757	6	413	咸宁县志	1819	8
382	繁峙县志	1930	4	414	长安县志	1815	6
383	河曲县志	1872	8	415	咸阳县志	1751	4
384	霍州志	1825	12	416	兴平县志	1933	4
385	安邑运城志	1756	8	417	马嵬志	1877	6
386	安邑县志	1880	2	418	临潼县志	1922	6

续表

序号	题名	出版年	藏书量/册	序号	题名	出版年	藏书量/册
419	高陵县志	1815	2	450	乾州志稿	1884	5
420	蓝田县志	1839	6	451	武功县志	1761	1
421	泾阳县志	1911	4	452	永寿县志	1888	6
422	三原县志	1880	4	453	汉中府志	1925	24
423	盩厔县志	1790	6	454	南郑县志	1921	7
424	渭南县志	1892	10	455	褒城县志	1831	4
425	富平县志	1891	10	456	城固县志	1878	4
426	礼泉县志	1783	4	457	宁羌州志	1888	5
427	耀州志	不详	8	458	定远厅志	1879	6
428	同州府志	1851	23	459	留霸厅志	1840	6
429	大荔县志	1850	14	460	华阴厅志	1817	6
430	朝邑县志（两部）	1519	6	461	安康县志	1815	8
431	郃阳县志	1769	4	462	兴安府志	1789	8
432	韩城县志	1784	6	463	鄠县志	1777	4
433	续潼关厅志	1817	2	464	榆林府志	不详	12
434	潼关志	1685	2	465	府谷县志	1783	4
435	华州志	1572	6	466	葭州志	1809	4
436	吴堡县志	1847	3	467	延安府志	1884	6
437	商州志	1744	9	468	平利县志	1897	4
438	蒲城县志	1782	6	469	洵阳县志	1902	4
439	雒南县志	1746	10	470	白河县志	1920	4
440	凤翔县志	1767	12	471	紫阳县志	1882	4
441	凤翔府志	1766	12	472	石泉县志	1849	2
442	宝鸡县志	1785	4	473	凤县志	1892	4
443	扶风县志	1781	4	474	安塞县志	1925	8
444	眉县志	1778	4	475	延川县志	1831	5
445	麟游县志	1708	2	476	定边县志	1818	7
446	汧阳县志	1841	4	477	靖边县志	1899	8
447	陇州志	1713	4	478	绥德州志	1905	10
448	淳化县志	1783	4	479	清涧县志	1828	8
449	长武县志	1910	4	480	洛川县志	1806	5

续表

序号	题名	出版年	藏书量/册	序号	题名	出版年	藏书量/册
481	宜川县志	1921	12	512	六合县志	1884	10
482	中部县志	1807	6	513	镇江府志	1685	28
483	兰州府志	1887	8	514	丹阳县志	1885	16
484	皋兰县志	1892	14	515	金坛县志	1885	11
485	高台县志	1921	4	516	溧阳县志	1896	19
486	靖远县志	1925	8	517	上海市自治志	1915	8
487	狄道州志	1763	16	518	上海县志（两部）	1871	16
488	秦州直隶州志	1889	20	519	松江府志（两部）	1817	63
489	秦安县志	1535	4	520	娄县志（两部）	1789	12
490	清水县志	1796	4	521	华亭县志	1878	10
491	徽县志	1809	8	522	云间志	1808	3
492	宁远县志	1763	6	523	南汇县志	1879	12
493	西和县志	1774	8	524	青浦县志	1879	12
494	成县志	1741	4	525	奉贤县志	1878	6
495	合水县志	1761	4	526	金山县志	1878	8
496	镇原县志	1847	12	527	川沙厅志	1879	6
497	固原州志	1909	12	528	太仓州志	1918	15
498	海城县志	1908	1	529	罗店镇志	1887	5
499	武威县志	1749	2	530	嘉定县续志	1930	8
500	镇番县志	不详	1	531	娄塘镇志	1936	1
501	古浪县志	不详	1	532	宝山县志	1921	5
502	永昌县志	不详	1	533	崇明县志	1760	10
503	平番县志	不详	1	534	海门厅志	1899	6
504	甘州府志	1779	10	535	苏州府志	1878	80
505	敦煌县志	1831	4	536	吴县志	1933	40
506	江宁府志	1880	24	537	周庄镇志	1882	6
507	首都志	1935	2	538	吴郡志	1923	12
508	上元江宁两县志	1871	12	539	昆山阳新两县志	1880	24
509	句容县志	1900	8	540	震泽县志	1893	8
510	溧水县志	1883	12	541	同里志	1811	4
511	高淳县志	1881	10	542	吴江县续志	1878	8

续表

序号	题名	出版年	藏书量/册	序号	题名	出版年	藏书量/册
543	黎里志	1805	10	553	如皋县志	1808	14
544	平望志	1886	10	554	泰兴县志	1885	8
545	常州府志	1886	20	555	清河县志（两部）	1854	6
546	芙蓉湖堤志	1908	6	556	阜宁县志	1886	10
547	武进阳湖两县志	1878	20	557	淮安府志	1748	16
548	无锡金匮两县志	1881	20	558	山阳县志	1873	8
549	宜兴县志	1882	14	559	桃源县志	1917	4
550	江阴县志	1878	20	560	安东县志	1874	4
551	靖江县志	1879	8	561	干巷志	1799	2
552	通州直隶州志	1874	16	562	盐城县志	1895	12

主要参考文献

［1］朱庆祚. 上海图书馆事业志［M］. 上海：上海社会科学院出版社，1996：78.

［2］革命文献与民国时期文献保护网. 革命文献与民国时期文献保护计划“十四五”时期规划纲要［EB/OL］. ［2023－01－05］. http://mgwxbh.nlc.cn/bhjh/mgwxbhjh/202110/t20211028_202245. html.

［3］中华人民共和国中央人民政府. 政府工作报告［EB/OL］. ［2023－01－05］. http://www.gov.cn/premier/2022－03/12/content_5678750. htm.

［4］中华人民共和国中央人民政府. 中共中央办公厅 国务院办公厅印发《关于推进新时代古籍工作的意见［EB/OL］. ［2023－01－05］. http://www.gov.cn/zhengce/2022－04/11/content_5684555. htm.

［5］海关总署《旧中国海关总税务司署通令选编》编译委员会. 旧中国海关总税务司署通令选编（第三卷，1931—1942 年）［M］. 北京：中国海关出版社，2003.

［6］阮寿荣. 中外贸易书目选：裘序［J］. 关声，1935（2）：80－87.

［7］中国海关学会. 赫德与旧中国海关论文选［M］. 北京：中国海关出版社，2004：82.

［8］《中国海关通志》编撰委员会. 中国海关通志 第 1 分册［M］. 北京：方志出版社，2012：51.

［9］对外经济贸易大学图书馆. 特色资源［EB/OL］. ［2021－07－08］. http://lib.uibe.edu.cn/zy/tszy/index.htm.

［10］李娜娜. 民国时期的海关图书馆［J］. 图书馆论坛，2020（9）：97－105.

［11］朱向峰. 旧中国海关图书馆述评：治理、视野与现代性兴起［J］. 南开学报（哲学社会科学版），2020（2）：136－150.

［12］丁怡骏，张志云. 海关图书馆与中国政治进程（1863—1951）［J］. 苏州大学学报（哲学社会科学版），2021（6）：186－197.

［13］连心豪. 中国近代海关研究巡礼（代序）［M］. 长沙：岳麓书院，2004：9.

［14］荣真. 民国海关图书馆现存藏书的一般性研究［M］//李景瑜. 马克思主义中国化研究. 北京：对外经济贸易大学出版社，2011：202－214.

［15］乐平. 民国海关图书馆现存经济类藏书评介［M］//李景瑜. 马克思主义中国化研究. 北京：对外经济贸易大学出版社，2011：215－227.

［16］马巍. 对外经济贸易大学原民国海关藏书之旧海关出版物述评——兼与《中国旧海关史料》比较［M］//李景瑜. 马克思主义中国化研究. 北京：对外经济贸易大学出版社，2011：228－235.

[17] 陈祖怡. 上海各图书馆概览 [M]. 上海：中国国际图书馆，1934.
[18] 上海通志编纂委员会. 上海通志 第9册 [M]. 上海：上海社会科学院出版社；上海：上海人民出版社，2005：6192.
[19] 对外经济贸易大学校志编委会. 对外经济贸易大学校志（2000—2010）[M]. 北京：对外经济贸易大学出版社，2011.
[20] 阮寿荣. 海关图书馆志略（续）[J]. 关声，1948（11）：13－14.
[21] 朱向峰，张小锋. 典籍里的近代中国对外经贸史[N/OL]. 光明日报，2021－10－06. [2023－01－23]. https://m.gmw.cn/baijia/2021－10/06/35212350. html.
[22] 《为报告派员赴沪了解上海海关图书馆藏书及设备情况提出返京计划请部决定并批示经费以便进行调运由》[B]. 对外经济贸易大学档案馆馆藏，1954－03－08.
[23] A Report on the Customs Reference Library for the Information of the New Library Committee 1946 [B]. 1 October 1946. 中国第二历史档案馆藏，679/1/17966.
[24] Edward Y.K. Kwong. *Introduce a Library*[J]. *The Chinese Critic*（*Shanghai*，*China*），1932，5（42）：1101.
[25] 中国学术会议在线. “史料扩充与史学演进：中国近现代史研究的反思与前瞻”学术讨论会在上海举行 [EB/OL]. [2024－03－05]. https://www.meeting.edu.cn/zh/news/765b3c04－fc51－11e9－8dc9－3c2c30a4fb0b.
[26] 中国学术会议在线. 旧海关史料数字化应用研讨会在北京召开 [EB/OL]. [2024－03－05]. https://www.meeting.edu.cn/zh/news/74d98118-fc51-11e9-8dc9-3c2c30a4fb0b.
[27] 上海图书馆，上海市图书馆行业协会. 上海市公共图书馆行业发展报告 [M]. 上海：上海科学技术文献出版社，2019：188.
[28] 吴江，陆泉，杨思洛. 世纪华章 [M]. 武汉：武汉大学出版社，2020：507.
[29] 中共上海市委组织部，中共上海市委宣传部，上海市地方志办公室. 上海通志 干部读本 [M]. 上海：上海人民出版社，2014：602.
[30] 沉冰. 不一样的记忆 与钱锺书在一起 [M]. 北京：当代世界出版社，1999：9.
[31] 杨浩，叶览. 旧上海风云人物 [M]. 上海：上海人民出版社，1989：203.
[32] 张剑. 赛先生在中国 中国科学社研究 [M]. 上海：上海科学技术出版社，2018：208.
[33] 对外经济贸易大学校志编委会编. 对外经济贸易大学校志 第2版 [M]. 北京：对外经济贸易大学出版社，2001：581.
[34] 袁亮. 中华人民共和国出版史料 1957、1958年[M]. 北京：中国书籍出版社，2004：176.
[35] 胡石. 民国文献分类研究 [J]. 上海高校图书馆情报工作研究，2017（1）：41－43，5.
[36] 文松. 近代中国海关洋员概略 以五任总税务司为主[M]. 北京：中国海关出版社，2006：64－68.

[37] 许爱莲. 忆百年税专 承光荣传统 铸关院辉煌[J]. 上海海关学院学报，2008(1)：62－68.

[38] 米歇尔. 福柯. 规训与惩罚［M］. 刘北成，杨远婴，译. 上海：生活. 读书. 新知三联书店，2003：35.

[39] 中华人民共和国海关总署办公厅. 中国近代海关总税务司通令全编：第20卷［M］. 北京：中国海关出版社，2013.

[40] 孙修福. 中国近代海关高级职员年表［M］. 北京：中国海关出版社，2004：544.

[41] 阮寿荣. 海关图书馆志略（续）[J]. 关声，1948（11）：13－14.

[42] 发布海关图书馆目录（Customs Library Catalogue Issued）[N]. *The China Press*，1934－06－03（0016）.

[43] 海关图书馆将于10月10日开放［N］. *The China Press*，1931－10－01（0007）.

[44] 陈守义主编，侯杰等著；宁波市政协文史委编. 宁波帮在天津［M］. 北京：中国文史出版社，2006：77.

[45] 陈正恭主编，《上海海关志》编委会编. 上海海关志［M］. 上海：上海社会科学院出版社，1997：526－527.

[46] 海关图书馆变更阅览办法［N］. 总汇报，1940－03－18（0003）.

[47] 海关图书馆新阅览室开放时间（New Reading Room Hours For Customs Library）[N]. *The China Press*，1933－12－22（0005）.

[48] 吕绍虞. 最近之上海图书馆［M］. 上海：上海图书馆服务社，1938：6.

[49] 王宗义. 编辑视角 世纪之交的中国图书馆活动[M]. 上海：上海科学技术文献出版社，2011：41－42.

[50] 钱京娅，史卫华. 复旦大学图书馆百年纪事 1918—2018[M]. 上海：复旦大学出版社，2018：20.

[51] 《上海百年文化史》编纂委员会. 上海百年文化史（第4卷）[M]. 上海：上海科学技术文献出版社，2002.

[52] 来函照登. 一个关于海关图书馆的建议［J］. 关声，1936，5（5）：17－19.

[53] 上海图书馆，上海市图书馆行业协会编. 上海市公共图书馆行业发展报告[M]. 上海：上海科学技术文献出版社，2019：188.

[54] 中国海关博物馆. 中国近代海关建筑图释［M］. 北京：中国海关出版社，2017：113.

[55] 阮寿荣. 中华民国海关图书馆［J］. 关声，1934，3（8）：6.

[56] 上海静安区图书馆. 海关图书馆[EB/OL]. [2023－01－17]. https://www.jalib.net/JaImpressionHistoryContent.aspx？ColumnNameEn=CUSTOMSLIBRARY&id=215.

[57] 海关图书馆前景［J］. 图书馆学季刊，1937，11（2）：1.

[58] 上海图书馆业务辅导部编. 上海市公共图书馆概况[M]. 上海：出版者不详，1989：52.

［59］庄文亚. 全国文化机关一览［M］. 上海：世界文化合作中国协会筹备委员会 世界书局，1934：154.

［60］马学新. 上海文化源流辞典［M］. 上海：上海社会科学院出版社，1992：579.

［61］叶景葵. 叶景葵文集 上［M］. 上海：上海科学技术文献出版社，2016：123.

［62］《中国海关通志》编委会. 中国海关通志：第一分册：近代卷［M］. 北京：方志出版社，2012.

［63］谭其骧. 中国历代地理学家评传（第 3 卷）清、近现代［M］. 济南：山东教育出版社，1993：366.

［64］上海通. 方志概要［EB/OL］.［2023－01－20］. https://www.shtong.gov.cn/n196119/20210701/297043. html.

［65］文松. 近代中国海关洋员概略 以五任总税务司为主［M］. 北京：中国海关出版社，2006：239.

［66］全国报刊索引. 京师税务月刊［EB/OL］.［2023－03－05］. https://www.cnbksy.com/literature/literature/8adf022e69565e8e041a7765d632f564.

［67］全国报刊索引. 国际贸易导报［EB/OL］.［2023－03－05］. https://www.cnbksy.com/literature/literature/7ca2614631c19fb7713e2443956dc6bf

［68］全国报刊索引. 外交月报［EB/OL］.［2023－03－05］. https://www.cnbksy.com/literature/literature/b330431ad559e0a0d7b15f02dfd87989.

［69］全国报刊索引. 国风报［EB/OL］.［2023－03－05］. https://www.cnbksy.com/literature/literature/b2eba3ce94ae32eacffc1c901b4b78e9.

［70］台湾大学出版中心推出影印版《教务杂志》（*The Chinese Recorder*）［EB/OL］.［2023－02－22］. https://blog.sina.com.cn/s/blog_606528bf0100yd50.html.

［71］百度百科. 中国丛报［EB/OL］.［2023－02－22］. https://baike.baidu.com/item/%E4%B8%AD%E5%9B%BD%E4%B8%9B%E6%8A%A5/7161590？fr=aladdin#reference-［2］－1127606－wrap.

［72］豆瓣读书.《密勒氏评论报》总目与研究［EB/OL］.［2023－03－05］. https://book.douban.com/subject/26443444/.

［73］戈公振. 大师讲堂学术经典：戈公振讲中国报学史［M］. 南京：河海大学出版社，2019：73.

［74］周旖. 岭南大学图书馆藏书研究［M］. 广州：广东人民出版社，2018：267.

［75］中国统计学社年会. 第二日记［N］. 申报，1932－9－15，第 21352 号.

［76］上海科学技术文献出版社.《皇家亚洲文会北华支会会刊（1858—1948）》正式出版［EB/OL］.［2023－02－22］. http://www.sstlp.com/news/Detail.aspx？Id=181.

［77］吴松弟. 中国旧海关出版物的形成、结构与学术价值［J］. 史林，2020（6）：14－22，216.

［78］吴松弟. 旧海关出版物与近代中国研究［J］. 社会科学家，2014（12）：141－146.

［79］上海市文史馆，上海市人民政府参事室文史资料工作委员会编. 上海地方史资料（3）［M］. 上海：上海社会科学院出版社，1984：97.

［80］海关出版图书目录（第六版）［M］. 上海：海关总税务司署统计科印行，1936.

［81］郑友揆. 我国海关贸易统计编制方法及其内容之沿革考[J]. 社会科学杂志（北平），1934（3）：264－296.

［82］吴松弟，方书生. 中国旧海关出版物的书名、内容和流变考证：统计丛书之年刊系统［J］. 上海海关学院学报，2013（1）：1－17.

［83］《中国海关百科全书》编纂委员会. 中国海关百科全书［M］. 北京：中国大百科全书出版社，2004：194.

［84］海关总署《旧中国海关总税务司署通令选编》编译委员会. 旧中国海关总税务司署通令选编（第三卷，1931—1942 年）［M］. 北京：中国海关出版社，2003：67.

［85］陈晋文. 对外贸易政策与中国经济现代化［M］. 北京：知识产权出版社，2012：78.

［86］王世伟. 图书馆服务创新与发展论丛［M］. 上海：上海社会科学院出版社，2005：61.

［87］佚名. 传世珍籍背后的坚守［J］. 教书育人，2013（6）：21.

［88］钱存训. 上海各图书馆被毁及现况调查[J]. 中华图书馆协会会报，1938(3)：5－8.

［89］华. 记中华民国海关图书馆［J］. 关声，1934（8）：275－276.

［90］王莹. 中国旧海关史料在近代外贸史研究中的应用［J］. 南通大学学报（社会科学版），2019（5）：69－77.

［91］佳宏伟. 区域社会与口岸贸易——以天津为中心（1867—1931）［M］. 天津：天津古籍出版社，2010：237－242.

［92］孙修福. 中国第二历史档案馆馆藏海关档案简介［J］. 民国档案，1991（2）：141－143.

［93］来新夏等编著. 中国图书事业史［M］. 上海：上海人民出版社，2009：429.

［94］University of Bristol. *Second Historical Archives of China，Customs Service Archives，Catalogue*［EB/OL］.［2023－01－23］. https://data.bris.ac.uk/data/dataset/gq7z7wh5b56w1i8n79j19k0h3.

［95］*Chinese Maritime Customs collections*［EB/OL］.［2023－01－23］. https://www. hpcbristol.sjtu.edu.cn/exhibitions/chinese-maritime-customs-collections.

［96］Harvard University［EB/OL］.［2023－01－23］. https://hollis.harvard.edu/primo-explore/search?query=lsr38，exact，Chinese%20maritime%20digitization%20project，AND&tab=books&search_scope=default_scope&sortby=rank&vid=HVD2&mode=advanced&offset=0.

［97］Harvard University. *Chinese Maritime Customs*［EB/OL］.［2023－01－23］. https://library.harvard.edu/collections/chinese-maritime-customs.

[98] 中华图书馆协会. 海关圕近讯 [N]. 1934-02-09 (25).
[99] 李晓新. 普遍 均等 中国公共图书馆的百年追求 [M]. 天津：南开大学出版社，2007：112.
[100] 中共上海市委组织部，中共上海市委宣传部，上海市地方志办公室. 上海通志 干部读本 [M]. 上海：上海人民出版社，2014：601-602.
[101] 侯彦伯. 1949 年以来国内海关资料研究的困境与解决途径 [J]. 中国社会经济史研究，2020 (3)：89-99.
[102] 吴松弟，方书生. 一座尚未充分利用的近代史资料宝库——中国旧海关系列出版物述评 [J]. 史学月刊，2005 (3)：83-92.
[103] 吴松弟. 中国旧海关出版物述评——以美国哈佛燕京图书馆收藏为中心 [J]. 史学月刊，2011 (12)：54-63.
[104] 传世珍籍背后的坚守 [J]. 教书育人，2013 (6)：21.

后　记

雪泥鸿爪，熔古铸今。1954 年，北京对外贸易学院（对外经济贸易大学前身）图书馆主任景培元，远赴上海办理接收民国海关图书馆全部藏书等事宜。抵京后的海关图书馆藏书主要留存在对外经济贸易大学。2008 年，对外经济贸易大学图书馆新馆落成。在学校领导的支持与指导下，图书馆多年来组织资深馆员对实际收藏的海关图书馆藏书进行再次整理、分类、编目，历经多年，形成了较为完整、系统的海关图书馆中外文目录。与此同时，为了能进一步发挥海关图书馆藏书的社会价值，通过多渠道积极促进同行合作、跨行交流，图书馆与校内党委宣传部等有关部门合作，深度参与对外经济贸易大学古籍论坛，极大发挥文献中的近代商标、风物图片等内容价值，开展相关文化传承活动。图书馆还通过增加海关文献特色内容的曝光度，充分发挥海关文献在校园文化育人、文献育人等方面的特殊作用，助力多类机构海关文献保护。

岁序常易，华章日新。作为国际化特色鲜明的大学蜚声海内外，对外经济贸易大学非常重视海关文化的历史传承。对外经济贸易大学图书馆作为该部分文献的主要收藏与保护机构，七十载初心如磐，历代图书馆人薪火传递，接力保护海关图书馆藏书并传承海关文化精神。中共中央办公厅、国务院办公厅印发《关于推进新时代古籍工作的意见》中明确指出“加强古籍抢救保护、整理研究和出版利用”。在实际工作中，图书馆深入核对珍稀性馆藏、全面梳理海关图书馆藏书中的特色性海关出版物；完善《古籍特藏保护办法》《古籍特藏阅览室借阅规则》；制定《2023—2025 年古籍特藏数字化发展规划》等，并借此通过图片、数字、文字等形式全景展示对外经济贸易大学海关文化的代际传承，实现传统与现代的交响，中国与世界的融通。

2021 年，在对外经济贸易大学科研处冷门绝学项目资助下，图书馆以国家古籍特藏发展政策为导向，即使困难重重，仍努力借此研究尝试建构海关图书馆古籍特藏文化体系，以期嘉惠学人。馆藏中最广为人知且最具历史价值与学术价值的旧海关出版物统计集，在当时就已经为郑友揆、侯厚培等知名学者提供了大量可靠且翔实的资料。如今，这部分资料还能为当下全面考察和完整认知海关管理学科和相关研究的历史脉络提供帮助，本书对这部分内容做了较为全面的梳理与展示。

另外，特别感谢国家图书馆古籍馆原副馆长林世田研究员、天津师范大学古籍保护研究院常务副院长姚伯岳教授给予对外经济贸易大学海关文献中心所藏的古籍与特藏高屋建瓴的指导意见；首都经济贸易大学图书馆党委书记张桂岩、对外经济贸易大学图书馆馆长杨晓平、原副馆长闫静在文稿形成过程中提供了专业指导与鼎力支持；对外经济贸易大学档案馆馆长曹亚红、馆员刘潇提供了丰富的校内档案性资料。在资料收集过程中，笔者走访了中国第二历史档案馆、中国海关博物馆等与海关图书馆历史发展相关的机构或部门同行，他们在百忙之余仍倾力相助，使得本研究获得了难得的一手材料。对外经济贸易大学图书馆何杨煜琪完成了书中的部分图表（第三章），对外经济贸易大学出版社邸蓓蓓等编辑对书稿修改提出了宝贵意见。此外，对学校人力资源处白华、图书馆刘秀深、唐灿等专家、学者、同事一并表示深深的感谢。

书稿初成，舛误必多，掩卷遐思，感慨良多。囿于时间精力、领域知识、材料挖掘等限制，本书仍有诸多不足与局限，这也是笔者未来不断努力的动力所在。

作　者

于贸大惠园

2024 年 5 月